MARTIN SCHIMKE

Die historische Entwicklung der Unterbeteiligungsgesellschaft in der Neuzeit

Schriften zur Rechtsgeschichte

Heft 49

Die historische Entwicklung der Unterbeteiligungsgesellschaft in der Neuzeit

Von

Martin Schimke

Duncker & Humblot · Berlin

Die Deutsche Bibliothek – CIP-Einheitsaufnahme

Schimke, Martin
Die historische Entwicklung der Unterbeteiligungsgesellschaft in der Neuzeit / von Martin Schimke. — Berlin: Duncker und Humblot, 1991
(Schriften zur Rechtsgeschichte; H. 49)
Zugl.: Hagen, Fernuniv., Diss., 1990
ISBN 3-428-07151-4
NE: GT

Fotoprint: Werner Hildebrand, Berlin 65
Printed in Germany

ISSN 0720-7379
ISBN 3-428-07151-4

Meinen Eltern

und

Heide und Stefan

Inhaltsverzeichnis

Abkürzungsverzeichnis

a.a.O.	am angegebenen Ort
ABGB	Allgemeines Bürgerliches Gesetzbuch für die gesamten Deutschen Erbländer der österreichischen Monarchie von 1811
Abs.	Absatz
Abschn.	Abschnitt
AcP	Archiv für die civilistische Praxis
ADB	Allgemeine Deutsche Biographie
ADHGB	Allgemeines Deutsches Handelsgesetzbuch von 1861
Adler/Clemens (Band, Nr.)	Sammlung handelsrechtlicher Entscheidungen, begründet von Dr. Leopold Adler und Dr. Robert Clemens
a.E.	am Ende
a.F.	alte Fassung
AGB	Allgemeines Gesetzbuch für die Preußischen Staaten
AGB-Gesetz	Gesetz zur Regelung des Rechts der Allgemeinen Geschäftsbedingungen
AktG	Aktiengesetz
ALR	Allgemeines Landrecht für die Preußischen Staaten von 1794
Anm.	Anmerkung
Annalen Dresden (Band, Seite)	Annalen des Königlichen Sächsischen Oberappellationsgerichts zu Dresden, herausgegeben durch von Langenn, Sickel, Pöschmann
Archiv Königl. Preuß. Rheinprov. (Band, Seite)	Archiv für das Civil- und Criminalrecht der Königlichen Preußischen Rheinprovinzen, herausgegeben durch einen Verein von Mitgliedern des öffentlichen Ministeriums und des Advokatenstandes beim Rheinischen Appellationsgerichtshofe zu Köln
Art.	Artikel

Aufl.	Auflage
BayObLG	Bayerisches Oberstes Landesgericht
BB	Der Betriebs-Berater
Bd.	Band
BFH	Bundesfinanzhof
BGB	Bürgerliches Gesetzbuch
BGH	Bundesgerichtshof
BGHZ	Entscheidungen des Bundesgerichtshofes in Zivil sachen
BLÖ (Teil, Seite)	Biographisches Lexikon des Kaisertums Österreich
Bolze	Praxis des Reichsgerichts in Zivilsachen, herausgegeben von A. Bolze
BR-Dr. (Nr., Datum)	Drucksachen des Bundesrates
BStBl. (Jahrgang, Teil)	Bundessteuerblatt
BT	Besonderer Teil
Bucholz	Sammel- u. Nachschlagewerk der Rechtsprechung des Bundesverwaltungsgerichts, herausgegeben von Bucholz, Karl
Busch Archiv (Band, Seite)	Archiv für Theorie und Praxis des Allgemeinen deutschen Handelsrechts, herausgegeben von Dr. F.B.Busch
D	Digesten
D 17, 2. 19-23	Digesten, Buch 17, Titel 2, Fragment 19-23
DB	Der Betrieb
ders.	derselbe
d.h.	das heißt
Entwurf ADHGB, 1. Lesung	Entwurf eines allgemeinen Handelsgesetzbuches nach den Beschlüßen erster Lesung
Entwurf ADHGB, 2. Lesung	Entwurf eines allgemeinen Handelsgesetzbuches nach den Beschlüßen zweiter Lesung
f.	folgende
ff.	fortfolgende
fl.	für die Währung "Rheinischer Gulden"

Fn.	Fußnote
GmbH-Rdsch.	GmbH-Rundschau
GmbHG	Gesetz betreffend die Gesellschaften mit beschränkter Haftung
Gruchot Beiträge (Jahrgang, Nr.)	Beiträge zur Erläuterung des deutschen Rechts, begründet von Dr. J.A. Gruchot
HGB	Handelsgesetzbuch
HGB-Entwurf der Hofkommission (1842)	Entwurf eines österreichischen Handelsrechts nach den Beschlüssen der im Jahre 1842 dießfalls niedergesetzten Hof-Commission
HGB-Entwurf, Handelsministerium (1852)	Entwurf eines österreichischen Handelsrechts. Verfaßt vom Handelsministerium, 1852
HGB-Entwurf, Justizministerium (1853)	Entwurf eines österreichischen Handelsrechts. Verfaßt vom Justizministerium, 1853
Hlbd.	Halbband
h.M.	herrschende Meinung
HRG	Handwörterbuch zur Deutschen Rechtsgeschichte
Hrsg.	Herausgeber
hrsg.	herausgegeben
i.S.d.	im Sinne des
Ius Commune (Band, Jahr)	Ius Commune, Veröffentlichungen des Max-Planck-Instituts für Europäische Rechtsgeschichte, u.a. herausgegeben von Helmut Coing
JuS	Juristische Schulung
JW	Juristische Wochenschrift
KG	Kommanditgesellschaft
Königl.Obertrib. (Band, Seite)	Entscheidungen des Königlichen Obertribunals, herausgegeben von den geheimen Obertribunalräten Bettwach, Decher und Heinsius
LG	Landgericht
LM	Nachschlagewerk des Bundesgerichtshofs, herausgegeben von Lindenmaier, Möhring u.a.
LZ	Leipziger Zeitschrift für Handels-, Konkurs- und Versicherungsrecht

"Ministerieller Entwurf"	Entwurf eines österreichischen Handelsrechts nach den Anträgen des K.K.Justizministeriums mit Rücksicht auf die in der Minister-Conferenz gepflogenen Berathungen. Ministerieller Entwurf
MittBayNot	Mitteilungen des Bayerischen Notarvereins, der Notarkasse und der Landesnotarkammer Bayern
MK	Münchener Kommentar
Motive Bayerischer BGB-Entwurf	Motive zu dem Entwurf eines Bürgerlichen Gesetzbuchs für das Königreich Bayern von 1861-1864
Motive Entwurf 1849	Motive zu dem Entwurf eines allgemeinen Handelsgesetzbuches für Deutschland, von der durch das Reichsministerium der Justiz niedergesetzten Kommission ("Frankfurter Entwurf")
Motive Hess. BGB-Entwurf	Motive zu dem Entwurf eines bürgerlichen Gesetzbuchs für das Großherzogtum Hessen von 1853
Motive Preuß. HGB-Entwurf 1857	Motive zu dem Entwurf eines Handelsgesetzbuchs für die Preußischen Staaten von 1857
Motive württ. HGB	Motive zu dem Entwurf eines Handelsgesetzbuchs für das Königreich Württemberg
m.w.N.	mit weiteren Nachweisen
nass. HGB-Entwurf	Entwurf einer Handels- und Wechselordnung für das Herzogtum Nassau
n.F.	neue Fassung
NJW	Neue Juristische Wochenschrift
NS (Band, Seite)	Neue und vollständigere Sammlung der Reichsabschiede
NWB	Neue Wirtschafts-Briefe für Steuer- und Wirtschaftsrecht
OHG	offene Handelsgesellschaft
OLG	Oberlandesgericht
OLGE	Entscheidungssammlung der Oberlandesgerichte
Preuß. HGB-Entwurf 1856	Entwurf eines Handelsgesetzbuchs für die Preußischen Staaten von 1856
Preuß. HGB-Entwurf 1857	Entwurf eines Handelsgesetzbuchs für die Preußischen Staaten von 1857
Protokolle ADHGB	Protokolle der Kommission zur Beratung eines ADHGB

Protokolle Sachverständigenkommission 1856	Protokolle über die Berathungen mit kaufmännischen Sachverständigen und praktischen Juristen betreffend den Entwurf eines Handelsgesetzbuchs für die Preußischen Staaten, Berlin 1856
Rdnr.	Randnummer
"Revidierter Entwurf"	Entwurf eines österreichischen Handelsrechts. Revidierter Entwurf
RG	Reichsgericht
RGRK	Reichsgerichtsrätekommentar
RGZ	Entscheidungen des Reichsgerichts in Zivilsachen
ROHG (Band, Seite)	Entscheidungen des Reichsoberhandelsgerichts, herausgegeben von den Räthen des Gerichtshofes
RPO	Reichspolizeiordnung
S.	Seite
Schweiz. Bd. Ges.	Schweizer Bundesgesetz
Seuffert's Archiv (Band, Seite)	J.A. Seuffert's Archiv für Entscheidungen der obersten Gerichte in den deutschen Staaten, herausgegeben von A.F.W. Preusser
s.o.	siehe oben
s.S.	siehe Seite
Striethorst Archiv (Band, Seite)	Archiv für Rechtsfälle die zur Entscheidung des Königlichen Obertribunals gelangt sind, herausgegeben und redigiert von Theodor Striethorst
Teilb.	Teilband
u.a.	unter anderem
Urk.Nr.	Urkundennummer
v.	von
vgl.	vergleiche
VSWG (Band, Jahrgang, Seite)	Vierteljahresschrift für Sozial- und Wirtschaftsgeschichte
Warn.Rspr.	Rechtsprechung des Reichsgerichts, soweit sie nicht in der amtlichen Sammlung der Entscheidungen des RG abgedruckt ist, herausgegeben von Warneyer
WM	Wertpapier-Mitteilungen, Zeitschrift für Wirtschafts- und Bankrecht

württ. HGB	Entwurf eines Handelsgesetzbuches für das Königreich Württemberg, 1839
ZGR	Zeitschrift für Unternehmens- und Gesellschaftsrecht
ZHR (Band, Seite)	Zeitschrift für das gesamte Handelsrecht und Wirtschaftsrecht
Ziff.	Ziffer
ZiP	Zeitschrift für Wirtschaftsrecht und Insolvenzpraxis
ZLA	Zeitschrift für den Lastenausgleich
ZRG Germ.Abt. (Band, Jahrgang, Seite)	Zeitschrift der Savigny-Stiftung für Rechtsgeschichte, Germanistische Abteilung
ZRG Rom.Abt. (Band, Jahrgang, Seite)	Zeitschrift der Savigny-Stiftung für Rechtsgeschichte, Romanistische Abteilung
z.T.	zum Teil

Einleitung

Obgleich als Rechtsinstitut gesetzlich nicht geregelt, führt die Unterbeteiligungsgesellschaft kein "Schattendasein", sondern erfreut sich in der Rechtspraxis großer Beliebtheit. Die Motive des Inhabers eines Gesellschaftsanteils, einem Dritten einzelne Rechte aus seinem Anteil zukommen zu lassen, ohne den Anteil selbst übertragen oder die Gesellschaft kündigen zu müssen, sind zahlreich und beruhen auf unterschiedlichen wirtschaftlichen Erwägungen. So bietet die Einräumung von Unterbeteiligungen dem beteiligenden Gesellschafter die Möglichkeit, weitere Anteile an der Handelsgesellschaft zu erwerben oder das Geld für Kapitalerhöhungen aufzubringen. Ein weiteres Motiv für den Hauptgesellschafter ist die Risikoverteilung, d.h. der Wunsch, das Geschäftsrisiko im Innenverhältnis auf mehrere Personen zu verteilen. Häufig führen auch steuerliche Gründe zum Abschluß einer Unterbeteiligungsgesellschaft, da sich beispielsweise im Hinblick auf die Einkommensteuer die Einräumung einer Unterbeteiligung wegen der Verteilung der Einkünfte auf mehrere Personen progressionsmindernd auswirken kann[1]. Die Unterbeteiligung von Familienangehörigen ermöglicht unter Umständen die Einsparung von Erbschaftsteuer[2]. Ferner können Unterbeteiligungen dazu dienen, Wettbewerbsverbote (§§ 60, 112, 165 HGB; § 88 AktG) oder berufs- und gewerberechtliche Beschränkungen legal zu umgehen[3]. Nicht zuletzt erweist sich die Unterbeteiligung als geeignetes Mittel, das Problem der Nachfolgeregelung bzw. der Abfindung nicht in die Gesellschafterstellung einrückender Erben zu lösen[4] sowie das oftmals vorhandene Bedürfnis der Beteiligten nach Geheimhaltung - welches verschiedene

---

[1] Vgl. *Ulbrich*, S. 18 mit Nachweisen auf Steuerrechtsprechung in Fn. 78; *Eisenhardt*, Gesellschaftsrecht, Rdnr. 163

[2] Vgl. dazu *Ulbrich*, S. 18 f.

[3] Vgl. dazu *Ulbrich*, S. 24 f.; *Friehe*, S. 8

[4] Vgl. beispielhaft den vom BFH BStBL. 1965 III, S. 260 entschiedenen Fall

Gründe haben kann[5] - zu befriedigen[6]. Die bisherigen, mittlerweile in einer Vielzahl vorhandenen Veröffentlichungen zur Unterbeteiligung[7] haben die vorstehend skizzierte wirtschaftliche Bedeutung der Unterbeteiligungsgesellschaft sowie ihre Wesensmerkmale bereits aus den verschiedensten Blickwinkeln beleuchtet. Ein umfangreicher Teil dieser Arbeiten beschäftigt sich dabei schwerpunktmäßig mit steuerrechtlichen Fragen unter Berücksichtigung betriebswirtschaftlicher Aspekte während andere Untersuchungen - sowohl in isolierter als auch in vergleichender Form - vornehmlich die zivilrechtliche Seite der Unterbeteiligung betrachten[8]. Es fehlt bislang eine umfassende Darstellung oder Dokumentation der geschichtlichen Entwicklung der Unterbeteiligungsgesellschaft. Lediglich die Ausführungen von Blaurock in dem Standardwerk "Unterbeteiligung und Treuhand an Gesellschaftsanteilen" (S. 25-48) können als repräsentativer, geschichtlicher Überblick ausgewiesen werden, vor dem aber auch noch einmal das Bedürfnis nach einer umfassenden Dokumentation unterstrichen wird[9]. Die vorliegende Arbeit versucht diese "Lücke" zu schließen, indem sie u.a. die Kodifikationsgeschichte der Unterbeteiligung, die mit der Vorschrift des Art. 98 Abs. 2 ADHGB endet, darstellt. Anhand der Gesetzesmaterialien wird versucht, die Gründe aufzuzeigen, die dazu geführt haben, daß die vorgenannte Bestimmung oder Vorschriften mit ähnlichem Regelungsgehalt weder in das BGB noch in das HGB aufgenommen worden sind. Ein gesondertes Kapitel ist den Regelungen zur Unterbeteiligung in den Gesellschaftsverträgen der großen Handelsgesellschaften des 15. und 16. Jahrhunderts sowie der Entwicklung in der Rechtsprechung unter Ausklammerung der Steuerrechtsprechung gewidmet.

---

[5] Vgl. dazu näher *Bopp*, S. 29 f.

[6] Zu den genannten sowie weiteren Beweggründen vgl. ausführlich *Blaurock*, S. 49-78; *Ulbrich*, S. 14-27; *Friehe*, S. 5-8; vgl. auch *Eisenhardt*, Gesellschaftsrecht, Rdnr. 163 sowie *Paulick/Blaurock*, S. 559 m.w.N. in Fn. 7; jüngst unter Hinweis auf eine neuere Erscheinungsform *Blaurock/Berninger*, GmbH-Rdsch. 1990, S. 12 Fn. 5

[7] Vgl. nur die Schrifttumsnachweise bei *Paulick/Blaurock*, S. 557 f. und S. 579 f.; vgl. auch *Bopp*, S. 11 Fn. 1

[8] Vgl. zu dieser Bestandsaufnahme auch *Thomsen*, S. 19

[9] Vgl. *Blaurock*, S. 21

I. Begriff und Rechtsnatur der Unterbeteiligung

Generell kann die Unterbeteiligungsgesellschaft als eine "Beteiligung an einer Beteiligung" bezeichnet werden[10]. Damit sind in der Regel[11] diejenigen Fälle gemeint, in denen aufgrund eines Gesellschaftsvertrages zwischen dem Gesellschafter einer Personen- oder auch Kapitalgesellschaft - dem sogenannten Hauptbeteiligten oder Hauptgesellschafter - und einem Dritten - dem sogenannten Unterbeteiligten - der Dritte gegen Leistung einer Einlage obligatorisch zumindest am Gewinn des Gesellschaftsanteils des Hauptbeteiligten beteiligt ist[12]. Die Unterbeteiligung wird nach mittlerweile ganz herrschender Meinung als BGB-Gesellschaft qualifiziert[13]. Sie ist allerdings, ebenso wie die stille Beteiligung i.S.d. §§ 230 ff. HGB, eine Form der Innengesellschaft[14] ohne Gesamthandsvermögen[15]. Der gemeinsam verfolgte Zweck der Mitglieder einer Unterbeteiligungsgesellschaft liegt im Halten und gewinnbringenden Nutzen eines Gesellschaftsanteils[16]. Die Vereinbarung einer Beteiligung am Gewinn des Hauptbeteiligten ist unabdingbare Voraussetzung einer Unterbeteiligung. Die Verlustbeteiligung ist praktisch häufig, gehört jedoch nicht zu den "konstitutiven" Merkmalen[17]. Gegenstand der Unterbeteiligung kann jede Art von Gesellschaftsanteil sein, auch eine stille Beteiligung und ebenso eine Unterbeteiligung. Im letzteren Fall spricht

---

[10] Vgl. *Herzfeld*, AcP 137 [1933], S. 270; *Friehe*, S. 4; *Meyer*, S. 4

[11] Zur nach h.M. auch möglichen Unterbeteiligung an anderen Rechtsverhältnissen wie Kauf, Miete oder Darlehn vgl. *Ulbrich*, S. 29; *Winterstein*, S. 1 sowie die Belegstellen bei *Thomsen*, S. 22 Fn. 9

[12] Vgl. *Paulick/Blaurock*, S. 558; *Greifeld*, S. 7

[13] Vgl. BGHZ 50, 316, 320; *Wagner*, S. 26 u. 147; *Thomsen*, S. 21; *Paulick/Blaurock*, S. 563; *Eisenhardt*, Gesellschaftsrecht, Rdnr. 164; vgl. ferner die zahlreichen Nachweise bei *Ulbrich*, S. 56 Fn. 136 u.137. Für die Einordnung der Unterbeteiligung als stille Gesellschaft vgl. die umfassende Schrifttumsübersicht bei *Meyer*, S. 20 Fn. 3. Kritisch mit eigenem Lösungsvorschlag *Ulbrich*, S. 70: "Die Unterbeteiligung ist eine Sonderform der Personengesellschaften, angesiedelt zwischen BGB-Gesellschaft und stiller Gesellschaft des Handelsrechts"; vgl. auch *Meyer*, S. 18-20: "Unterbeteiligung als Sonderform der Innengesellschaft"; zum Meinungsstand vgl. auch *Westermann*, Handbuch, Rdnr. 949

[14] Vgl. BGHZ 50, 316, 320; OLG Frankfurt, GmbH-Rdsch. 1987, S. 57; *Weiss*, S. 7; *Baumbach/Duden/Hopt*, § 105 Anm. 1 H; *MK-Ulmer*, vor § 705 Rdnr. 62 und *Blaurock/Berninger*, GmbH-Rdsch. 1990, S. 12 jeweils m.w.N.

[15] Zur Vermögenszuordnung eingehend und kritisch *Blaurock*, S. 93-100; *Ulbrich*, S. 51-56

[16] Vgl. *Paulick/Blaurock*, S. 558; *Blaurock*, S. 109 jeweils m.w.N.; *Friehe*, S. 4 insbesondere mit zahlreichen Rechtsprechungsnachweisen in Fn. 9, vgl. auch S. 18 f.

[17] Vgl. *Paulick/Blaurock*, S. 558; *Ulbrich*, S. 38 u. 40; *Schlegelberger-K.Schmidt*, § 230 n.F. Rdnr. 187; *Paulick*, ZGR 1974, S. 266

man von "mehrstufiger" Unterbeteiligung[18]. Der Abschluß eines Unterbeteiligungsvertrages bedarf nicht der Kenntnis oder Zustimmung der übrigen Mitglieder der Hauptgesellschaft[19].

II. Abgrenzung zu verwandten Rechtsverhältnissen

Die Unterbeteiligungsgesellschaft weist manche Ähnlichkeit vor allem mit den Rechtsformen der stillen Gesellschaft, der Treuhand, dem partiarischen Darlehn, dem Nießbrauch und der Abtretung von Gesellschaftsrechten auf. Weniger in der Theorie als vielmehr in der Praxis kann die Abgrenzung der Unterbeteiligung zu diesen Rechtsverhältnissen je nach Ausgestaltung derselben Schwierigkeiten bereiten.

1. Unterbeteiligung und stille Gesellschaft

Wie bereits erwähnt, sind die stille Gesellschaft und die Unterbeteiligungsgesellschaft sogenannte Innengesellschaften ohne gebundenes Gesamthandsvermögen. Bei beiden Gesellschaftsverhältnissen gibt es daher keine Vertretung nach außen, d.h. Geschäftsinhaber sowie Hauptgesellschafter handeln im Außenverhältnis im eigenen Namen, also weder für den Stillen, noch für den Unterbeteiligten. Weitere Gemeinsamkeiten ergeben sich aus der geringfügigen Einflußnahme beider Innengesellschafter auf die Geschäftsführung, der Gewinnbeteiligung aus dem jeweiligen Gesellschaftsverhältnis mit der Möglichkeit des Ausschlusses der Verlustbeteiligung und der dem Beteiligten obliegenden Einlageverpflichtung eines vermögenswerten Beitrages[20], wobei zum Teil allerdings ein Unterbeteiligungsverhältnis auch anerkannt wird, wenn die Beitragspflicht des Unterbeteiligten ganz entfällt[21]. Trotz dieser Wesensgleichheit[22] besteht ein grundlegender Unterschied. Er

---

[18] Vgl. *Meyer*, S. 13; näher dazu *Pöllinger*, S. 23 f. und *Böttcher/Zartmann/Faut*, S. 48 f.

[19] Dazu kritisch *Eisenhardt*, Gesellschaftsrecht, Rdnr. 164

[20] Zum Gegenstand der Vermögenseinlage vgl. *Thomsen*, S. 23 Fn. 12; *Ulbrich*, S. 73 mit weiteren Literatur- und Rechtsprechungsnachweisen in Fn. 11

[21] Vgl. *Bopp*, S. 64; *Pöllinger*, S. 16 f.; *Greifeld*, S. 24; *Andreopoulos*, S. 41; RG LZ 1915, Sp. 1379

[22] Vgl. zu den genannten Ähnlichkeiten *Thomsen*, S. 26; *Bopp*, S. 22 f.; *Ulbrich*, S. 73 f.; *Greifeld*, S. 20; *Pöllinger*, S. 27; ausführlich *Andreopoulos*, S. 32-37

liegt darin, daß der Unterbeteiligte lediglich an dem Anteil eines Hauptgesellschafters teilhat, während der stille Gesellschafter direkt an dem Unternehmen des Geschäftsinhabers beteiligt ist, wobei es sich bei diesem Unternehmen nach § 230 Abs. 1 HGB um den Betrieb eines Handelsgewerbes handeln muß, während ein Unterbeteiligungsverhältnis an jedem Gesellschaftsanteil begründet werden kann[23]. Der Unterbeteiligte tritt daher nur zu dem Hauptbeteiligten in eine Rechtsbeziehung und kann Ansprüche wie beispielsweise Gewinnausschüttung und Rechnungslegung nur gegen diesen geltend machen[24]. Dagegen vermag der stille Gesellschafter Ansprüche unmittelbar gegen den Inhaber des Handelsgewerbes durchzusetzen und er hat - im Gegensatz zum Unterbeteiligten - nicht die Möglichkeit, sein Beteiligungsverhältnis gegenüber den Mitgliedern des Handelsgeschäftes geheimzuhalten[25].

Die Grenzen zwischen Unterbeteiligungsgesellschaft und stiller Gesellschaft können jedoch fließend sein bei der sogenannten "offengelegten Unterbeteiligung", d.h., wenn die Einräumung der Beteiligung den Hauptgesellschaftern bekannt oder von ihnen ausdrücklich gebilligt ist. In diesem Fall kann die praktische Abgrenzung Schwierigkeiten bereiten[26]. Entscheidendes Abgrenzungskriterium ist letztlich die inhaltliche Ausgestaltung des Vertrages und nicht die Bezeichnung des Gesellschaftsverhältnisses durch die Vertragschließenden[27].

2. Unterbeteiligung und Treuhand

Auch die Abgrenzung zwischen der Unterbeteiligung und der Treuhand an Gesellschaftsanteilen läßt sich theoretisch relativ problemlos bewältigen, während in der Praxis Abgrenzungsprobleme auftauchen können.

Im Unterschied zur Treuhand, bei der der Hauptgesellschafter den An-

---

[23] Vgl. *Thomsen*, S. 26; *Ulbrich*, S. 74; *Bopp*, S. 23; *Andreopoulos*, S. 38 f.; *Greifeld*, S. 20

[24] *Weiss*, S. 77; *Böttcher/Zartmann/Faut*, S. 46; *Janberg*, DB 1953, S. 77

[25] Statt aller *Ulbrich*, S. 74

[26] Vgl. dazu *Friehe*, S. 15; *Meyer*, S. 53; vgl. auch andeutungsweise *Paulick/Blaurock*, S. 560

[27] Vgl. BGH WM 1966, S. 188, 190; *Meyer*, S. 53 sowie ausführlich zu den strukturellen und begrifflichen Unterschieden zwischen Unterbeteiligung und stiller Gesellschaft auf S. 21-35

teil eigen- oder uneigennützig nur für einen Hintermann ("Strohmann") hält, wobei ein Geschäftsbesorgungsvertrag gemäß §§ 675, 611 ff. BGB bzw. bei Unentgeltlichkeit ein Auftrag gemäß §§ 662 ff. BGB und nicht ein Gesellschaftsvertrag die rechtsgeschäftliche Grundlage bilden, wird der Hauptbeteiligte bei einer Unterbeteiligung für eigene und für fremde Rechnung tätig, so daß nur in diesem Fall der für eine Gesellschaft gemäß § 705 BGB notwendige gemeinsame Zweck vorliegt[28]. Der Treugeber bei der Treuhand ist also - im Gegensatz zum Unterbeteiligten - der eigentliche wirtschaftliche Inhaber des Gesellschaftsanteils, während die Stellung des Treuhänders insoweit nur formalrechtlicher Natur ist[29].

Allerdings weist auch das Unterbeteiligungsverhältnis starke treuhänderische Elemente auf, denn indem der Hauptbeteiligte den Gesellschaftsanteil nach außen hin in Alleinzuständigkeit verwaltet, im Innenverhältnis aber gehalten ist, die gewinnbringende Nutzung auch für den Unterbeteiligten zu betreiben, erfüllt er die typischen Merkmale eines Treuhänders, da er im Außenverhältnis mehr Rechte innehat, als ihm intern zustehen[30]. Wegen dieses Haltens des internen Anteils des Unterbeteiligten durch den Hauptgesellschafter wird letzterer auch "partieller Treuhänder" genannt[31].

Problematisch kann die Abgrenzung in der Praxis sein, wenn dem Unterbeteiligten durch zusätzliche Vereinbarungen treugeberähnliche Kontroll- und Mitspracherechte eingeräumt werden[32] oder bei den sogenannten Publikums-Treuhandgesellschaften, bei denen ein Hauptgesellschafter zu vielen Beteiligten in Beziehung steht[33].

---

[28] Vgl. *Thomsen*, S. 27 f.; *Winterstein*, S. 4 f.; *Meyer*, S. 54 f.; *Paulick/Blaurock*, S. 560 f.; *Friehe*, S. 15; *Janberg*, DB 1953, S. 77 f.; *Andreopoulos*, S. 47 f.; *Bopp*, S. 38 f.; *Ulbrich*, S. 84 f. m.w.N.

[29] Vgl. *Eden*, S. 28

[30] Vgl. *Ulbrich*, S. 87; vgl. ferner *Friehe*, S. 15

[31] Vgl. *Meyer*, S. 55; *Thomsen*, S. 28

[32] Vgl. dazu m.w.N. *Eden*, S. 28 f.

[33] Zu diesem Problemkomplex vgl. *Paulick/Blaurock*, S. 561 m.w.N.

3. Unterbeteiligung und partiarisches Darlehen

Ein außenstehender Dritter kann an den Erträgen einer Gesellschaftsbeteiligung auch in Form eines partiarischen Rechtsgeschäfts beteiligt sein[34]. Die wichtigste Erscheinungsform der partiarischen Rechtsgeschäfte ist das partiarische Darlehen[35].

Kennzeichnend für dieses Rechtsverhältnis ist, daß jemand sein Geld abweichend vom typischen Darlehen gemäß § 607 BGB nicht gegen eine feste Verzinsung hingibt, sondern gegen Einräumung einer bestimmten Quote am Gewinn aus den vom Darlehnsnehmer mit Hilfe des überlassenen Kapitals getätigten Rechtsgeschäften[36], wobei diese Gewinnbeteiligung lediglich eine Form des Entgelts für die Kapitalnutzung und nicht - soweit Darlehnsnehmer ein Hauptgesellschafter ist - eine mittelbare Teilhabe an der Hauptgesellschaft darstellt[37]. Das wichtigste Unterscheidungskriterium zur Unterbeteiligung ist daher in der Verfolgung des gemeinsamen Zwecks zu sehen[38], d.h., während beim partiarischen Darlehen die Beteiligten sich als Kreditnehmer und Kreditgeber gegenüberstehen und jeder nur seine eigenen Interessen verfolgt[39], sind Haupt- und Unterbeteiligter durch einen Gesellschaftsvertrag i.S.d. § 705 BGB verbunden. Trotz dieser vom theoretischen Ansatz her starken Gegensätzlichkeit ist in der Praxis der Trennungsstrich zwischen Unterbeteiligung und partiarischem Darlehen nicht immer einfach zu ziehen, insbesondere weil die wirtschaftlichen Motive für die Begründung beider Rechtsverhältnisse oft identisch sind[40]. Hinzu kommt, daß es sich weder bei der Unterbeteiligung noch beim partiarischen Darlehen um gesetzlich festgelegte Rechtsformen handelt und daher infolge der geltenden Vertragsfreiheit beide Rechtsinstitute vom äußeren Erscheinungsbild nahezu vollständig übereinstimmen können[41]. In der Praxis ist daher im Einzelfall in

---

34 Vgl. *Blaurock*, S. 84

35 Daneben sind auch partiarische Dienst-, Werk- oder Mietverträge möglich, vgl. *Thomsen*, S. 25 Fn. 19; *Blaurock*, S. 84; *Reis*, S. 10; *Greifeld*, S. 21

36 Vgl. *Eden*, S. 29; *Thomsen*, S. 25; *Eisenhardt*, Gesellschaftsrecht, Rdnr. 162; *Ulbrich*, S. 80 f.; BGH LM Nr. 1 zu § 335 HGB (a.F.)

37 Vgl. *Blaurock*, S. 84

38 Vgl. *Paulick/Blaurock*, S. 561; *Thomsen*, S. 25; *Bopp*, S. 27

39 Vgl. BGH WM 1965, S. 1052; *Eisenhardt*, a.a.O.; *Ulbrich*, S. 81; *Meyer*, S. 57

40 Vgl. *Friehe*, S. 16; *Blaurock*, S. 84; *Greifeld*, S. 21

41 Vgl. *Ulbrich*, S. 81 m.w.N.

Form einer Gesamtbetrachtung - gegebenenfalls unter Rückgriff auf einzelne Vertragsbestimmungen - zu prüfen, ob die gesellschaftlichen oder austauschvertraglichen Elemente überwiegen[42].

So scheidet ein partiarisches Darlehen beispielsweise aus, wenn der Geldgeber nicht nur am Gewinn, sondern auch am Verlust beteiligt ist[43]. Andererseits muß umgekehrt bei Fehlen einer Verlustbeteiligung nicht zwingend ein partiarisches Geschäft gegeben sein, da der Unterbeteiligte von der Verlusttragung befreit sein kann[44]. Ein weiteres wichtiges Differenzierungskriterium stellt der Umfang der Mitverwaltungs- und Kontrollrechte des Geldgebers dar. Je umfangreicher diese Mitbestimmungsrechte ausgestaltet sind, desto eher wird es sich um ein Unterbeteiligungsverhältnis handeln[45].

4. Unterbeteiligung und Nießbrauch

Wirtschaftlich betrachtet kommt auch die Nießbrauchbestellung an einem Personengesellschaftsanteil der Unterbeteiligung sehr nahe, da sie dem Berechtigten die Nutzung des Hauptgesellschaftsanteils gewährt (§§ 1068, 1033 ff. BGB). Ohne an dieser Stelle auf die zum Teil schwierigen Probleme einzugehen, die sich im Zusammenhang mit der Abgrenzung beider Rechtsinstitute ergeben können[46], seien die grundlegenden Unterschiede wie folgt skizziert.

Nießbrauch und Unterbeteiligung unterscheiden sich darin, daß der Nießbraucher im Gegensatz zum Unterbeteiligten an dem Gesellschaftsanteil dinglich berechtigt ist. Er tritt zudem - im Unterschied zum Unterbeteiligten - in unmittelbare Rechtsbeziehung zur Hauptgesellschaft, da erst die Mitwirkung aller Hauptgesellschafter die Bestellung des Nießbrauches er-

---

[42] Vgl. *Blaurock*, S. 84 f.; *Bopp*, S. 27; *Ulbrich*, S. 81; *Meyer*, S. 57 mit zahlreichen weiteren Literatur- und Rechtsprechungsnachweisen in Fn. 1

[43] Vgl. *Thomsen*, S. 25; *Bopp*, S. 28; *Pöllinger*, S. 26; *Ulbrich*, S. 82; *Eden*, S. 29; *Andreopoulos*, S. 52

[44] Vgl. *Ulbrich*, S. 82

[45] Vgl. *Andreopoulos*, S. 52; *Pöllinger*, S. 26; *Greifeld*, S. 22; zu weiteren Differenzierungskriterien *Ulbrich*, S. 82 ff.; zur praktischen Bedeutung der Unterscheidung instruktiv *Blaurock*, S. 85 f.

[46] Dazu näher vor allem *Ulbrich*, S. 87-92; vgl. auch *Eden*, S. 30-32; *Meyer*, S. 58-60; *Friehe*, S. 17 f.; *Thomsen*, S. 28; *Blaurock*, S. 75-78; *Winterstein*, S. 6-8

möglicht. Ferner fehlt es zwischen dem Nießbraucher und dem Hauptgesellschafter an einem Gesellschaftsverhältnis. Schließlich gelten für die Nießbrauchbestellung die für die Übertragung des Rechts maßgeblichen Vorschriften (§ 1069 Abs. 1 BGB) und der Nießbrauch erfaßt regelmäßig den gesamten Gewinnanteil, während der Unterbeteiligungsvertrag grundsätzlich formfrei gültig ist und der Unterbeteiligte lediglich an einer Quote des hauptgesellschaftlichen Gewinns teilhat[47].

5. Unterbeteiligung und Anteilsabtretung

Schließlich ist die Unterbeteiligungsgesellschaft von der Gesellschaftsanteilsabtretung zu unterscheiden, wobei es im Rahmen dieser Abgrenzung verschiedene Erscheinungsformen der Anteilsabtretung auseinanderzuhalten gilt.

a) Unterbeteiligung und Voll- bzw. Teilabtretung eines Gesellschaftsanteils

Bei der Vollabtretung eines Gesellschaftsanteils[48] scheidet der Zedent vollständig aus dem Gesellschaftsverband aus, während der Zessionar als neuer Gesellschafter an seine Stelle tritt, wodurch die Hauptgesellschaft und der Zessionar in unmittelbare Rechtsbeziehungen zueinander treten[49]. Wie bereits im römischen Recht vorgesehen, tritt der Unterbeteiligte hingegen nicht in das Hauptgesellschaftsverhältnis ein, sondern er ist nur in der Form

---

[47] Vgl. *Bopp*, S. 28 f.; *Thomsen*, S. 28 f.; *Eden*, S. 30 f.; *Winterstein*, S. 7

[48] Auf die (dogmatische) Frage, ob die Übertragung des Gesellschaftsanteils nur im Wege der sogenannten Vertragsübernahme - so *Soergel/Siebert-Hadding*, § 705 Rdnr. 46 und § 719 Rdnr. 5, 13 f.; *Hadding* in Festschrift für Rudolf Reinhardt, S. 257 f.; *Wagner*, S. 10 Fn. 1; *Hueck*, Das Recht der OHG, S. 395 f. - oder unmittelbar durch Abtretungsvertrag i.S.d. § 398 BGB zwischen altem und neuem Gesellschafter (bei Zustimmung aller übrigen Hauptgesellschafter) erfolgen kann - so BGHZ 44, 229, 231; BGHZ 13, 179, 185 f. = NJW 1954, S. 1155 = LM Nr. 1 zu § 719 BGB mit Anm. v. *Fischer* = JZ 1954, S. 503 mit Anm. von *Hueck*; BGH WM 1961, S. 303, 304; OLGE 41, 200; BGHZ 58, 316, 320 f. (für den KG-Anteil bejahend); *Erman-Schulze-Wenck*, § 719 Rdnr. 2; *Staudinger-Keßler*, § 736 Rdnr. 21 unter Aufgabe der Ansicht der Vorauflage; BGB-RGRK-*von Gamm*, § 719 Rdnr. 2; *MK-Ulmer*, § 719 Rdnr. 15; *Lehmann/Dietz*, S. 125; *Westermann*, Handbuch Rdnr. 391 - soll an dieser Stelle nicht eingegangen werden.

[49] Vgl. *Bopp*, S. 24; *Ulbrich*, S. 92; *Greifeld*, S. 19; *Hecht*, S. 6; *Thomsen*, S. 26 f.; *Andreopoulos*, S. 42 f.; *Weiss*, S. 78 f.; *Pöllinger*, S. 24; *Friehe*, S. 14; *Böttcher/Zartmann/Faust*, S. 58; *Düringer-Hachenburg/Geiler*, Bd. II 1 Rdnr. 364; *Janberg*, DB 1953, S. 78

einer Innengesellschaft intern mit einer bestimmten Quote an dem Ergebnis der Hauptgesellschaft beteiligt, während der die Beteiligung einräumende Gesellschafter seine Rechtsstellung als Hauptgesellschafter in vollem Umfang beibehält. Da der Unterbeteiligte gerade nicht sämtliche Rechte und Pflichten, die dem Gesellschaftsanteil des betreffenden Hauptgesellschafters entstammen, übernehmen will, verfolgt die Unterbeteiligung ganz andere rechtliche und wirtschaftliche Zwecke als die Abtretung eines gesamten Gesellschaftsanteils[50]. Mit Recht wird daher angenommen, daß zwischen diesen beiden Beteiligungsformen keinerlei Berührungspunkte bestehen[51].

Wirtschaftlich entspricht der Unterbeteiligung eher die Teilabtretung eines Gesellschaftsanteils[52]. Auch bei dieser wird allerdings der Zessionar - im Gegensatz zum Unterbeteiligten - Mitglied der Hauptgesellschaft. Im Gegensatz zur Vollabtretung verbleibt aber der Zedent, wenn auch mit einem verkleinerten Gesellschaftsanteil, in der Hauptgesellschaft[53] und der Zessionar partizipiert - ähnlich wie der Unterbeteiligte - nur teilweise an den auf den Anteil seines Hauptgesellschafters entfallenden Erträgen der Hauptgesellschaft. Wegen dieser wirtschaftlich ähnlichen Zielsetzung kann die Teilabtretung eines Gesellschaftsanteils in eine Unterbeteiligung an dem betreffenden Gesellschaftsanteil umgedeutet werden, wenn die Teilabtretung bei den Hauptgesellschaftern keine Zustimmung findet[54].

Damit ist ein weiteres Unterscheidungsmerkmal genannt. Während nämlich beide Formen der Anteilsabtretung wegen des Eintritts des Zessionars in die Gesellschaft ohne ausdrückliche Zulassung im Gesellschaftsvertrag bzw. ohne die Zustimmung der verbleibenden Hauptgesellschafter nach der dispositiven Regelung des § 717 S. 1 BGB ganz ausgeschlossen ist[55], kann eine Unterbeteiligung ohne weiteres durch formlosen[56] Vertrag eingeräumt

---

[50] Vgl. dazu *Janberg*, DB 1953, S. 78; *Pöllinger*, S. 24; *Meyer*, S. 57

[51] Vgl. *Meyer*, S. 57; *Winterstein*, S. 3 Fn. 1; vgl. auch *Herzfeld*, AcP 137 [1933], S. 273, allerdings nur für die interne Vollabtretung

[52] Vgl. *Meyer*, S. 57

[53] Vgl. *Ulbrich*, S. 92; *Meyer*, S. 57; *Winterstein*, S. 3

[54] Vgl. BGHZ 50, 316, 318; *Meyer*, S. 58

[55] S. unten S. 28

[56] Die Abtretung des GmbH-Anteils bedarf sogar der notariellen Form, vgl. § 15 Abs. 3 GmbHG

werden, es sei denn, der Hauptgesellschaftsvertrag verbietet ausdrücklich die Aufnahme eines Unterbeteiligten[57]. Die Hauptgesellschafter können an einem solchen Verbot interessiert sein, um den mittelbaren Einfluß des Unterbeteiligten auf die Hauptgesellschaft zu verhindern. Gleichwohl ist die verbotswidrige Einräumung der Unterbeteiligung gültig[58], sie stellt jedoch gleichzeitig eine Verletzung der gesellschaftlichen Pflichten dar, die den übrigen Gesellschaftern gegebenenfalls das Recht zur vorzeitigen Kündigung der Gesellschaft gemäß § 723 Abs. 1 S. 2 BGB gibt[59].

b) Unterbeteiligung und interne Vollabtretung

Von einer sogenannten internen Vollabtretung spricht man, wenn ein Hauptgesellschafter einem Dritten kraft Vereinbarung im Innenverhältnis den gesamten Gesellschaftsanteil überträgt und er nach außen hin lediglich als "Strohmann" des Dritten fungiert[60]. Unterbeteiligung und interne Vollabtretung unterscheiden sich folglich dadurch, daß der Hauptbeteiligte beim Unterbeteiligungsverhältnis seinen Vertragspartner nur teilweise an seinem Gesellschaftsanteil partizipieren läßt, während er sich bei der internen Vollabtretung seines ganzen Interesses begibt[61]. Ein weiteres unterscheidendes Merkmal zwischen der Unterbeteiligung und einer internen Vollabtretung liegt in der Regelung des Innenverhältnisses. Die Unterbeteiligung ist ein Gesellschaftsverhältnis, der internen Vollabtretung liegt dagegen in der Regel ein Kaufvertrag, verbunden mit einer treuhänderischen Geschäftsbesorgung des Zedenten zugrunde[62].

---

57 Vgl. *Andreopoulos*, S. 43; *Westermann*, Handbuch, Rdnr. 947; *Model-Haegele*, S. 199

58 Vgl. *Ulbrich*, S. 93; *Andreopoulos*, S. 43

59 So *Andreopoulos*, S. 43, der zudem meint, daß in solchen Fällen "meistens die Regelung des § 737 BGB greift".

60 Vgl. *Ulbrich*, S. 93; *Bopp*, S. 24; *Ziegler*, S. 24

61 Vgl. *Bopp*, S. 24; *Staudinger-Geiler*, Anhang zu § 705 ff. Anm. 74

62 Vgl. *Herzfeld*, AcP 137 [1933], S. 273; *Bopp*, S. 25; *Ulbrich*, S. 93

c) Unterbeteiligung und Abtretung eines Gewinn- oder Auseinandersetzungsanteils

Von der Unterbeteiligung ist ferner die völlige oder teilweise Abtretung des Gewinn- oder Auseinandersetzungsanspruchs zu unterscheiden.

Es handelt sich dabei um nichts anderes als um eine teilweise Anteilsabtretung, da zwar nicht der Anteil als solcher, wohl aber einzelne aus dem Anteil fließende Vermögensrechte dem Zessionar übertragen werden[63]. Die Zulässigkeit einer derartigen teilweisen Anteilsabtretung ist für die Personengesellschaften in § 717 S. 2 BGB i.V.m. §§ 105 Abs. 2, 161 Abs. 2 HGB normiert. Wie bereits angedeutet[64], tritt der Zessionar durch die Abtretung des Gewinn- oder Auseinandersetzungsanspruchs hinsichtlich dieser Forderungen als neuer Gläubiger in die Rechtsstellung des Hauptgesellschafters ein und damit in unmittelbare Beziehung zur Hauptgesellschaft[65]. Allerdings erhält der Zessionar bei einer solchen Abtretung weder gegenüber der Gesellschaft noch gegenüber dem Hauptgesellschafter (Zedent) irgendwelche gesellschaftlichen Mitverwaltungsrechte. Ihm steht lediglich eine schlichte Forderung ohne Kontroll- und Informationsrechte zu[66]. Dies entspricht dem sogenannten Abspaltungsverbot, welches besagt, daß die Verwaltungsrechte eines Gesellschafters mit seinem Anteil notwendig verbunden sind und von diesem nicht losgelöst und selbständig übertragen werden können[67].

Es wird im Gegensatz zur Unterbeteiligung auch kein Gesellschaftsverhältnis begründet. Vielmehr liegt der Abtretung eines Gewinn- oder Auseinandersetzungsanspruchs meistens ein schuldrechtliches Verpflichtungsge schäft wie Kauf oder Schenkung zugrunde[68]. Allerdings kann auch im Rahmen eines Unterbeteiligungsverhältnisses vereinbart sein, daß der Hauptbeteiligte verpflichtet ist, einen Teil seiner ihm gegen die Hauptgesellschaft zustehenden Gewinn- oder Auseinandersetzungsansprüche an den Unterbetei-

---

[63] Vgl. *Hecht*, S. 6

[64] S.o. S. 26

[65] *Meyer*, S. 58; *Pöllinger*, S. 25; *Bopp*, S. 25; *Thomsen*, S. 27

[66] Vgl. *Andreopoulos*, S. 44; *Meyer*, S. 58

[67] Vgl. dazu mit Beispielen und weiteren Belegstellen *Eisenhardt*, Gesellschaftsrecht, Rdnr. 100

[68] Vgl. *Greifeld*, S. 20; *Bopp*, S. 25; *Weiss*, S. 79; *Ulbrich*, S. 93

ligten abzutreten. Diese Abtretung ist dann aber selbst keine Unterbeteiligung, sondern nur Ausfluß des Unterbeteiligungsvertrages[69]. An einer solchen Regelung wird in der Regel vor allem der Unterbeteiligte interessiert sein, um seine Ansprüche gegen den Hauptgesellschafter besser abzusichern, denn dieser kann weder im Konkurs des Hauptgesellschafters aus- oder absondern, noch ist er gegen eine Pfändung des Anteils durch einen Gläubiger des Hauptgesellschafters geschützt[70].

Schließlich wird vielfach noch als weiteres Unterscheidungsmerkmal angeführt, daß der Zessionar bei der Abtretung eines Gewinns- oder Auseinandersetzungsanspruchs im Gegensatz zur Unterbeteiligung keinerlei gesellschaftliches Risiko zu tragen habe[71].

Mit Recht weist Ulbrich dieses Unterscheidungskriterium als nicht sicher aus, denn einerseits braucht der Unterbeteiligte nicht am Verlust beteiligt zu sein und andererseits kann der Zessionar künftiger Forderungsrechte durchaus das Risiko tragen, daß die Hauptgesellschaft und somit auch der Hauptgesellschafter keinen Gewinn erzielen[72].

III. Die Unterbeteiligung im Römischen Recht

Bereits die Digesten des römischen Kaisers Justinian (527-565)[73] behandeln in einem Abschnitt des 17. Buches, Titel 2 (Pro socio) die Unterbeteiligung. Dieser Abschnitt besteht nach den Überschriften (inscriptiones)[74] aus 3 Fragmenten (leges 19, 21 und 23) des 30. Buches von Ulpians großem

---

[69] Vgl. *Bopp*, S. 25; *Ulbrich*, S. 93 f.; *Meyer*, S. 58; *Westermann*, Handbuch, Rdnr. 944

[70] Vgl. dazu näher *Westermann*, Handbuch, Rdnr. 944; vgl. auch *Ulbrich*, S. 94; Meyer, S. 58

[71] Vgl. *Hecht*, S. 6; *Bopp*, S. 26; *Reis*, S. 14; *Pöllinger*, S. 25; *Greifeld*, S. 20; *Hesselmann*, GmbH-Rdsch, 1964, S. 27

[72] Vgl. *Ulbrich*, S. 94; zu weiteren verwandten Rechtsinstituten wie Metageschäft, Repräsentativverfassung, Beteiligungsgesellschaft vgl. *Ulbrich*, S. 71-96 (3. Kapitel); *Blaurock*, S. 79-86; *Meyer*, S. 53-60

[73] Vgl. näher zur justinianischen Kodifikation *Dulckeit-Schwarz-Waldstein*, § 43; *Eisenhardt*, Deutsche Rechtsgeschichte, Rdnr. 64-69; *Kaser*, Rechtsgeschichte, §§ 55-58; *Kunkel*, § 11; *Conrad*, Bd. I, S. 364 ff.; sehr umfassend und mit vielen Hinweisen auf älteres Schrifttum *Wenger*, S. 562-734; *Spangenberg*, S. 1 ff.

[74] Vgl. zu diesem Begriff und gleichzeitig zur inhaltlichen Gliederung und Zitierweise der Digesten *Dulckeit-Schwarz-Waldstein*, § 43 I 4; *Kaser*, Rechtsgeschichte, § 57 II

Kommentarwerk[75] zum ius civile des Massurius Sabinus[76], einem kurzen Einschub (lex 20) aus Ulpians 31. Buch zum Edikt[77] und einer Stelle aus dem 10. Buch des Gaius[78] zum Provinzialedikt[79]. Die Bestandteile dieser untereinander in engem Sinnzusammenhang stehenden Darstellungen der Kompilatoren stammen sämtlich aus der Sabinusmasse[80] und gelten als die älteste ausdrückliche Behandlung der Unterbeteiligung[81]. Die Unterbeteiligung war allerdings nicht als eigenständiges Rechtsinstitut normiert, sondern sie trat lediglich in der Gegenüberstellung und Abgrenzung der Beziehungen eines Hauptgesellschafters mit den übrigen Hauptgesellschaftern einerseits und Dritten andererseits in Erscheinung. Die Regelungen der Digestenstelle D 17, 2.19-23 lauten im einzelnen wie folgt:

XIX: Ulpianus libro trigesimo ad Sabinum

Qui admittitur socius, ei tantum socius est qui admisit, et recte: cum enim societas consensu contrahatur, socius mihi esse non potest quem ego socium esse nolui, quid ergo si socius meus eum admisit? ei soli socius est

19. - Wer als Genosse aufgenommen wird, ist nur dessen Genosse, der ihn aufgenommen hat; und das von Rechtswegen; denn da die Genossenschaft durch Einwilligung geschlossen wird, so kann der mein Genosse nicht sein, den ich nicht dazu habe haben wollen. Wie also, wenn mein Genosse denselben aufgenommen hat? Er ist blos sein Genosse;[82]

---

75 Zur Person Ulpians und diesem Werk vgl. *Dulckeit-Schwarz-Waldstein*, § 34 III 2 b; *Schulz*, Geschichte, S. 127 u. 244 ff.

76 Zur Person vgl. *Dulckeit-Schwarz-Waldstein*, § 34 I 3 a; zum Werk "libri tres juris civilis" vgl. *Schulz*, Geschichte, S. 186; ausführlich zum System des Sabinus und seiner Kommentatoren vgl. *Wieacker*, Textstufen, § 9; speziell zum Titel D 17, 2 *Wieacker*, Societas, S. 38 ff.

77 Vgl. dazu *Dulckeit-Schwarz-Waldstein*, § 22 V und § 33 III 2; *Wieacker*, Textstufen, § 8

78 Zur Person vgl. *Kaser*, Rechtsgeschichte, § 42, III 2; *Schulz*, Geschichte, S. 121

79 Vgl. dazu *Wenger*, S. 411; *Dulckeit-Schwarz-Waldstein*, § 22 V a.E. und § 34 II 3 d ß; *Kunkel*, § 7 III 4

80 Vgl. *Kreller*, ZRG 66 [1948], S. 67 m.w.N.; zum Begriff "Sabinusmasse" vgl. *Dulckeit-Schwarz-Waldstein*, § 43 II 2

81 Vgl. *Blaurock*, S. 28

82 Übersetzt von *Treitschke* in "Das Corpus Iuris Civilis (Romani)". Hrsg. *Otto*, *Schilling*, Sintenis, Bd. 2, S. 312-313

XX. Idem libro trigesimo primo ad Edictum

Nam socii mei socius meus socius non est

20. - denn der Genosse meines Genossen ist nicht mein Genosse,

XXI. Idem libro trigesimo ad Sabinum

Et quidquid fuerit de societate nostra consecutus, cum illo qui eum adsumpsit communicabit, nos cum eo non communicabimus, sed factum eius praestabitur societati, id est aget socius et societati praestabit quod fuerit consecutus

21. - und was er unsrer Gesellschaft wegen erwirbt, wird er mit dem, der ihn angenommen hat, zu theilen haben, wir aber nichts mit ihm; gleichwohl wird er der Genossenschaft gegenüber für seine Handlungen einstehen müssen, das heisst, der Genosse[83] wird (gegen ihn) klagen und der Genossenschaft gewähren müssen, was er von ihm erlangt.

XXII. Gaius libro decimo ad edictum provinciale

Ex contrario factum quoque sociorum debet ei praestare sicuti suum, quia ipse adversus eos habet actionem. Item certum est nihil vetare prius inter eum qui admiserit et eum qui admissus fuerit societatis iudicio agi, quam agi incipiat inter ceteros et eum qui admiserit.

22. - Andererseits muss er ihm[84] auch für die Handlungen seiner Genossen stehen, wie für die eigenen, da er selbst gegen sie die Klage hat. So hindert auch unstreitig nicht, dass zwischen dem Aufgenommenen und dem, der ihn aufgenommen hat, die Genossenklage anhängig gemacht werde, bevor sie zwischen diesem und den übrigen anhängig wird.

XXIII. Ulpianus libro trigesimo ad Sabinum

---

[83] Der, welcher den Dritten einseitig zu seinem Gesellschafter angenommen hat; Erläuterung von *Treitschke*, a.a.O., Fn. 113

[84] Der Genosse, der dem Dritten sich verbunden hat, diesem; Erläuterung von *Treitschke*, a.a.O., Fn. 114

De illo Pomponius dubitat, utrum actionem eum mandare sociis sufficit, ut, si facere ille non possit, nihil ultra sociis praestet, an vero indemnes eos praestare debeat. Et puto omnimodo eum teneri eius nomine, quem ipse solus admisit, quia difficile est negare culpa ipsius admissum. Idem quaerit, an commodum, quod propter admissum socium accessit, compensari cum damno, quod culpa praebuit, debeat, et ait compensandum quod non est verum, nam et Marcellus libro sexto digestorum scribit, si servus unius ex sociis societati a domino praepositus neglegenter versatus sit, dominum societati qui praeposuerit praestaturum nec compensandum commodum, quod per servum societati accessit, cum damno; et ita divum Marcum pronuntiasse, nec posse dici socio: "Abstine commodo, quod per servum accessit, si damnum petis".

23. - Darüber zweifelt Pomponius, ob es genug sei, dass er[85] seine Klage den Genossen überlasse, so dass er, wenn jener unvermögend sei, denselben nichts weiter zu leisten habe, oder ob er sie schadlos halten müsse; und ich halte ihn allerdings für den von ihm allein Aufgenommenen verantwortlich, weil man schwerlich sagen kann, dass er nicht durch dessen Aufnahme eine Verschuldung begangen habe. § 1. Derselbe fragt, ob der Nutzen, welcher durch den (einseitig) zugelassenen Genossen erwachsen ist, gegen den Schaden, den derselbe durch seine Schuld verursacht hat, aufgerechnet werden müsse; und sagt: allerdings. Dies ist aber nicht richtig; denn auch Marcellus schreibt im sechsten Buche seiner Digesten, wenn der Sclav eines der Genossen von seinem Herrn dem gemeinsamen Geschäft vorgesetzt sei, und dabei eine Fahrlässigkeit begehe, so müsse der Herr, der ihn angestellt, der Genossenschaft dafür stehen, und nicht sei der Nutzen, der durch den Sclaven der Genossenschaft zugeflossen, gegen den Schaden aufzuheben; so habe der Kaiser Marcus[86] entschieden, und man könne dem Genossen nicht sagen: verzichte auf den Vortheil, den der Sclav geschafft hat, wenn du den Schaden ersetzt verlangst.

Zunächst ergibt sich aus den genannten Rechtsquellen, daß das römische Recht von der Zulässigkeit der Unterbeteiligung eines Dritten an dem Gesellschaftsanteil eines Hauptgesellschafters ausging, was insbesondere die Passagen "ei soli socius est" (lex 19) und "... socii mei socius..." (lex 20) zum

---

[85] Der, welcher den Fremden in die Genossenschaft aufnahm; Erläuterung von *Treitschke*, a.a.O., Fn. 115

[86] Marcus Aurelius Antonius, der Philosoph, Erläuterung von *Treitschke*, a.a.O., Fn. 116

Ausdruck bringen. Bemerkenswert ist dies aus folgendem Grunde. Die römischen Juristen bereits hatten ersichtlich die "doppelte Pflichtenbindung"[87] erkannt, in der sich im Falle einer Unterbeteiligung der Hauptgesellschafter befindet, nämlich einerseits als Gesellschafter der Hauptgesellschaft seinen Mitgesellschaftern, andererseits dem Unterbeteiligten verbunden zu sein. Angesichts der damit verbundenen Vielzahl von Problemen hätte man diesen Interessenkonflikt auch dahingehend lösen können, daß einem Hauptgesellschafter die Eingehung eines Unterbeteiligungsverhältnisses gänzlich versagt wird oder daß zumindest die Vereinbarung eines solchen der Zustimmung aller Hauptgesellschafter bedarf. Man hätte so eine in der Person des Hauptgesellschafters bestehende Pflichtenkollision und eine damit eventuell einhergehende Erschütterung des Vertrauensverhältnisses der Gesellschafter untereinander von vornherein verhindern können. Die dargestellte Lösungsmöglichkeit lag für die römischen Juristen um so näher, weil das Verhältnis, aus dem die societas des klassischen römischen Rechts hervorgewachsen ist, u.a. das sogenannte fraternum consortium[88] war, d.h., die eigentlich grundlegenden Elemente der "Societät" die Brüderlichkeit (fraternitas)[89] und das gegenseitige Vertrauen (fides)[90] waren.

Die Digesten vermitteln jedoch eine andere Lösung des Spannungsverhältnisses, welches entsteht, wenn einerseits die Gesellschaft nur auf die bereits Beteiligten beschränkt bleiben soll, andererseits ein Gesellschafter einen außenstehenden Dritten an seinem Anteil beteiligen will.

Nach lex 19 stand es einem Hauptgesellschafter frei, sich weitere Teilhaber heranzuziehen, allerdings blieb diese neue Beteiligung auf ihn und den Unterbeteiligten beschränkt. Der Unterbeteiligte trat also ausschließlich zu dem, der den Vertrag mit ihm geschlossen hatte, in ein Gesellschaftsverhält-

---

[87] Vgl. dazu *Blaurock*, S. 17; *Herzfeld*, AcP 137 [1933], S. 290 ff.; *Eisenhardt*, Gesellschaftsrecht, Rdnr. 164; *Staudinger-Keßler* vor § 705 Rdnr. 117 spricht von "doppelter Treuepflicht"; vgl. auch *Schlegelberger-K.Schmidt*, § 230 n.F. Rdnr. 227

[88] Vgl. zu diesem Begriff *Leist*, S. 23 f., 27, 34 f., 45; ausführlich zur Geschichte und den Wurzeln der römischen Societas, *Wieacker*, Societas, S. 126 ff.; *Leist*, S. 3 ff.; vgl. auch *Dernburg*, Pandekten, Bd. 2, § 125; *Kuhlenbeck*, S. 319 Fn. 2

[89] Vgl. Ulpian, D 17, 2.63 "... cum societas ius quodammodo fraternitatis in se habeat." = ... da die Genossenschaft gewissermassen ein brüderliches Verhältnis ist (übersetzt von *Treitschke*, a.a.O., S. 326); vgl. auch *Schiebe*, S. 33

[90] Vgl. *Kaser*, Römisches Privatrecht, § 43 I 1 b; ausführlich zum Begriff "fides" *Schulz*, Prinzipien, S. 151 ff.

nis und die Beziehungen zwischen dem "Hauptsocius" und seinem Unterbeteiligten tangierten den Zusammenschluß der Hauptgesellschafter nicht. Dieses Nichtbestehen eines Gesellschaftsverhältnisses zwischen dem Unterbeteiligten und den an seiner Zulassung unbeteiligten Mitgliedern der Hauptgesellschaft wurde mit der konsensualen Natur[91] der societas begründet: "Cum enim societas consensu contrahatur..." (lex 19). Besonders deutlich kam diese klare Scheidung zwischen Haupt- und Unterbeteiligung in lex 20 zum Ausdruck "socii mei socius meus socius non est". Diese einprägsame Formel stammt aus einer sogenannten Katene[92], einer in einer orientalischen Rechtsschule angefertigten Sammlung von Literaturzitaten[93], und wurde zudem von den Kompilatoren unter den für solche Sprüche vorgesehenen Digestentitel D 50, 17.47 § 1 "De diveris regulis juris antiqui"[94] eingereiht. Die in den leges 19 und 20 fixierten Grundsätze betreffend das Verhältnis zwischen Unterbeteiligtem und den übrigen Hauptgesellschaftern entsprachen im übrigen einem Wesensmerkmal der klassischen römischen societas, nämlich daß Rechtshandlungen des einzelnen Gesellschafters gegenüber Außenstehenden und umgekehrt nur für und gegen ihn wirkten, nicht aber gegenüber der Gesamtheit der socii, weil diese nach außen hin keinen Verband bzw. keine Gesamthand bildete, also Beziehungen ausschließlich zwischen den Mitgliedern der Gesellschaft existierten[95].

Im 1. Satzteil des folgenden lex 21 erfährt man, daß der Unterbeteiligte an den Erträgen partizipierte, die sein Hauptgesellschafter aus der Gesellschaft erzielte. Damit normierten bereits die Digesten das noch heute wichtigste Recht des Unterbeteiligten, nämlich seinen Anspruch auf Gewinnbeteiligung[96]. In dieser das Innenverhältnis zwischen Hauptgesellschafter und Unterbeteiligtem betreffenden Digestenstelle kommt auch nochmals deutlich zum Ausdruck, daß die Unterbeteiligung die Rechtsverhältnisse der Haupt-

---

91 Diese ist nach dem Gaiusfund von Antinoe (1933) allerdings nicht mehr zweifelsfrei vgl. hierzu näher *Wieacker*, Societas, S. 126 ff.; *Levy*, ZRG, Rom.Abt., 54. Bd. [1934], S. 276 ff.; vgl. auch *Kreller*, ZRG, Rom.Abt. 66. Bd. [1948], S. 71; *Blaurock*, S. 29 Fn. 14

92 Vgl. *Kreller*, ZRG, Rom.Abt., 66. Bd. [1948], S. 72; dort näher zur Digestenexegese der Stelle D 17.2.19-23

93 Zum Begriff der Katene vgl. *Kaser*, Rechtsgeschichte, § 60 IV 2; *Dulckeit-Schwarz-Waldstein*, § 44 I 5; *Wenger*, S. 124 ff.

94 "Von verschiedenen Regeln des alten Rechts"

95 Vgl. dazu *Kaser*, Römisches Privatrecht, § 43 I 2; *Dahn*, Deutsches Rechtsbuch, S. 272; *Andreopoulos*, S. 7; *Weber*, S. 5

96 S.o. S. 19

gesellschaft nicht berührte (..., "nos cum eo non communicabimus").

Die in den leges 21-23 noch folgenden Passagen zur Unterbeteiligung regelten Fragen zur Haftung des Hauptgesellschafters, der die Unterbeteiligung eingeräumt hatte. Dabei wurde zwischen der Haftung gegenüber den übrigen Mitgliedern der Hauptgesellschaft und der Haftung gegenüber dem Unterbeteiligten unterschieden.

Zunächst bestimmte lex 21, 2. Satzteil, daß der Hauptbeteiligte den übrigen Hauptgesellschaftern für das Verhalten seines Unterbeteiligten einzustehen habe ("... sed factum eius praestabitur societati").

Herzfeld folgert aus dieser Stelle, daß der Unterbeteiligte nach römischem Recht als eine Art Erfüllungsgehilfe des Hauptbeteiligten angesehen wurde und es sich demnach nach unserem heutigen Recht um die Anwendbarkeit des § 278 BGB handelte[97]. Für diese Auffassung scheint der Wortlaut der zitierten Digestenstelle zu sprechen. Dagegen kann nicht eingewandt werden, daß der Unterbeteiligte nach den Digesten die Stellung eines gleichwertigen Partners inne hatte und er daher wohl kaum als eine "Hilfsperson" i.S.d. heutigen § 278 BGB gelten konnte. Nach geltendem Recht kann Erfüllungsgehilfe auch derjenige sein, der keinem Weisungsrecht des Schuldners unterliegt[98].
Es ist daher durchaus denkbar, daß der Unterbeteiligte im römischen Recht bei der Erfüllung der dem Hauptbeteiligten obliegenden Verbindlichkeiten - insbesondere Gesellschafterverpflichtungen - als Hilfsperson i.S.d. heutigen § 278 BGB tätig wurde.

Gleichwohl ist die von Herzfeld vorgenommene Schlußfolgerung nicht zwingend. In seinen Überlegungen findet der das Haftungsverhältnis erläuternde Zusatz am Ende des lex 21 ("... id est aget socius et societati praestabit quod fuerit consecutus") keine Beachtung.

Typisch für die Rechtsfigur des Erfüllungsgehilfen ist es, daß seine Handlungen dem Schuldner wie eigene zugerechnet werden, mit der Folge, daß der Schuldner im Falle einer schuldhaften Verletzungshandlung seitens seines Erfüllungsgehilfen dem Gläubiger gegenüber unmittelbar haftet, und

---

97 Vgl. *Herzfeld*, AcP 137 [1933], S. 294 f.

98 Vgl. *Palandt-Heinrichs*, § 278 Anm. 3 a; BGHZ 62, 119, 124 m.w.N.

zwar unabhängig davon, was er - der Schuldner - seinerseits im Innenverhältnis von dem Erfüllungsgehilfen geltend zu machen vermag. Letzteres sahen die Digesten jedoch gerade nicht vor, sondern der Umfang der Haftung des Hauptbeteiligten für das Verhalten seines Unterbeteiligten sollte sich gemäß lex 21 a.E. offensichtlich danach richten, was er von dem Unterbeteiligten erlangt hatte bzw. erlangen konnte. Anders ausgedrückt, im römischen Rechtskreis war primär die Person des Unterbeteiligten bestimmend dafür, was Hauptgesellschafter als Schadensersatz erhalten sollten, wenn ein Unterbeteiligter Handlungen zum Nachteil der Gesellschaft vornahm. Dies spricht gegen die These Herzfelds, der Unterbeteiligte nach römischem Recht habe "gegenüber sonstigen Hilfspersonen eines Gesellschafters keine Sonderstellung eingenommen"[99].

Eine endgültige Klärung der Frage, wie im einzelnen das Verhältnis zwischen Haupt- und Unterbeteiligtem ausgestaltet war, namentlich ob letzterer die Stellung eines Erfüllungsgehilfen i.S.d. heutigen § 278 BGB einnahm, läßt sich aus den Digesten nicht herleiten; dies um so weniger, als daß der zuvor untersuchte Zusatz am Ende des lex 21 unbestritten nicht von Ulpian selbst, sondern aus der Feder eines Glossators stammt[100]. Auch mag der praktische Nutzen der Weiterverfolgung dieser Frage bezweifelt werden.

Als gesichert gilt nur, daß gemäß lex 21[101] der Hauptbeteiligte der Gesellschaft für die Handlungen seines Unterbeteiligten einzustehen hatte und damit auch der Unterbeteiligte trotz fehlender Bindung zur Hauptgesellschaft (daher: "sed") seinem Hauptgesellschafter gegenüber Interessen der Hauptgesellschaft zu wahren hatte[102]. Das Wesen der Unterbeteiligung als mittelbare Teilhabe an Gesellschaftsverhältnissen wird an dieser Digestenstelle besonders deutlich.

---

[99] So formulierend *Herzfeld*, AcP 137 [1933], S. 295

[100] Vgl. *Eisele*, ZRG, Rom.Abt., 11. Bd. [1890], S. 7; *Kreller*, ZRG, Rom.Abt., 66. Bd. [1948], S. 73. Allerdings sind die Begründungen dafür unterschiedlich. Während *Eisele*, a.a.O. meint, die Stelle "socius praestabit" habe einen ganz anderen Sinn als das vorhergehende "societati praestabitur", hält *Kreller*, a.a.O. diese Begründung für nicht überzeugend, führt jedoch an, daß im Digestentext wohl aber unklar bliebe, "daß der socius gerade der admittens ist". (Zur Erläuterung: admitto heißt "zulassen, einlassen, gestatten". Daher wird der die Unterbeteiligung einräumende Hauptgesellschafter auch "admittens" und der Unterbeteiligte "admissus" bezeichnet, vgl. *Pöllinger*, S. 9; *Reis*, S. 5; *Kreller*, a.a.O. und leges 19, 22 und 23).

[101] Dessen letzter Satzteil von der dort geschilderten Konstellation her übrigens an unsere heutige Drittschadensliquidation erinnert

[102] Vgl. *Kreller*, ZRG, Rom.Abt., 66. Bd. [1948], S. 73

Die nach dem zuvor geschilderten Haftungsverhältnis sich aufdrängende Frage, wie sich die Haftung des Hauptgesellschafters bei Leistungsunfähigkeit seines Unterbeteiligten gestaltete, wurde in lex 23 erörtert. Wie aus dieser Bestimmung deutlich wird, herrschte im römischen Rechtskreis bezüglich dieser Problematik Meinungsstreit.

Ulpian zitiert eine Stelle des Pomponius, in der als Lösungsmöglichkeit in Erwägung gezogen wurde, daß der Hauptbeteiligte bei Insolvenz des Unterbeteiligten sich seiner Haftung durch Überlassung seiner Klagerechte gegen seinen Unterbeteiligten entziehen könnte. Pomponius scheint dem ablehnend gegenüber gestanden zu haben[103], obgleich sich aus dem Digestentext seine Ansicht nicht eindeutig herleiten läßt. Ulpian hingegen bezog klar Stellung und verneinte die Möglichkeit einer Haftungsbefreiung für den Hauptbeteiligten durch Zession seiner Klagerechte, was seinem im allgemeinen vertretenen Standpunkt entsprach[104]. Zur Begründung führte er an, daß man schwerlich sagen könne, die Aufnahme eines Unterbeteiligten sei keine "Verschuldung" des Hauptbeteiligten.

Im gleichen Zusammenhang wurde auch die Frage erörtert, ob der Hauptbeteiligte sich gegenüber seiner Schadensersatzpflicht für Handlungen des Unterbeteiligten darauf berufen könne, daß dieser nützliche Handlungen für die Gesellschaft vorgenommen habe. Während Pomponius dies befürwortete, lehnte Ulpian eine derartige "Aufrechnung" mit dem Hinweis auf eine Stelle des Marcellus ab.

Diese einen Ausschnitt aus der Lehre der sogenannten "compensatio lucri cum damno"[105] darstellende Digestenstelle hat in unserem Rechtskreis heute keinerlei Relevanz mehr[106].

---

[103] Vgl. "De illo Pomponius dubiat..."

[104] Vgl. lex 21 "... sed factum eius praestabitur..." und *Kreller*, ZRG, Rom.Abt., 66. Bd. [1948], S. 75

[105] = "Aufrechnung des Gewinns mit dem Verlust"; vgl. zu dieser Lehre der Vorteilsausgleichung noch Paul. D 17, 2.25; Ulpian D 17, 2.26; *Pomponius* D 3, 5.10 sowie *Medicus*, Id quod interest, S. 309 f.

[106] Vgl. *Herzfeld*, AcP 137 [1933], S. 295; vgl. aber den geltenden Art. 1850 des code civil, wonach einem Gesellschafter die Berufung auf eigene gewinnbringende Tätigkeiten verwehrt ist; so auch noch § 215, Erster Teil, Siebzehnter Titel ALR: "Ein Gesellschafter kann sich von seiner Verbindlichkeit zum Schadensersatz dadurch nicht befreien, daß er der Gesellschaft in anderen Fällen besondere Vortheile erworben hat."

Das noch verbleibende Gaius-Fragment (lex 22) ist ein Spiegelbild[107] des letzten Satzteils von lex 21. Es befaßt sich ebenfalls mit einer Haftungsfrage, allerdings von einer anderen Anspruchsrichtung her. Es regelte nämlich die Haftung des Hauptgesellschafters gegenüber seinem Unterbeteiligten dergestalt, daß der aufnehmende Gesellschafter für Handlungen seiner Mitgesellschafter wie für die eigenen einzustehen hatte.

Nach alledem kann festgehalten werden, daß ein Rechtsinstitut, das der heutigen Unterbeteiligung nahekommt, bereits in den Digesten klar und eindeutig umgrenzt war. Dabei enthielt bemerkenswerterweise das römische Recht von den folgenden - noch darzustellenden - Gesetzgebungen die weitaus umfangreichste Regelung zur Unterbeteiligung und übte auf diese Rechtsordnungen - wie noch zu zeigen sein wird - entscheidenen Einfluß aus.

Auf Einzelheiten der untersuchten römischen Rechtsquellen wird daher wiederholt zurückzukommen sein.

IV. Die Unterbeteiligung bis zum 17. Jahrhundert

Mit den zuvor erörterten römischen Rechtsquellen ist - entgegen Hecht[108] - unsere "historische Kenntnis" des Unterbeteiligungsbegriffes noch keineswegs erschöpft. Auch in den mittelalterlichen Rechten gab es Formen der Beteiligung an einem Gesellschaftsanteil, nur sind die diesbezüglichen Rechtsquellen wegen der Rechtszersplitterung im Mittelalter[109] schwieriger zu sichten.

1. Die Quellengrundlage der Untersuchung

Eine Untersuchung mittelalterlicher Beteiligungsformen an einem Handelsgesellschaftsanteil muß sich zunächst auf bekannte Rechtsquellen wie

---

107 Vgl. die Anknüpfungsworte "Ex contratio..."

108 Vgl. *Hecht*, S. 2; vgl. auch *Herzfeld*, AcP 137 [1933], S. 290: "Gesellschaftsverträge, welche die Abgabe von Unterbeteiligungen verbieten, sind mir nicht bekannt geworden"

109 Vgl. dazu *Conrad*, Bd. I, S. 346; zum Problem der Zerstreuung handelsrechtsgeschichtlicher Quellen *Stobbe*, ZHR 8 [1865], S. 28

Stadt- bzw. Landrechte[110], königliche und landesherrliche Privilegien so wie sogenannte Weistümer[111] stützen. Sie müssen auf ihre gesellschaftsrechtlichen Aussagen hin untersucht werden. Hinweise in handelsrechtsgeschichtlichen Arbeiten, die diesen Weg gegangen sind, lassen jedoch die Feststellung zu, daß eine solche Untersuchung nach dem gegenwärtigen Kenntnisstand nicht ergiebig wäre, da gesellschaftsrechtliche Bestimmungen in den genannten Rechtsquellen wohl kaum existierten. Deshalb vertritt Schmidt[112] die Ansicht, betrachte man gegenüber der reichen Entwicklung der offenen Gesellschaft, was sich an theoretischen Ausführungen darüber in den Stadtrechten finde, so ergebe sich, daß das sich vorfindende Material nach Umfang und Bedeutung in einem auffallenden Mißverhältnis dazu stehe. Die Gründe für diesen Normierungsmangel waren verschiedener Natur.

Die Tatsache, daß im Laufe des Mittelalters die städtischen und territorialen Rechtsetzungsbestrebungen zunahmen, basierte nicht nur auf dem Bedürfnis einer Auseinandersetzung mit dem immer mehr vordringenden römisch-kanonischen Recht[113]. Diese Entwicklung hatte vor allem den verfassungsgeschichtlichen Hintergrund, daß Städte wie Territorien immer mehr zu selbständigen "Körperschaften" wurden und deren Macht sich wachsend konsolidierte[114]. Mit dieser Machtentfaltung und dem damit verbundenen politischen und kulturellen Aufschwung ging der Wunsch einher, sich ein eigenes Recht zu schaffen[115]. Die städtischen und territorialen Rechts-

---

[110] Vgl. ausführlich zur Entstehung und Entwicklung von Stadt- und Landrechten im Mittelalter *Stobbe*, Rechtsquellen, Bd. 1, § 50, S. 482 ff.; § 54, S. 552 ff. sowie *Stobbe*, Rechtsquellen, Bd. 2, § 70, S. 206 ff.; § 71, S. 224 ff.; *Kunkel/Thieme/Beyerle*, Quellen, Bd. 1, 1. und 2. Hlbd., jeweils die Einleitung; *Planitz/Eckhardt*, § 69, S. 260 ff.; *Wieacker*, Privatrechtsgeschichte, § 11 I und II, S. 189 ff.; *Eisenhardt*, Deutsche Rechtsgeschichte, Rdnr. 31 ff. und Rdnr. 36 ff. mit weiteren Schriftumsnachweisen

[111] Zu diesen Begriffen *Eisenhardt*, Deutsche Rechtsgeschichte, Rdnr. 32; *Conrad*, Bd. I, S. 345, 347; speziell zu den Weisthümern *Kroeschell*, II, S. 127 f. mit weiteren zahlreichen Schrifttumsnachweisen auf S. 129; zur Funktion der Privilegien *Lutz*, S. 43-45

[112] Vgl. *Schmidt*, Stadtrechtsquellen, S. 35; zu diesem Werk *Lutz*, S. 5 und dieses Mißverhältnis bestätigend auf S. 138 f.; ebenso *Schulte*, Ravensburger Handelsgesellschaft, Bd. 1, S. 1 f.; *Pappenheim*, ZHR 36 [1889], S. 122 speziell für den Gesetzgebungsmangel im Norden in der Zeit 1350-1600

[113] *Kunkel/Thieme/Beyerle*, Quellen, Bd. 1, 1. Hlbd. Einleitung, S. XIV; *Stobbe*, Rechtsquellen, Bd. 2, § 70, S. 209 und § 71, S. 224 f.; *Wieacker*, Privatrechtsgeschichte, § 11 I, S. 189 f.

[114] Vgl. *Lutz*, S. 138; *Stobbe*, Rechtsquellen, Bd. 2, § 70, S. 207 f. und § 71, S. 224 f.; *Kunkel/Thieme/Beyerle*, a.a.O.; *Eisenhardt*, Deutsche Rechtsgeschichte, Rdnr. 39

[115] Vgl. *Eisenhardt*, a.a.O.

ordnungen dienten daher nicht so sehr der Rechtssetzung, sondern vielmehr der Dokumentation der Unabhängigkeit[116]. Soweit die Bestimmungen in den mittelalterlichen Rechten jedoch normierenden Charakter aufwiesen, waren diese zu einem großen Teil prozessualer Natur[117].

Insbesondere der Inhalt der Ende des 15. Jahrhunderts auflebenden sogenannten Stadtrechtsreformationen enthielten zu einem nicht geringen Teil Gerichts- bzw. Prozeßordnungen unter Einschluß der zugehörigen privatrechtlichen Materien, insbesondere Ehegüter-, Erb-, Pfand- und Vormundschaftsrecht[118]. Den Richtern sollte für ihre Entscheidungen eine Richtschnur gegeben werden, um die "große Ungleicheit" in der Praxis der verschiedenen Gerichte auszugleichen[119]. Geregelt wurden daher - auch was das materielle Recht anbelangt - häufig nur Fragen, die wiederholt vor Gericht relevant wurden[120]. Fragen des Gesellschaftsrechts waren nur selten Gegenstand von Prozessen. Die persönlichen Beziehungen der Gesellschafter untereinander brachten es vielmehr mit sich, daß diese es nicht selten vorzogen, Streitigkeiten auf schiedsgerichtlichem Wege aus zutragen[121], was in den Gesellschaftsverträgen auch fixiert wurde[122].

---

[116] Vgl. *Lutz*, a.a.O.; *Kunkel/Thieme/Beyerle*, a.a.O.

[117] Vgl. *Schmidt*, Stadtrechtsquellen, S. 35; *Lutz*, S. 138; *Kunkel/Thieme/Beyerle*, Quellen, Bd. 1, 1. Hlbd., Einleitung, S. XXIV f.; *Stobbe*, Rechtsquellen, Bd. 2, § 70, S. 220 und § 71, S. 229; *Maurenbrecher* I, S. 64 f.

[118] Vgl. *Wieacker*, Privatrechtsgeschichte, § 11 I, S. 194; *Thieme/Beyerle/Kunkel*, Quellen Bd. 1, 1. Hlbd. Einleitung, S. XXIV f.; *Lutz*, S. 138 f.; *Ebel*, S. 67 ff.; vgl. auch die z.T. ausführlichen Vorworte der Nürnberger Reformation (1479); der Wormser Reformation (1498), der Ersten Frankfurter Reformation (1509) und des Freiburger Stadtrechts des Ulrich Zasius von 1520, abgedruckt in dieser Reihenfolge bei *Thieme/Beyerle/Kunkel*, Quellen, Bd. 1, 1. Hlbd., S. 1-323. Allerdings ist der prozessuale Anteil in diesen Rechten sehr unterschiedlich. Während dieser in dem Freiburger Stadtrecht und vor allem in der Frankfurter Reformation überwiegt, kommen in den übrigen Rechtsquellen materielles Recht und Verfahrensrecht ungefähr gleichermaßen zur Darstellung, vgl. *Thieme/Beyerle/Kunkel*, Quellen, Bd. 1, 1. Hlbd. Einleitung, S. XXV; näher auch *Wieacker*, Privatrechtsgeschichte, § 11 I, S. 193 f.; zur gleichen Problematik bei den Landrechtsreformationen, vgl. *Stobbe*, Rechtsquellen, Bd. 2, § 70, S. 220 f.; *Kunkel/Thieme/Beyerle*, Quellen, Bd. 1, 2. Hlbd. Einleitung, S. XVI ff.

[119] Vgl. dazu *Stobbe*, Rechtsquellen, Bd. 2, § 70, S. 210; *Lutz*, S. 138 f.; *Wieacker*, Privatrechtsgeschichte, § 11 II, S. 195

[120] Vgl. *Schmidt*, Stadtrechtsquellen, S. 35

[121] Vgl. *Schmidt*, Stadtrechtsquellen, S. 35 und 48

Daß in den Stadt- und Landrechten umfassende Regelungen zum Gesellschaftsrecht kaum existierten, ist u.a. darauf zurückzuführen, daß die städtischen bzw. territorialen Gesetzgebungskommissionen - größtenteils aus Romanisten bestehend[123] - sich naturgemäß sehr stark am römischen Recht orientierten[124]. Im römischen Rechtskreis war jedoch das Institut der Handelsgesellschaften zu keiner allzu großen Bedeutung gelangt[125].

Handelsgesellschaften in einer dem heutigen Recht ähnlichen Form sind erst im Mittelalter nachweisbar[126]. So brachte auch der Mangel eines Vorbilds im römischen Recht keine Gesellschaftsrechtsregelungen in den Stadt- und Landrechtsreformationen zustande[127]. Hinzu dürfte ein rein praktischer Grund gekommen sein. Der Wirkungskreis einer Handelsgesellschaft, insbesondere einer Fernhandelsgesellschaft - auf die noch einzugehen sein wird - bestand nicht aus einem Stadt- oder kleineren Rechtsgebiet, sondern ragte teilweise weit darüber hinaus. Auch aus diesem Grund war es kaum denkbar, daß jede deutsche Reichsstadt eventuell stark von einander abweichende Regelungen des Gesellschaftsrechts sich hätte leisten können. Letztlich weist Lütge auf einen ebenso interessanten wie einleuchtenden Gesichtspunkt hin,

---

122 So bestimmte die Weisshauptsche Gesellschaft (Ulm) schon durch den Gründungsvertrag zwei "Obleute", die etwaige Streitigkeiten unter den Gesellschaftern entscheiden sollten. Für den Fall, daß die zwei Obleute uneinig waren, sollten dieselben einen Dritten konsultieren dürfen, vgl. *Jäger*, S. 671, 672/673, um ein Beispiel aus Süddeutschland zu bringen; vgl. *Pauli*, Bd. I, Nr. 104, der ein Beispiel aus dem hansischen Norden liefert; beispielhaft für den Saigerhandel *Möllenberg*, Urkundenbuch, Nr. 11 (Gesellschaftsvertrag der Teilhaber der Schmelzhütte bei Arnstadt), S. 11; vgl. auch *Schmied*, S. 47; *Schmidt*, Stadtrechtsquellen, S. 48; *Möllenberg*, Eroberung, S. 12 u. 17; *Mayer*, Fürlegung, S. 91

123 Vgl. *Stobbe*, Rechtsquellen, Bd. 2, § 70, S. 219

124 Vgl. *Stobbe*, Rechtsquellen, Bd. 2, § 70, S. 216 f. und § 71, S. 224 ff.; *Kunkel/Thieme/Beyerle*, Quellen, Bd. 1, 1. Hlbd. Einleitung, S. XIV f. für die Stadtrechte; *Kunkel/Thieme/Beyerle*, Quellen, Bd. 1, 2. Hlbd. Einleitung, S. XI f. für die Landrechte. Allerdings war der romanistische Einfluß in den einzelnen Rechtsgebieten unterschiedlich ausgeprägt. So standen Städte wie beispielsweise Köln, Lübeck und Hamburg der Aufnahme fremden Rechts sehr distanziert gegenüber und Augsburg ist sogar ohne "romanistische Neuredaktion" seines Stadtrechts ausgekommen, vgl. dazu *Kunkel/Thieme/Beyerle*, Quellen, Bd. 1, 1. Hlbd. Einleitung, S. XV; *Wieacker*, Privatrechtsgeschichte, § 11 I, S. 191 f.; *Stobbe*, Rechtsquellen, Bd. 2, § 76, S. 288 (speziell für Köln und Lübeck); vgl. auch *Planitz*, ZRG Germ.Abt. 55 [1935], S. 131 ff.; *Gierke*, Privatrecht I, S. 63-66

125 Vgl. *Schmidt*, Stadtrechtsquellen, S. 1

126 Vgl. *Schmidt*, a.a.O.; *Weber*, S. 5 f.; vgl. auch *Schmied*, S. 33 f.

127 Vgl. *Lutz*, S. 139

nämlich daß das Handelsrecht ein Recht der Praxis darstelle, dessen gesetzgeberische Erfassung immer mit einer gewissen Verzögerung gegenüber der Entwicklung erfolge[128], und liefert damit eine weitere Erklärung für das weitgehende Fehlen gesellschaftsrechtlicher Bestimmungen in mittelalterlichen Rechten.

Für die Frage, ob und in welcher Form Beteiligungen an einem Gesellschaftsanteil im Rechtsleben des Mittelalters und in der Zeit bis zum 17. Jahrhundert vorkamen, sind die Inhalte der Stadt- und Landrechte aus den genannten Gründen mithin von nur geringer Bedeutung.

Einen Einblick in das Gesellschaftsrechtswesen insbesondere des 15. - 17. Jahrhunderts gewähren dagegen die erhaltenen[129] Gesellschaftsvertragsurkunden, die in sogenannten Urkundenbänden bzw. -büchern publiziert worden sind.

Grundlage der Untersuchung sollen daher zunächst diese Gesellschaftsverträge sein[130], bevor auf das ALR als erste umfassende Kodifikation der Aufklärungs- und Naturrechtszeit einzugehen ist.

2. Die Unterbeteiligung in den Gesellschaftsverträgen der süddeutschen Fernhandelsgesellschaften und der Saigerhandelsgesellschaften des 15. und 16. Jahrhunderts

a) Eingrenzung des Untersuchungsbereichs

Das veröffentlichte Quellenmaterial bezüglich der vorgenannten Gesellschaftsvertragsurkunden bezieht sich zum einen vornehmlich auf die sogenannten Fernhandelsgesellschaften[131], d.h. auf Gesellschaften, deren Geschäftstätigkeiten weit über eine Stadt oder Region hinausragten, die also

---

128 Vgl. *Lütge*, S. 136; zu diesem Gedankengang metaphorisch auch *Schmied*, S. 4

129 Vgl. dazu *Schmied*, S. 35 f.

130 *Lutz*, S. 23 spricht diesbezüglich von "mittelbarer Rechtsquelle"

131 Ausführlich zur Entwicklung und zum wirtschaftspolitischen Hintergrund der Fernhandelsgesellschaftsbildung *Lutz*, S. 36-61; *Bauer*, Unternehmungsformen, S. 1-17

Fernhandel[132] betrieben und zudem längere Zeit bestanden, was gleichzeitig den großen Bekanntheitsgrad derselben und die Publizität ihrer Verträge erklärt. Diese meist aus Familiengemeinschaften hervorgegangenen Handelsgesellschaften hatten ihren Sitz vor allem in den süddeutschen Fernhandelsmetropolen wie Frankfurt, Augsburg, Nürnberg, Ulm sowie in zahlreichen anderen süddeutschen Städten[133]. Nennenswert sind die großen Familienfirmen der aus dem Weberhandwerk hervorgegangenen Fugger, der Welser, der Baumgartners, der Imhoffs, der Herwarts, der Manlichs sowie die große Ravensburger Handelsgesellschaft, der Zahl der Mitglieder nach die wohl größte Familiengesellschaft dieser Zeit[134].

Dagegen herrschte im Handelsleben der hansischen Seestädte ein anderer Gesellschaftstypus vor, nämlich die sogenannte Gelegenheitsgesellschaft, d.h., der Kaufmann im norddeutschen Raum beteiligte sich an mehreren, voneinander unabhängigen Geschäften, so daß er unter Umständen Teilhaber an verschieden Gelegenheitsgesellschaften gleichzeitig war, nicht aber wie in Süddeutschland im Rahmen einer (Fern)handelsgesellschaft tätig wurde[135]. Strieder formuliert: "Der hansische Kaufmann trieb Geschäfte, der süddeutsche Kaufmann hatte - in der Regel wenigstens - ein Geschäft"[136].

Der Grund dafür, daß im hansischen Wirtschaftsleben dauerhafte Gesellschaftsbildungen selten vorkamen und die Handelsgesellschaft fast gänzlich fehlte, lag zum einen in der Eigenart des Überseehandels, bei dem es noch

---

132 Im Gegensatz zum sogenannten Lokalhandel, vgl. dazu *Planitz/Eckhardt*, § 35 II, S. 129

133 Vgl. *Lutz*, S. 18 mit weiteren Beispielen unter namentlicher Anführung der in den einzelnen Städten tätig gewesenen Gesellschaften

134 Vgl. *Strieder*, Organisationsformen, S. 96 f.; *Schmidt*, Stadtrechtsquellen, S. 8; *Lutz*, S. 2 f. mit Hinweisen auf Biographien über Persönlichkeiten wie Jakob und Anton Fugger, Bartholomäus Welser, Endres Imhoff und Hans Baumgartner, vgl. S. 18 Fn. 67 zur großen Ravensburger Handelsgesellschaft; näher zu diesen süddeutschen Familiengesellschaften *Ehrenberg*, Das Zeitalter der Fugger, Bd. I, Kapitel 2; *Strieder*, Genesis, S. 37-207; speziell zur großen Ravensburger Gesellschaft *Schulte*, Ravensburger Handelsgesellschaft, Bd. 1, S. 1 ff.; *Heyd*, Die große Ravensburger Gesellschaft, S. 1 ff.; zu strukturellen Unterschieden einzelner Gesellschaften, *Schmied*, S. 38

135 Vgl. *Strieder*, Organisationsformen, S. 96-100; *Schmied*, S. 40; *Lutz*, S. 14 f.; *Ebel*, Lübeckisches Kaufmannsrecht, S. 85 f.; *Rachel*, Schmollers Jahrbuch, 34. Bd. [1910], S. 1032 f.; *Weber*, S. 15 f.; vgl. auch *Rehme*, Geschichte, S. 165; ders., ZRG Germ.Abt. 54 [1934], S. 383

136 Vgl. *Strieder*, Organisationsformen, S. 97, allerdings mit dem Hinweis, daß auch die süddeutschen Handelsgesellschaften ihre Kapitalien vereinzelt zu gelegentlichen Gesellschaften mit anderen Firmen zusammenlegten und umgekehrt die großen Familienfirmen im Norden nicht gänzlich fehlten, vgl. S. 99 f. mit Beispielen; zu den Ausnahmen vgl. auch *Keutgen*, VSWG 4 [1906], S. 278-324, 461-514 besonders S. 502 f., 567-632; *Pauli*, Bd. I, S. 140

größere Risiken und Schwierigkeiten zu überwinden gab als im Binnenlandhandel, und andererseits in der Tatsache, daß im Norden zunftähnliche Korporationen existierten, die große Gesellschaften aus Konkurrenzgründen nicht aufkommen ließen[137].

Ihren Aufstieg und ihre Blütezeit erfuhren die Fernhandelsgesellschaften im 15. und 16. Jahrhundert[138].

Zur gleichen Zeit erfuhr der Bergbau seinen Aufschwung[139] und es kam zu Bildungen von zahlreichen Bergwerksgesellschaften, namentlich sogenannter Saigerhandelsgesellschaften. Die wirtschaftlichen Ursachen dafür lagen im wesentlichen in der zunehmenden Ausdehnung des zuvor geschilderten Fernhandels, der zur endgültigen Umstellung auf eine Geldwirtschaft und folglich zu einem gesteigerten Bedarf an gemünztem Gold und Silber führte, sowie die beachtlichen Einnahme- und Gewinnmöglichkeiten, die der Handel mit gewonnenen Metallen bzw. Erzen eröffnete[140]. Stützen konnte sich das Aufblühen des Bergbaus in Mitteleuropa auf reiche Erzvorkommen in den Alpen, den deutschen Mittelgebirgen und im slowakischen Erzgebirge[141].

Nachdem ursprünglich die grundherrschaftliche Produktionsweise im Bergbau vorherrschte, kam es seit dem 14. Jahrhundert zunehmend zu Zusammenschlüssen selbständiger Bergbauunternehmer - den sogenannten "Gewerken" - zum Zwecke eines gemeinschaftlichen Abbaus der Bodenschätze[142]. Diese Zusammenschlüsse wurden notwendig, weil die einzelnen

---

137 Vgl. näher *Schmied*, S. 40; *Rachel*, Schmollers Jahrbuch, 34. Bd. [1910], S. 1032; *Lutz*, S. 15 Fn. 55

138 Vgl. *Bauer*, Unternehmungsformen, S. 2; *Lutz*, S. 20 m.w.N.

139 Vgl. *Strieder*, Organisationsformen, S. 31 u. 39; *Kammerer*, S. 1; *Möllenberg*, Urkundenbuch, Einleitung, S. V; *Möllenberg*, Eroberung, S. 10

140 Vgl. dazu sowie umfassend zur Entwicklung der Montanindustrie im 15 und 16. Jahrhundert *Kammerer*, S. 1-16 mit weiteren zahlreichen Schrifttumsnachweisen; vgl. auch *Bauer*, Unternehmungsformen, S. 91-101 und *Strieder*, Organisationsformen, S. 12 f. mit Umsatzzahlen aus dem Erzhandel und weiteren Gründen für das starke Hervortreten der Metalle als Handelsartikel

141 Vgl. *Kammerer*, S. 1

142 Vgl. *Silberschmidt*, Beteiligung, S. 76; *Strieder*, Organisationsformen, S. 39; *Kammerer*, S. 10; *Zycha*, *Bergbau*, S. 79 ff. u. 104 ff.; ders. in VSWG 5 [1907], S. 249 ff.

Bergwerks- bzw. Regalherren[143] die stets steigenden Kapital- und Betriebskosten - bedingt durch immer schwieriger gewordene Abbau- und Produktionsbedingungen - selbst nicht mehr aufbringen konnten und die Produktion daher nur durch die Aufnahme vieler externer Kapitalgeber aufrecht erhalten werden konnte[144]. Das Fremdkapital gelangte dabei auf unterschiedliche Weise in den Bergbau. Verbreitet war das sogenannte Verlagssystem. Metall- oder Kupferhändler gewährten der Gewerkschaft oder einzelnen Gewerken zur Bestreitung ihrer Betriebskosten eine bestimmte Summe - den sogenannten Verlag -, wofür diese sich verpflichteten, ihren Geldgebern (Verlegern) innerhalb einer bestimmten Zeit Rohkupfer zu einem vereinbarten Kaufpreis zu liefern[145]. Kapitalkräftige Geldgeber konnten aber auch selbst Gewerken werden, indem sie Bergwerksanteile - sogenannte Kuxe - kauften oder die Anteile der Gewerken übernahmen[146]. Im 15. und 16. Jahrhundert kam Fremdkapital in der geschilderten Form vor allem von den großen Fernhandelskaufleuten, die ihre sich aus dem schwunghaften Fernhandel rekrutierenden Gewinne im Bergbau anzulegen suchten[147].

Diese Entwicklung, durch die auswärtiges, fremdes Kapital immer mehr Einfluß auf die Gestaltung der Bergbauproduktion nahm und die Trennung von Arbeit und Kapital weiter vorantrieb, setzte sich fort, als um 1450 in Nürnberg das Saigerverfahren erfunden wurde[148], mit dem man mittels Bleizusatz das Silber vom Rohkupfer trennen konnte[149]. Hauptsächlich Nürnberger, aber auch Augsburger und Leipziger Geldgeber gründeten daraufhin die nach dem Verfahren benannten sogenannten Saigerhandelsgesellschaf-

---

143 Es waren dies vor allem die Grafen von Mansfeld sowie die Grafen Schlick und Pflug, vgl. *Strieder*, Organisationsformen, S. 6; speziell zum Handel mit Mansfelder Kupfer ausführlich *Möllenberg*, Eroberung, S. 1-83; zum Begriff der Regalien *Eisenhardt*, Deutsche Rechtsgeschichte, Rdnr. 7; *Kammerer*, S. 2

144 Vgl. dazu *Kammerer*, S. 10 u. 15; *Bauer*, Unternehmungsformen, S. 92; *Worms*, S. 22 ff.; *Bornhardt*, S. 32 ff.; *Schmied*, S. 45; *Sprandel*, S. 241 ff.; *Strieder*, Organisationsformen, S. 21, 25 u. 47; *Zycha*, Bergbau, S. 79 f.; ders. in VSWG 5 [1907], S. 249 ff.; *Hoppe*, S. 64 ff.; Schmoller in Schmollers Jahrbuch 15 [1891], S. 59 ff.; bezüglich des Mansfelder Bergbaus *Möllenberg*, Eroberung, S. 11; *Kammerer*, S. 12 Fn. 3

145 Vgl. *Strieder*, Organisationsformen, S. 24 u.35; *Kammerer*, S. 11; *Möllenberg*, Eroberung, S. 15; *Schmied*, S. 47; *Möllenberg*, Urkundenbuch, Einleitung, S. V

146 Vgl. *Kammerer*, S. 11; *Strieder*, Organisationsformen, S. 21 u. 50

147 Vgl. *Kammerer*, S. 11; *Bauer*, Unternehmungsformen, S. 91 f. der ausführt, daß der mitteleuropäische Bergbau im 16. Jahrhundert "ohne das Handelskapital brach gelegen" hätte

148 Vgl. *Strieder*, Organisationsformen, S. 46

149 Näher zum Saigerverfahren *Möllenberg*, Eroberung, S. 5

ten[150]. Die Tätigkeit dieser Gesellschaften bestand darin, das - meist im Wege des Verlagsystems - erworbene Rohkupfer[151] von dem darin reich enthaltenen Silber in eigenen kostspieligen Saigerhütten[152], die in großer Anzahl gebaut wurden, zu trennen und mit demselben dann Handel zu treiben[153]. Hatten bis dahin die kapitalistischen Kaufleute die gewerbliche Produktion im Bergbaubereich mit Hilfe des Verlagsystems bereits mittelbar dirigiert, so schufen sie sich jetzt selbst eigene industrielle Großbetriebe und wurden außer Kaufleuten auch Produzenten.

In ihrem Grundtypus vereinigten die Saigerhandelsgesellschaften daher die Produktion, die Verarbeitung und den Absatz respektive den Handel in bisher nicht gekanntem Maße[154].

Obgleich die Saigerhandelsgesellschaften sich in einigen Punkten von den Fernhandelsgesellschaften unterschieden - zu nennen sind vor allem die starke Teilhaberschaft von Nichtkaufleuten[155], die aktiengesellschaftsähnliche Form der Kapitalbeschaffung, die jährliche Generalversammlung der Teilhaber sowie die jährliche Bilanz und Gewinnausschüttung[156] - wiesen sie von allen Montangesellschaften noch am stärksten Strukturelemente der Fernhandelsgesellschaft auf[157].

Aus diesem Grunde, aber auch wegen ihrer herausragenden Bedeutung und insbesondere aufgrund der Tatsache, daß aus diesem Bereich viele Ge-

---

150 Vgl. *Strieder*, Organisationsformen, S. 47; *Möllenberg*, Eroberung, S. 5; *Möllenberg*, Urkundenband, Einleitung, S. VI

151 Die Gesellschaften erwarben auch noch auf andere Weise Rohkupfer. Sie kauften den Regalherren das Kupfer ab, das von den Gewerken an diese abgegeben werden mußten (sogenanntes Zehntkupfer) vgl. *Strieder*, Organisationsformen, S. 109 Fn. 2; näher dazu *Kammerer*, S. 22

152 Zur Größe solcher Anlagen *Strieder*, Organisationsformen, S. 47 u. S. 109 Fn. 3

153 Vgl. *Strieder*, Organisationsformen, S. 109; *Schmied*, S. 47

154 Vgl. *Strieder*, Organisationsformen, S. 46; *Lutz*, S. 13; ausführlich *Bauer*, Unternehmungsformen, S. 91-101

155 Wie z.B. Adlige und Gelehrte

156 Vgl. *Strieder*, Organisationsformen, S. 110; *Schmied*, S. 45; *Möllenberg*, Eroberung, S. VI, sieht daher in den Saigerhandelsgesellschaften "vielleicht" die ersten Vorläufer der modernen Aktiengesellschaft; sich mit dieser These kritisch auseinandersetzend *Schmied*, S. 45 f.

157 Vgl. *Kammerer*, S. 233; *Bauer*, Unternehmungsformen, S. 58, der auf den Unterschied zu den Hütten- und Schmelzwerksgesellschaften hinweist; vgl. zu weiteren Gesellschaften aus dem Montanbereich *Schmied*, S. 49-55; *Kammerer*, S. 309-329

sellschaftsverträge publiziert wurden, die für die Geschichte der Unterbeteiligung aufschlußreich sind, sollen auch die Saigerhandelsgesellschaften Untersuchungsgegenstand sein.

b) Die Regelungen in den Gesellschaftsverträgen der Fernhandelsgesellschaften

Bei näherer Untersuchung[158] der Fernhandelsgesellschaftsverträge gelangt man zu der Feststellung, daß diese Verträge Unterbeteiligungen an dem Anteil eines Gesellschafters ausschlossen. Dies ergibt sich einmal aus den Bestimmungen bezüglich der Herkunft der Stammeinlagen[159]. Aus diesen ist nämlich zu entnehmen, daß die zu Vertragsbeginn von den Hauptgesellschaftern zu leistenden Kapitalbeträge aus ihrem eigenen Vermögen aufzubringen waren[160]. Zu unterscheiden sind zwei Arten von Gesellschaftern, die Prinzipal- oder Hauptgesellschafter mit vollem Gewinnanspruch entsprechend ihrem Gesellschaftsanteil sowie vollem Stimmrecht einerseits und die Teilhaber, die in irgendeiner Form nur mit einer Kapitalanlage zu Gewinn und Verlust beteiligt waren, andererseits[161].

Teilweise untersagten die Gesellschaftsverträge den Hauptgesellschaftern ausdrücklich die Aufnahme von Fremdkapital, wie zum Beispiel im Rietwie-

---

158 Die Untersuchung stützt sich im wesentlichen auf die veröffentlichten Gesellschaftsverträge in dem sehr umfangreichen Urkundenband von *Lutz*, den Urkundenanhang in *Mayer*, Fürlegung, S. 104-132 sowie auf die Beschlüsse der Nürnberger Welsergesellschaft in *Welser*, Urkunde, S. 22 ff.

159 Vgl. zu den übrigen Vertragsbestimmungen sowie zur Form und zum Aufbau der Verträge umfassend *Lutz*, S. 160-478

160 Die einzelnen Kapitalanteile sind größtenteils in den Verträgen beziffert, vgl. beispielhaft Haug-Linckvertrag v. 10.10.1547, *Lutz*, Urkundenband, S. 124 Ziff. 40-42; Manlichvertrag v. 1.8.1548, *Lutz*, Urkundenband, S. 131, 132 Ziff. 20-30; Haug-Langenauer-Linckvertrag v. 1.9.1532, *Lutz*, Urkundenband, S. 77 ff. Ziff. 20-157, der zugleich ein Beispiel ist für die Vielfalt der Kapitalschichtung in einer süddeutschen Handelsgesellschaft. Die höchste Einlage liegt dort bei 25000 fl. (= Rheinischer Gulden) die niedrigste bei nur 100 fl. Zum rheinischen Gulden (fl), der gebräuchlichsten Rechnungsgröße dieser Zeit, und näher zu den Währungsverhältnissen vgl. *Möllenberg*, Urkundenbuch, Einleitung, S. X

161 Vgl. dazu *Lutz*, S. 242 f., *Bauer*, Unternehmungsformen, S. 66 und die ausdrückliche Festlegung in Verbindung mit dem Stimmrecht im Immhofvertrag v. 26.7.1527, *Lutz*, Urkundenband, S. 60 Ziff. 13-14 "Ittem erstlich das wir obgenant all geshelschaffter sein und stim haben sollen". Deutlicher ist diese Unterscheidung in den Verträgen der Saigerhandelsgesellschaften fixiert (s. unten 59 ff.)

ser-Prunervertrag vom 30.12.1525[162]: "... Es sol auch ainer allein von vnß peyden nit macht haben, gelt von anderen leutten in diessem vnnseren handel zw legen, anzwnemen, ..."; oder in einem Beschluß der Nürnberger Welsergesellschaft vom 16.2.1529[163]: "Soll auch nyemands gestat werden Kayn ander dan seyn aygen gellt Eyn zu legenn."

Teilweise wurde in den Gesellschaftsverträgen von "aigen[164] gelt" bzw. "aigen haptgutt" gesprochen, wenn es um Einlageleistungen der Gesellschafter ging[165]. Das Verbot für die Gesellschafter, Fremdkapital zur Finanzierung ihrer Kapitaleinlagen aufzunehmen, ergab sich darüber hinaus aus den Bestimmungen über die Erhöhung der Kapitaleinlagen.

So war im Leiber-Oettingervertrag von 1538 die Kapitalerhöhung nur mit eigenem Geld zugelassen: "Wolt dann ainer us uns oder wir beede mitler zeit des jars uber sein erlegte summa mer und weitters von seinem aigen gut in disen handl erlegn, das soll er zu thun macht haben und seinen sondern nutz per rata der summa darvon empfahen. Doch das solch gelt sein aigen und kain entlehent oder ander frembd gut sei"[166]. Auch nach dem Höchstetter-Ungelter-Baumgartnervertrag vom 1.1.1524 sollte eine Kapitalerhöhung nur mit Mitteln aus Heiratsgut und Erbfällen möglich sein: "Weytter ob unnder unnser einem oder mer erbfall oder heyratgutt in mitler zeytt zustienndt, soll dermaßen gehalten werden: was heyratgut einem wurdt unnd zustett, hatt er macht inn hanndel oder gesellschafft zu legen nach seinem gefallen also fill im gelegen ist; Erbfall hat er macht in die gesellschafft zu legen pis in trew tausent gulden unnd nit daruber so ferr es im auch gelegen ist, ob es im erbfall oder heyratgut dermaßen nit gelegen welte sein inn gesellschafft zu legen, so senndt mir im schuldig doch auf sein begern das gelt anzunemen zu 5 percent unnd zu halben jaren jettlichen parthey macht haben abzukinden

---

162 Vgl. Rietwieser-Prunervertrag v. 30.12. 1525, *Lutz*, Urkundenband, S. 51 Ziff. 66-68, es sei denn, der andere Gesellschafter hat zugestimmt, vgl. Ziff. 69-72

163 Vgl. *Welser*, Urkunde, S. 26; *Mayer*, Fürlegung, S. 89

164 Andere Schreibweise auch "aygen"

165 Vgl. Rietwieser-Prunervertrag v. 30.12. 1525, *Lutz*, Urkundenband, S. 50 Ziff. 41, 42; Haug-Langenauer-Linckvertrag v. 1.9.1532, *Lutz*, Urkundenband, S. 76 ff. Ziff. 16-40; Fuggervertrag v. 14.9.1532, *Lutz*, Urkundenband, S. 90 Ziff. 197

166 Vgl. Leiber-Oettingervertrag von 1538, *Mayer*, Fürlegung, S. 132

unnd was die suma trift zu zway taylen getaylt zu bezalen doch mit sampt dem interessen"[167].

In anderen Gesellschaftsverträgen war den Hauptgesellschaftern die Inanspruchnahme von Fremdkapital zwar erlaubt, um das zur Erhöhung ihrer Einlagen nötige Geld aufzubringen, allerdings sollte diese Kreditbeschaffung nur gegen festen Zins erfolgen. Die Aufbringung des nötigen Geldes in der Form der Gewinnbeteiligung Dritter, also durch Einräumung einer Unterbeteiligung, war auch nach diesen Verträgen verboten. Das belegt deutlich der bereits zitierte Beschluß der Nürnbergerwelsergesellschaft vom 16.2. 1529: "Ittem Es Jst durch vnss Jm besten bedachtt dass dye Jenygen denen aynn haubt soma zu vertretten bewylygett vnnd doch Jnss vermygenss nyt Jst, dye selbygen vonn dem Irem zu Erstaten dass ayn Jederr derr selbenn sovyll bey andern auff bryngen damyt er seyn bewylygette soma Erfullen myg. doch das Kayner gellt auff nem oder Eynleg darr vonn Er Iemand aynyge gewynnong zu Raychen Sych bewylyget vonn dysses handelss wegen Sonder das sollych gellt durch verhaysonng aynss gedyngtten Jntereso vnd nyt anderst auff brachtt werd, vnd welcher von vnserrem handell sollychs auff zyns vnd Interes zu leychen begertt dem solls gelychen werdenn. wye des ayn artyckell gestellt Jst etc."[168]. Auch die ursprüngliche[169] Bestimmung im Herbrot-Schleichervertrag von 1551: "... "mitt anderem dan sein selbst aigen gelt sein capital mehern, allein ihme selber und sonst niemandt andren zue nutz außerhalb der gewönlichen verzinsung so er von solch auffgenommen gelt reichen und geben wurdt"[170] zeigt in diese Richtung.

Besonders das Beispiel der Welsergesellschaft zeigt, wie sehr die Fernhandelsgesellschaften daran interessiert waren, daß die Hauptgesellschafter möglichst wenig mit Fremdkapital arbeiten sollten, denn sie gaben den Gesellschaftern die Gelegenheit, sich das zur Erhöhung ihrer Einlagen nötige Geld gegen Zins bei der Gesellschaft, also aus dem Gesellschaftsvermögen zu beschaffen ("... vnd welcher von vnserrem handell sollychs auff zyns vnd

167 Vgl. Höchstetter-Ungelter-Baumgartnervertrag v. 1.1.1524, *Mayer*, Fürlegung, S. 116; *Lutz*, Urkundenband, S. 43 Ziff. 117-128; zur unterschiedlichen Interpretation der 5 % Klausel vgl. *Bauer*, Unternehmungsformen, S. 156 Anm. 64; *Lutz*, S. 260 Fn. 62

168 Vgl. *Welser*, Urkunde, S. 26; *Mayer*, Fürlegung, S. 89 f.

169 Die Bestimmung ist später durchgestrichen worden, vgl. *Mayer*, Fürlegung, S. 128 Anm. 36; *Lutz*, S. 265 Fn. 78

170 Vgl. Herbrot-Schleichervertrag von 1551, *Mayer*, Fürlegung, S. 128 Fn. 36, auch S. 89

Interes zu leychen begertt dem solls gelychen werdenn").

Es existierten auch besondere Regelungen, die es dem einzelnen Hauptgesellschafter ausdrücklich untersagten, ohne Zustimmung seiner übrigen Mitgesellschafter ein Gesellschaftsverhältnis mit außerhalb der Gesellschaft stehenden Dritten einzugehen. Diesbezüglich heißt es z.B. im Haug-Langenauer-Linckvertrag vom 1.9.1531[171]: "Es sol auch ausserhalb des hanndels unnser keiner weder wenig noch fyl handlenn noch mit ander leutten gesel-schafftweys tractiern, auch kein gelt ausserhalb umb zyns als 5 per cento zu gebenn an nemand sonder wyssen unnd wyllenn der mer stym unserer". Im Fuggervertrag vom 20.11.1591[172] findet sich die Bestimmung: "Zum dritten, sollen unnsere söhne und enigkhlen allesambt und sonders, für sich selbst, gar kheinen, sondern handell oder gesellschafft, weder under inen selbst noch sonnst mit jemandts andern haben, treiben, oder yeben, ohne vor- und offt wolgedachts herrn administratoris und seiner adjuncten wissen unnd willen, ...".

Die Beispiele ließen sich vermutlich mehren, wenn man all die nichtveröffentlichten Gesellschaftsverträge in den verschiedenen Archiven einsehen würde. Die angeführten Stellen dürften jedoch zum Beleg der These ausreichen, daß die Verträge der süddeutschen Fernhandelsgesellschaften durchweg keine Unterbeteiligungen zuließen[173].

Fraglich ist, welche Schlußfolgerungen diese Erkenntnis zuläßt. Zunächst läßt sich sagen, daß den süddeutschen Fernhandelsgesellschaften das Rechtsinstitut der Unterbeteiligung bekannt und geläufig war, weil sonst der Ausschluß in den geschilderten Formen nicht erklärbar wäre. Vor allem aber dokumentieren die zitierten Vertragsbestimmungen eine spezifische Mentalität der Fernhandelskaufleute. Sie wollten die bereits angedeuteten Interessenkollisionen[174], die die Einräumung einer Unterbeteiligung mit sich bringen kann, vermeiden und damit ein von äußerlichen Einflüssen möglichst

[171] Vgl. Haug-Langenauer-Linckvertrag v. 1.9.1532, *Lutz*, Urkundenband, S. 82 Ziff. 180-184

[172] Vgl. Fuggervertrag v. 20.11.1591, *Lutz*, Urkundenband, S. 160 Ziff. 407-412

[173] So auch *Mayer*, Fürlegung, S. 89; *Lutz*, S. 260 f.; *Bauer*, Unternehmungsformen, S. 159 Anm. 72; vgl. auch *Schmied*, S. 69 dessen Belege mittelbar bestätigen, daß die Unterbeteiligung bei den Fernhandelsgesellschaften nicht gestattet war.

[174] S.o. S. 33

unbelastetes Zusammenwirken der Hauptgesellschafter fördern. Die Gründe für diese Haltung lagen nicht nur in der Tatsache, daß die Fernhandelskaufleute offensichtlich ganz allgemein die möglichen Konfliktsituationen erkannten, die mit der Einräumung einer Unterbeteiligung seitens eines Hauptgesellschafters verbunden sind. Es gab vielmehr auch konkret epochenspezifische Motive. So weist Mayer darauf hin, daß verschiedene Fernhandelsgesellschaften mit gewinnbeziehenden Teilhabern, im speziellen mit Unterbeteiligten, "schlimme Erfahrungen" gemacht hatten, weil diese Einblick in die Gewinne der Handelsgesellschaften hatten und diesbezügliche Informationen unbefugten, d.h. außerhalb der Gesellschaft stehenden Personen zukommen ließen[175]. Beispielhaft nennt Mayer den Prozeß Bartolme Rems mit den Höchstettern aus dem Jahre 1517, der auf Reichstagen und Fürstenhöfen "ausgeplaudert" hatte, wie die Gesellschaft in sechs Jahren mit 600 fl. Einlage 33.000 fl. Gewinn erzielt hatte[176], sowie eine Person namens Lorenz Meder, dem man es verübelte, daß er in einem Buch Geheimnisse der Kaufmannschaft der Öffentlichkeit zugänglich machte[177]. Dieses unlautere Offenbaren von Gesellschaftsinterna war gerade im Zeitalter der Monopolprozeße[178], Reichsabschiede und Reichspolizeiordnungen gegen den übermäßigen Gewinn der Handelsgesellschaften gefährlich[179].

Für die Fernhandelsgesellschaften galt es daher, daß Kenntnisse über die von der Gesellschaft erwirtschafteten Gewinne nicht außerhalb des Kreises der durch den Gesellschaftsvertrag gebundenen Hauptgesellschafter gelangten[180]. Ein Mittel, dies zu realisieren, war das Verbot der Unterbeteiligung. Darüber hinaus äußerte sich das Bestreben, Gesellschaftsverhältnisse von fremdem Einblick fernzuhalten, in sogenannten Geheimhaltungsvorschrif-

---

175 Vgl. *Mayer*, Fürlegung, S. 90

176 Vgl. *Mayer*, Fürlegung, S. 91 m.w.N. auf älteres Schrifttum

177 Vgl. *Mayer*, Fürlegung, S. 90

178 Zu diesen Prozessen vgl. *Lutz*, S. 99 ff. m.w.N.

179 Vgl. dazu *Mayer*, a.a.O.; zu den Monopolen vgl. u.a. RPO v. 1577 Tit. XVIII in: NS III, S. 388 f.

180 So auch *Lutz*, S. 265

ten[181], die nahezu jeder Vertrag in verschiedenartigsten Formen beinhaltete, und in den schon erwähnten Schiedsklauseln[182].

Des weiteren gab es sehr häufig Streitigkeiten zwischen Hauptgesellschaftern und Gewinnbeteiligten über Rechnungslegung, Gewinnhöhe und Abschreibungen[183]. Folglich wurde die Unterbeteiligung auch deshalb nicht zugelassen, weil man Streitigkeiten der genannten Art aus dem Weg gehen wollte[184].

Es steht zu vermuten, daß es noch weitere konkrete Gründe[185] gab, warum die Unterbeteiligung bei den Fernhandelsgesellschaften unerwünscht war, jedoch fehlen diesbezüglich - soweit ersichtlich - Hinweise in der Literatur und in dem untersuchten Quellenmaterial. Die Vermutung läßt sich daher nur auf die Tatsache des Verbots der Unterbeteiligung als solche stützen.

Zusammenfassend kann festgehalten werden, daß die Bestimmungen in den Verträgen der Fernhandelsgesellschaften die Tendenz aufwiesen, sich gegen eine mögliche Überfremdung und den mittelbaren Einfluß Dritter zu

---

181 Vgl. beispielhaft Höchstetter-Ungelter-Baumgartnervertrag v. 1.1.1524, *Lutz*, Urkundenband, S. 47 Ziff. 233-235; *Mayer*, Fürlegung, S. 118/119; Oesterreicher-Staningervertrag v. 1.12.1590, *Lutz*, Urkundenband, S. 143 Ziff. 90-98; Fuggervertrag v. 20.11.1591, *Lutz*, Urkundenband, S. 164 Ziff. 529-536; vgl. auch § 1 des 23. Titels der Frankfurter Stadtrechtsreformation von 1578, abgedruckt bei *Lutz*, S. 157 Fn. 606 sowie *Mayer*, Fürlegung, S. 90, der als Grund für die Geheimhaltungsbestrebungen zudem "Konkurrenzgründe" nennt

182 S.o. S. 40 f.

183 Vgl. *Mayer*, Fürlegung, S. 91 mit Verweisen auf älteres Schrifttum; *Greiff*, S. 99 f.

184 So auch *Lutz*, S. 265; vgl. zudem den Höchstetter-Ungelter-Baumgartnervertrag v. 1.1.1524 der Gewinnbeteiligten einen Anspruch auf Rechnungslegung ausdrücklich versagte... "Also waß mir im deshalben zutayllen unnd geben, soll er unnd seine erben ein volkomen gutt benuegen haben unnd seyen im weytter kain rechnung nit schuldig zu thon, ob er darbey oder nit ist, soll er deshalben zufryden sein unnd sich benuegen lassen on allen weyttern anspruch unnd forderung statt alls inn unsern gutten willen ab wir in inn der rechnung fordern oder nit..." *Lutz*, Urkundenband, S. 45 Ziff. 190-196 und *Mayer*, Fürlegung, S. 118

185 *Lutz*, S. 261 weist noch - allerdings ohne Beleg - auf den Aspekt hin, daß die Fremdfinanzierung der Stammeinlagen der Hauptgesellschafter die Sicherheit des Grundkapitalbestands der Gesellschaft bedrohte, wenn z.B. der Unterbeteiligte seine Beteiligung kündigte und so der Verbleib der Stammeinlage in der Gesellschaft für die Laufzeit des Vertrages gefährdet war.

schützen[186]. Pointiert formuliert, die Hauptgesellschafter wollten unter sich bleiben. Dies ging sogar soweit, daß den Gesellschaftern untersagt war, sich für "yemand zuverpürgen", also Bürgschaften zu übernehmen oder Dritten Darlehen zu gewähren[187].

Diese ablehnende Haltung insbesondere gegenüber der Beteiligung an einem Gesellschaftsanteil minimierte zwar einerseits Interessenkollisionen, schuf auf der anderen Seite jedoch ein neues Problem. Durch das Verbot der Unterbeteiligung war den Hauptgesellschaftern eine von mehreren Möglichkeiten genommen, ihre Stammeinlage- bzw. Kapitalerhöhungsverpflichtungen finanzieren zu können. Dies betraf vor allem finanzschwache bzw. schwach gewordene Gesellschafter. Diesen galt es daher im Interesse der Sicherheit des Grundkapitalbestandes finanzielle Unterstützung zukommen zu lassen. Dies führte zum Entstehen eines heute nicht mehr bekannten Rechtsinstituts, nämlich der sogenannten "Fürlegung"[188]. Unter Fürlegung verstanden die süddeutschen Kaufleute der sogenannten frühkapitalistischen Epoche - so die Definition Strieders - "eine Summe Geldes", die einem Teilhaber einer Handelsgesellschaft zur Vergrößerung seines Geschäftsanteils "eingeschossen" wurde[189]. Die fürgelegte Summe ging nicht in das Eigentum des mit der Fürlegung Bedachten über. Sie verblieb vielmehr Eigentum der Gesellschaft. Der Betreffende hatte nur für eine begrenzte Zeitdauer - gewöhnlich bis zur nächsten Bilanz und Gewinnverteilung - die Nutzung an der ihm fürgelegten Summe, d.h., er erhielt den vollen Gewinnanteil, der auf

---

[186] Vgl. noch den Beschluß der Nürnberger Welsergesellschaft v. 25.9.1533 "... die weyl sych hanns welserr beschwerrt, mit Jemant anderen sych Jnn geselschaft ein zu lassenn, dann mit seinen bruderenn auss etlichen erzellten vrsachen, ..." *Welser*, Urkunde, S. 35 unten, der das Bestreben belegt, die Gesellschaften wieder auf den engsten Familienkreis zu beschränken

[187] Vgl. Höchstetter-Ungelter-Baumgartnervertrag v. 1.1.1524, *Lutz*, Urkundenband, S. 46 Ziff. 221-223; *Mayer*, Fürlegung, S. 118; Rietwieser-Prunervertrag v. 30.12.1525, *Lutz*, Urkundenband, S. 52 Ziff. 111-116; Haug-Langenauer-Linckvertrag v. 1.9.1532, *Lutz*, Urkundenband, S. 82 Ziff. 185-190; Erklärung Anton Fuggers v. 5.2.1538, *Lutz*, Urkundenband, S. 109 Ziff. 179-183; Behaim-Geisler-Scheurlvertrag v. 1.9.1540, *Lutz*, Urkundenband, S. 120 Ziff. 130-134; Oesterreicher-Stainingervertrag v. 1.12.1590, *Lutz*, Urkundenband, S. 143 Ziff. 102; Fuggervertrag v. 20.11.1591, *Lutz*, Urkundenband, S. 160 f. Ziff. 420-424; vgl. auch § 1 des 23. Titels der Frankfurter Stadtrechtsreformation von 1578, abgedruckt bei *Lutz*, S. 157 Fn. 606

[188] Die Terminologie war unterschiedlich. In der Nürnberger Reformation v. 1479 heißt es: "verlegung" abgedruckt bei *Kunkel/Thieme/Beyerle*, Bd. 1 1. Halbd., S. 74. Im Imhofvertrag v. 26.7.1527 "bevorlegung", *Lutz*, Urkundenband, S. 64 Ziff. 137; z.T. hieß es auch "empforlegung" vgl. *Lutz*, S. 268. In Norddeutschland nannte man das Institut "Wederleggine" vgl. *Mayer*, Fürlegung, Einleitung, S. II

[189] Vgl. *Strieder*, VSWG 10 [1912], 521 f.; *Mayer*, Fürlegung, Einleitung S. II; *Lutz*, S. 267

das fürgelegte Kapital entfiel[190]. Diese Fürlegung, die von der Gesellschaft ausging, um einzelne Mitglieder für in der Gesellschaft geleistete Arbeit zu begünstigen, wird als sogenannte Aktivfürlegung bezeichnet[191]. Der Grundtypus der Fürlegung war bereits in den Institutionen des Kaisers Justinian verankert, wo es heißt: "...; nam et ita coiri posse societatem non dubitatur, ut alter pecuniam conferat, alter non conferat et tamen lucrum inter eos commune sit, quia saepe opera alicuius pro pecunia valet"[192]. "...; denn es unterliegt keinem Zweifel, dass ein Gesellschaftscontract auch so geschlossen werden könne, dass der Eine Geld herschiesst, der Andere nicht, und doch der Gewinn unter ihnen gemeinschaftlich sei, weil oft die Arbeit des Einen statt Geldes gilt"[193]. Insbesondere die Augsburger Haug-Langenauer-Linckgesellschaft arbeitete häufig mit diesem Rechtsinstitut[194]. Aus dem Gesellschaftsvertrag dieser Gesellschaft ist im übrigen zu ersehen, daß es neben der obengenannten Fürlegung weitere Arten von Fürlegungen gegeben hat. Es sind diese: die Fürlegung der Gesellschaft an Handelsangestellte oder angestellte Faktoren, die Fürlegung von Hauptgesellschaftern an andere Hauptgesellschafter sowie die Fürlegung von Hauptgesellschaftern an die Gesellschaft. Letztere wird von Lutz als "Passivfürlegung" bezeichnet[195]. Die rechtliche Einordnung der Fürlegung war sehr umstritten und deshalb Gegenstand verschiedener rechtswissenschaftlicher Untersuchungen[196]. So behauptet beispielsweise Apelbaum, Strieders Definition gebe das Wesen der Fürlegung "nicht richtig wieder"; er sieht in der Fürlegung seitens der Gesellschaft nur einen Buchungsvorgang[197]. Die Summe selbst sei in Wirklichkeit

---

190 Vgl. *Mayer*, Fürlegung, S. 96; *Schmied*, S. 62 f.; *Strieder*, a.a.O.; *Silberschmidt*, Beteiligung, S. 64

191 Vgl. *Lutz*, S. 268

192 Vgl. Institutiones III.25 (De societate)

193 Übersetzt von Sintenis in "Das Corpus Juris Civilis (Romani)", Hrsg. *Otto*, *Schilling*, Sintenis, Bd. 1, S. 148

194 Vgl. Haug-Langenauer-Linckvertrag v. 1.9.1532, *Lutz*, Urkundenband, S. 78-80 Ziff. 65-130; vgl. auch den Höchstetter-Ungelter-Baumgartnervertrag v. 1.1.1524, *Lutz*, Urkundenband, S. 40 Ziff. 42, S. 42 Ziff. 110, S. 45 Ziff. 185; weitere Beispiele nennt *Lutz*, S. 271

195 Vgl. *Lutz*, S. 268, näher zu diesen *Lutz*, S. 401-403

196 Vgl. grundlegend *Mayer*, Fürlegung, S. 1-132; *Strieder*, VSWG 10 [1912], 521-527; aus neuerer Zeit *Schmied*, S. 62; *Lutz*, S. 267-275

197 Vgl. *Apelbaum*, S. 108

gar nicht vorhanden, also "eingeschossen", sondern nur fiktiv "zugebucht"[198].

Eine Auseinandersetzung mit diesen Thesen und damit ein Versuch, das Rechtsinstitut der Fürlegung genau zu bestimmen, würde den Rahmen dieser Untersuchung sprengen. Wichtig ist in diesem Zusammenhang lediglich die Erkenntnis, daß in den frühkapitalistischen Fernhandelsgesellschaften die ablehnende Haltung gegenüber der Unterbeteiligung einerseits, das Bedürfnis, finanzschwache Hauptgesellschafter zu unterstützen andererseits, zur Kreation des Rechtsinstitutes der Fürlegung führte. Die diesbezügliche Darstellung beschränkt sich daher auf die vorgenommene Skizzierung der Wesensmerkmale und den Hinweisen auf einschlägige Literatur. Erwähnt sei nur noch, daß die Fürlegung auch in einigen Stadtrechtsreformationen Erwähnung fand[199], was ihren Stellenwert unterstreicht.

Die vorstehenden Ausführungen dürfen allerdings nicht zu dem Schluß führen, daß die süddeutschen Fernhandelsgesellschaften dem Fremdkapital gänzlich ablehnend gegenüberstanden. Diese kamen nämlich zunehmend häufiger nicht mit ihrem eigenen Stammkapital aus, um der Ausweitung ihrer Handelsgeschäfte[200], insbesondere aber auch, um den erhöhten Ansprüchen des kirchlichen und fürstlichen Geldbedarfs[201] zu genügen. Sie gingen daher immer mehr dazu über, Fremdkapital in stets steigendem Maße in Anspruch zu nehmen, um ihre Kapitalkraft zu stärken[202].

---

198 Vgl. *Apelbaum*, S. 109 f.; vgl. auch *Silberschmidt*, Beteiligung, S. 64 und *Brakel*, VSWG 14 [1918], 344 die die Bezeichnung der Fürlegung als süddeutsche Form der norddeutschen "Wedderleggunge" bemängeln. Unrichtig ist die Behauptung *Silberschmidts*, a.a.O., daß *Strieder* nur die Aktivfürlegung kenne, vgl. nur *Strieder*, VSWG 10 [1912], 525 f.; ebenso *Mayer*, Fürlegung, S. 12 Fn. 1

199 Vgl. das 3. Gesetz des 30. Titels der Nürnberger Reformation von 1479, abgedruckt bei *Kunkel/Thieme/Beyerle*, Bd. 1 1. Hlbd., S. 74; vgl. dazu *Lutz*, S. 270 der diese Regelung mit der Stelle Institutiones III.25 instruktiv vergleicht, aber m.E. fälschlicherweise unter Hinweis auf die Stelle S. 157 Fn. 606 behauptet, auch die Frankfurter Reformation von 1578 erwähne die Fürlegung

200 Vgl. *Strieder*, Organisationsformen, S. 100 f.; näher zu den wirtschaftlichen und organisatorischen Schwierigkeiten des Fernhandels und die daraus resultierende Notwendigkeit den Kapitaleinsatz zu erhöhen, *Schmied*, S. 1-4 sowie S. 31-33

201 Weltliche und geistige Größen hatten stets ein starkes Bedürfnis nach großen und langfristigen Anleihen, um ihre Politik durchführen und die dazu gehörigen Söldnerheere bezahlen zu können; dazu näher *Strieder*, Staatliche Finanznot als Nährboden des Kapitalismus, S. 1 ff.; *Schmied*, S. 2 und 31; *Strieder*, Organisationsformen, S. 101

202 Vgl. *Silberschmidt*, Beteiligung, S. 74; *Mayer*, Fürlegung, S. 92; *Schmied*, S. 2; *Lutz*, S. 59

Das am meisten angewandte Mittel zur Vergrößerung des Eigen- bzw. Betriebskapitals war das sogenannte Depositum[203], eine in Italien[204] ausgebildete und dort bereits im 13. Jahrhundert verbreitete Form der Kapitalbeschaffung, die anfänglich nur zögernd[205], dann aber immer mehr von den frühkapitalistischen Kaufleuten und Handelsgesellschaften Süddeutsch lands rezipiert wurde[206].

Unter dem Depositum verstand man eine festverzinsliche, in der Regel jederzeit kündbare Kapitaleinlage in ein Handelsgeschäft, wobei der Einleger (Deponent) zum Empfänger der Einlage (Depositar) lediglich in ein rein obligatorisches Verhältnis trat. Auf der einen Seite stand also der Kapitalgeber, der sein Geld nutzbringend anlegte, ohne dabei irgendwelche Mitarbeits- oder gar Haftungsverpflichtungen eingehen zu müssen und kurzfristig über sein Geld disponieren konnte, auf der anderen Seite befand sich der Kaufmann, das Handelshaus, die Gesellschaft, die durch die Kapitalhingabe ihre stets wachsenden Aufgaben besser zu bewältigen vermochten, ohne dabei direkten Einfluß auf den Gang der Geschäfte gewähren zu müssen[207]. Das Depositum diente somit beiden Seiten und viele Gesellschaften gingen daher immer mehr dazu über, den Kreis ihrer Stammgesellschafter enger zu

---

203 Von "deposito" ital. = Aufbewahrung, Niederlegung vgl. dazu *Strieder*, Inventur, S. 8 u. 66 f.; ders., Organisationsformen, S. 101; *Ehrenberg*, Das Zeitalter der Fugger, Bd. I, S. 124 u. 391 f.; eingehend *Schmied*, S. 71-77 mit zahlreichen Beispielen der Verwendung von Depositen bei bekannten Handelshäusern wie der Fugger, Welser, Oesterreicher etc. auf S. 77-87

204 Italien gilt als "Geburtsland" des Frühkapitalismus. Dort hatte sich insbesondere seit dem 12. Jahrhundert der kapitalistische Geist stark entwickelt. Vgl. dazu und zu den Hintergründen dieser Entwicklung *Strieder*, Organisationsformen, S. 57; ders., Entstehen, S. 1 ff.; *Schmied*, S. 5-7

205 Vgl. *Mayer*, Fürlegung, S. 92; *Ehrenberg*, Das Zeitalter der Fugger, Bd. I, S. 393; *Schmied*, S. 72. Hemmend wirkte sich die mittelalterliche Wirtschaftsethik des Staates und der Kirche aus, insbesondere das kanonische Zinsverbot fußend auf dem Grundsatz der "Unfruchtbarkeit" des Geldes und der Verwerflichkeit des Zinses, vgl. *Mayer*, Fürlegung, S. 93; *Schmied*, S. 3; einen umfassenden Überblick über die Literatur zum kanonischen Zinsverbot gibt *Lutz*, S. 124 Fn. 480. Trotz theoretischem Festhalten am Grundsatz der Verwerflichkeit des Zinses duldete die Kurie mit der Zeit stillschweigend die Verzinsung der Depositen und trug damit wesentlich zur Entfaltung des Depositenwesens bei, vgl. dazu näher *Kammerer*, S. 130 ff. *Schmied*, S. 3 u. 22

206 Fast jedes größere Handelshaus schickte seine Söhne zu italienischen Kaufleuten in die Lehre und so kam es zur Rezeption und Weiterentwicklung italienischer Formen der Kapitalbeschaffung und Kredittechnik, vgl. dazu *Strieder*, Jakob Fugger der Reiche, S. 7 ff.; *Schmied*, S. 31

207 Vgl. dazu ausführlich *Schmied*, S. 15-18 u. 71-87

ziehen und Stammgesellschaftsanteile in Depositen[208] umzuwandeln[209]. Dadurch konnte bei gutem Geschäftsgang eine Erhöhung der Gewinnquote für die Stammgesellschafter erreicht werden, denn der Deponent erhielt ja bei hohem Gewinn keinen erhöhten Zins[210]. Man darf allerdings nicht übersehen, daß das Depositum gerade für den Depositar auch Gefahren in sich barg, denn in schlechten Zeiten vermehrten sich für ihn die Außenstände, da der Deponent ja Gläubiger der festverzinsten Geldeinlage war, was im übrigen auch ein Grund war, warum die süddeutschen Handelshäuser anfänglich sehr zurückhaltend den verzinslichen Depositen gegenüberstanden[211]. Die Höhe der vergüteten Zinsen lag meist bei 5-10 %[212]. Die ersten, die mit Depositen in großem Umfang arbeiteten, waren die Höchstetters[213]. Alle bekannten Gesellschaften schlossen sich an[214].

Ein weiteres Mittel zur Vergrößerung des Betriebskapitals war die sogenannte Einlage zu Gewinn und Verlust, d.h. die Hingabe von Kapital, speziell von Geld, an eine Gesellschaft, wobei als Entgelt dafür Beteiligung am Gewinn gewährt wurde, der Geldgeber allerdings auch das Risiko eines et-

---

208 In der Terminologie des 16. Jahrhunderts wurden diese auch "stilliegendes Geld" genannt, vgl. *Strieder*, Organisationsformen, S. 101; *Schmied*, S. 75

209 Vgl. beispielhaft *Welser*, Urkunde, S. 47 "... dargegen bewilligt man woelle im 1200 fl. mit 10p. cento verzinsen sein zeit lang..."; vgl. auch *Poppe*, S. 69, Tabelle 1a; *Schmied*, S. 37; *Lutz*, S. 442

210 Vgl. *Hartung*, S. 77; *Mayer*, Fürlegung, S. 92

211 Vgl. *Schmied*, S. 72; *Mayer*, Fürlegung, S. 92

212 Vgl. *Strieder*, Organisationsformen, S. 101; *Jansen*, Jakob Fugger, S. 149; *Ehrenberg*, Das Zeitalter der Fugger, Bd. I, S. 124 u. 232; *Schmied*, S. 36 Fn. 19 u. 76; *Lutz*, S. 260 Fn. 60; *Bauer*, Unternehmungsformen, S. 64 u. 160 Fn. 74; zu Ausnahmen, *Strieder*, Organisationsformen, S. 101 Fn. 2

213 Vgl. Höchstetter-Ungelter-Baumgartnervertrag v. 1.1.1524, *Lutz*, Urkundenband, S. 43 Ziff. 125-128, wo gleichzeitig eine halbjährliche Kündbarkeit der Depositen vereinbart ist; vgl. auch *Mayer*, Fürlegung, S. 93

214 Vgl. beispielhaft den Beschluß der Nürnberger Welsergesellschaft vom 17.8.1533, *Welser*, Urkunde, S. 33 oben und den Beschluß vom Oktober 1543, *Welser*, Urkunde, S. 47; den Manlichvertrag v. 1.8.1548, *Lutz*, Urkundenband, S. 134, Ziff. 106; den Oesterreicher-Stainingervertrag v. 1.12.1590, *Lutz*, Urkundenband, S. 141 Ziff. 55; vgl. auch *Lutz*, S. 369 Fn. 510 sowie den Rietwieser-Prunervertrag v. 30.12.1525, *Lutz*, Urkundenband, S. 51 Ziff. 63 "...auff zynß nemen mogten...", wobei bezüglich dieser Stelle *Bauer*, Unternehmungsformen, S. 160 Fn. 74 m.E. verkennt, daß das Zustimmungserfordernis (Ziff. 70-72) sich nicht auf die Annahme von Depositen, sondern auf die einseitige Kapitalannahme eines Gesellschafters bezieht. Unter dem Depositum verstand man per se eine von allen Gesellschaftern getragene Kapitalbeschaffungsform

waigen Geschäftsverlustes entsprechend seiner Einlage zu tragen hatte[215]. Die genaue Rechtsform dieses Beteiligungsverhältnisses kann nach heutiger Terminologie nicht exakt umrissen werden, da die Ausgestaltung desselben vielfältig war[216]. Eine besondere Rolle spielte diese Art kommanditistischer Beteiligung in der süddeutschen Handelswelt des 15. und 16. Jahrhunderts nicht[217]. Gleichwohl erfuhr dieses Institut durch ein Privileg Friedrich III., welches dieser der Reichsstadt Nürnberg am 23. Juni 1464 u.a. in Fragen des Gesellschaftsrechts erteilte[218], eine Regelung[219]. Seinem Charakter gemäß traf das Privileg keine umfassende Regelung, sondern beschäftigte sich mit der wichtigen Frage der Haftung für Gesellschaftsschulden. Das Prinzip der unbeschränkten Haftung für die Schulden der Gesellschaft wurde zugunsten der Kapitaleinleger dahingehend durchbrochen, daß deren Haftung auf die Höhe ihrer Einlage beschränkt bleiben sollte. Noch heute herrscht in der Literatur allerdings Streit darüber, welche zu der Gesellschaft in einem Rechtsverhältnis stehenden Personenkreise von dem Privileg betroffen waren[220].

Im Rahmen dieser Untersuchung ist hinsichtlich der vorgestellten Kapitalbeschaffungsformen lediglich festzuhalten, daß die hier beschriebene Kapitalhingabe nicht wie bei der Unterbeteiligung an einen einzelnen Gesellschafter, sondern an die Handelsgesellschaft erfolgte. Die Entscheidung für eine dieser Finanzierungsmaßnahmen wurde also von allen Mitgliedern der Gesellschaft getragen. Konfliktsituationen wie bei der Unterbeteiligung traten daher naturgemäß nicht auf, was u.a. die Aufgeschlossenheit der Fernhandelskaufleute gegenüber diesen Instituten erklärt.

---

215 Vgl. *Schmied*, S. 64; *Strieder*, Organisationsformen, S. 103; *Kammerer*, S. 136; *Lutz*, S. 265

216 Vgl. *Kammerer*, S. 136; *Schmied*, S. 64

217 Vgl. *Strieder*, Organisationsformen, S. 103; *Schmied*, S. 64; grundlegend zur Entwicklung der KG *Servos*, S. 1 ff.

218 Das Privileg ist vollständig abgedruckt bei *Bauer*, Unternehmungsformen, S. 127-129 sowie nach *Schmied*, S. 64 Anm. 4 und *Strieder*, Organisationsformen, S. 104 Fn. 1 in *Woelckers* Historia diplom. Norembergensis, Nürnberg 1738, S. 682; teilweise bei *Planitz*, Quellenbuch, S. 156 Nr. 538

219 Daneben regelte das Privileg inhaltlich noch eine Appellations- und eine Vormundschaftsfrage

220 Dazu eingehend *Kammerer*, S. 135-139; *Bauer*, Unternehmungsformen, S. 169 f. Fn. 95; *Lutz*, S. 72-79; auch *Schmied*, S. 64 und *Strieder*, Organisationsformen, S. 103 f.

c) Die Regelungen in den Gesellschaftsverträgen der Saigerhandelsgesellschaften

Die Tatsache des Verbots der Unterbeteiligung bei den zuvor vorgestellten Fernhandelsgesellschaften bildete einen bemerkenswerten Gegensatz zu den diesbezüglichen Regelungen bei den Saigerhandelsgesellschaften. Bei diesen kann nämlich die Beteiligung Dritter zu Gewinn und Verlust an dem Gesellschaftsanteil eines Haupt- bzw. Prinzipalgesellschafters[221], d.h. die Gewährung von Unterbeteiligungen, häufig festgestellt werden.

So haben beispielsweise Konrad Drahtzieher und seine Frau in der Arnstädter Gesellschaft von 1502[222] 2000 fl. (= rheinische Gulden) bei dem Hauptgesellschafter Dr. Letscher angelegt, was sich aus einer veröffentlichten Erklärung der Unterbeteiligten vom 30. Juni 1522 ergibt, in der sie den Erhalt von 500 fl. nach Rückziehung dieses Teils der Anlage bestätigen: "Conrat Tratzieher und Helena sein eeliche hausfrau bekennen samentlich, sonderlich und unverschaidenlich, nachdem Albrecht Letscher, ir der gemelten Helena bruder, als ein geselschafter des huttenhandels zu Arnstat in Doringen und silberkaufs von den zwaytausend gulden, die er der Dratzieher in demselben huttenhandel und silberkauf zugewynn und verlust ligend und gedachte sein ewirtin der achtzehenhundert gulden irer beder heyratguter auf solchen zwaytausent gulden verwisen habe, in namen und von wegen derselben geselschaft inen funfhundert gulden aus dem silberkauf auf ir ansuchen und beger geben und zugestelt hab, das sy bede eeleut sich dagegen freywilligklich und unbezwungenlich bewilligt und unwiderrufflich verpflicht haben wollen, das sy hinfuro die uberigen funfzehenhundert gulden in gemeltem handel irnhalb und allermenigklichs von ihren wegen unverruckt, unverendert und allerding unverpfendt, unverkauft und unbeschwert ligen lassen und allein die abnutzung die je zu zeiten davon gefalle, empfahen und sich daran settigen lassen wollen"[223].

Vor seinem Eintritt als Prinzipalgesellschafter in die Steinacher Gesell-

---

221 Zur unterschiedlichen Bezeichnung der Hauptgesellschafter in den einzelnen Verträgen der Saigerhandelsgesellschaften, vgl. *Kammerer*, S. 239 f.

222 Gesellschaftsvertrag der Saigerhütte Arnstadt v. 27.5.1502, abgedruckt bei *Möllenberg*, Urkundenbuch, Nr. 11, S. 9 ff.; der Verlängerungsvertrag vom 12.3.1537 ist abgedruckt bei *Kammerer*, Urkundenanhang, Urk. Nr. 3, S. 19 ff.

223 Vgl. *Möllenberg*, Urkundenbuch, Nr. 18, S. 15 f.

schaft von 1537[224] war Claus Bromm aus Frankfurt Teilhaber mit 2000 fl. bei den Hauptgesellschaftern Moshauer und Maienburg, was eine veröffentlichte Bestätigung der genannten Prinzipalgesellschafter vom 11.4.1549 belegt: "Wir Cristoff Moshauer und Michel M(eienburg) fur uns und unser erben mid disem uffen briff bekennen und tun kund, das wir us bsunderm freuntlichen willen, als wir zu dem erbarn Niclaus Bromme zu Frankfurd, unserm libn swager, tragen, von ime zweitusent gulden in moncz, einundzwanzig groschen oder funfzen baczn an grober moncz, als talern zu virundzwenzig groschen, in unsern handel zu Steynach zu unserm teil genohmen und von ime entpfangen habn, gereden und gelobn hirmid, ime dieselbn dise kunftige drie jare, iders hundert mit sibn ader acht gulden, wo es us gottes gnaden die wynug so hoch ertragt, uff ider fastenmes ader ostermare (?) zu Leibzig zu verzinsen und usgangs der drier jare sein heubtgelt mid dem zins zu erlegen und treulich, wie obgemelt, widerzugeben,..."[225].

Dieselbe Gesellschaft weist zudem die Roder und Eberstein mit 3300 Gulden zu Gewinn und Verlust auf bei den Hauptgesellschaftern Reinicke und Raiffenstein[226]. Innerhalb der Leutenberger Gesellschaft von 1524[227] erscheinen ein paar Jahre nach der Gründung Graf Boto von Stolberg und Herzog Philipp von Braunschweig als "Unterbeteiligte" bei dem Hauptgesellschafter Graf Albrecht von Mansfeld. Als Beleg dient eine veröffentlichte Quittung Raiffensteins, dem sogenannten Rentmeister des Grafen Boto von Stolberg vom 14. Okt. 1527 über 264 rheinische Gulden (fl.), die Graf Albrecht durch seinen Rentmeister Benediktus Hoe dem Grafen Boto zu Stolberg und Wernigrode "us der geselschaft und handelung der hutten zu Luttenbergk von der rechnung des sechsundzwenzigsten jars" bezahlt hat[228].

---

224 Gesellschaftsvertrag der Saigerhütte Steinach vom 6.2.1537 abgedruckt bei *Möllenberg*, Urkundenbuch, Nr. 117, S. 216 ff.; Vertrag über die Aufnahme des Claus Bromm aus Frankfurt a.M. als Hauptgesellschafter in die Steinacher Gesellschaft abgedruckt bei *Möllenberg*, Urkundenbuch, Nr. 214, S. 349 ff. und Nr. 215, S. 351 ff. (2 Vertragsurkunden)

225 Vgl. *Möllenberg*, Urkundenbuch, Nr. 175, S. 299; vgl. dazu auch *Möllenberg*, Eroberung, S. 107

226 Vgl. *Möllenberg*, Eroberung, S. 27 u. 98; *Bauer*, Unternehmungsformen, S. 158 Anm. 72

227 Gesellschaftsvertrag der Saigerhütte Leutenberg vom 18.3.1524 abgedruck bei *Möllenberg*, Urkundenbuch, Nr. 22, S. 24 ff.; vgl. den Ergänzungsvertrag vom 14.4.1526, *Möllenberg*, Urkundenbuch, Nr. 54, S. 90 ff.

228 Vgl. *Möllenberg*, Urkundenbuch, Nr. 66, S. 116; dazu auch *Bauer*, Unternehmungsformen, S. 158 Anm. 72; *Möllenberg*, Eroberung, S. 27

Dem mußte allerdings eine - soweit ersichtlich nicht veröffentlichte - Gesellschaftsvertragsänderung vorausgegangen sein, denn der ursprüngliche Gesellschaftsvertrag der Saigerhütte Leutenberg vom 18.3.1524 verbot noch die Unterbeteiligung gegen Gewinnanteil: "Zum dritten ist abgeredet und beschlossen, das keiner aus uns von yemand, wer der oder die wern, ainich gelt, wenig noch vil nemen oder empfahen und under sein bestimbt hauptgut mischen soll, also das der, von dem er also gelt genomen hett, davon in disem handel nutz oder schaden solt oder mocht gewarten, sonder ein yeder selbs nyemand frembds mit ime disem handel nit verwant soll nutz und schaden solcher unser gesellschaft haben und gewarten"[229].

Erwähnt sei noch, daß im Tichtel-Ebnervertrag vom 24.1.1531[230] Sigmund Fürer, Bernhard und Jeronimus Baumgartner Unterbeteiligte der Hauptgesellschafter Augustin Tichtel und Hans Ebner waren: "Augustin Tychtel Inn vnnsere zween Drittail zw vnns eingenomen die Erbern Sigmunden Fuerer mit achthundert gulden, Bernhard Baumgartner mit siebenhundert gulden, Jeronimusse Baumgartner mit funffzehenhundert gulden, das mcht Inn ayner Summa funffzehentawsend gulden,..."[231].

Allerdings war diese Gesellschaft keine typische Saigerhandelsgesellschaft, sondern eine sogenannte Gelegenheitsgesellschaft. Die Kapitalanforderungen der regalen Erzkäufe zwangen die Metallhändler häufig zur Gründung von Gelegenheitsgesellschaften, deren Zweck darin bestand, das erforderliche Kapital aufzubringen und das Erz teilweise über eine gemeinsame Absatzorganisation zu verteilen[232]. Da auch solche im Metallhandel vorkommende Gesellschaften die Unterbeteiligung als Kapitalbeschaffungsform verwandten, sei die Tichtel-Ebner-Gesellschaft (Leipzig) an dieser Stelle beispielhaft erwähnt.

Mit diesen Beispielen sind nur einige im Saiger- bzw. Metallhandel geschlossene Unterbeteiligungsverhältnisse genannt. Für eine charakteristische

229 Vgl. *Möllenberg*, Urkundenbuch, Nr. 22, S. 26 f.; vgl. auch *Mayer*, Fürlegung, S. 89; was *Bauer*, Unternehmungsformen, S. 158 Anm. 72 sowie *Möllenberg*, Eroberung, S. 27 Fn. 3 augenscheinlich übersehen haben

230 Abgedruckt bei *Lutz*, Urkundenband, S. 72-75

231 Vgl. *Lutz*, Urkundenband, S. 72 Ziff. 20-24; vgl. auch *Lutz*, S. 260 Fn. 63

232 Vgl. dazu näher *Kammerer*, S. 326 mit weiteren Beispielen; zum Erfordernis der Bildung von Gelegenheitsgesellschaften vgl. auch *Strieder*, Organisationsformen, S. 105

Auswahl mögen sie jedoch genügen, zumal ältere Sekundärliteratur vereinzelt weitere Beispiele mit Belegen nennt, auf die verwiesen werden kann[233]. Im übrigen kann davon ausgegangen werden, daß es darüber hinaus nicht mehr allzu viele veröffentlichte Quellen hinsichtlich Unterbeteiligungen gibt. Dies bestätigt zum einen die Durchsicht der einschlägigen Urkundenbände[234] sowie die Tatsache, daß in den Vertragsurkunden der Saigerhandelsgesellschaften selbst bei einer kommanditistischen Beteiligung[235] die Teilhaber häufig noch nicht einmal namentlich aufgeführt sind[236], was den Schluß zuläßt, daß Unterbeteiligungsverhältnisse gemäß ihrer Natur erst recht nicht in dem Hauptgesellschaftsvertrag fixiert werden sollten[237]. Demgemäß ist aus dem Quellenmaterial auch über die Ausgestaltung des Rechtsverhältnisses zwischen Hauptgesellschafter und Unterbeteiligtem kaum etwas zu erfahren. Es steht zu vermuten, daß auch im Mittelalter und in der Zeit bis zum 17. Jahrhundert gemäß den römisch-rechtlichen Grundsätzen die Trennung zwischen Hauptgesellschafter und Unterbeteiligtem vollständig vollzogen wurde, d.h., letzterer auf die Hauptgesellschaft keinerlei Einfluß besaß. Dafür spricht insbesondere, daß bereits die Teilhaber an Gewinn und Verlust bei der Gesellschaft eine sehr eingeschränkte Rechtsstellung inne hatten. Repräsentativ dürfte eine Stelle aus dem geänderten Gesellschaftsvertrag der Saigerhütte Arnstadt vom 1.4.1532 sein, wo es heißt:

"Weiter ist abgeredt, was wir obgemelte[238] in diesem unsern handel schliesslich fur gut ansehen, das sollen inen die andern geselschafter, so in

[233] Vgl. vor allem *Schmied*, S. 69; *Möllenberg*, *Eroberung*, S. 18, 27 f.; *Strieder*, Organisationsformen, S. 232, *Kammerer*, S. 240; *Silberschmidt*, Beteiligung, S. 86; *Bauer*, Unternehmungsformen, S. 158 f. Anm. 72

[234] Neben dem oben (s. S. 31 Fn. 158) bereits genannten Quellenmaterial war Gegenstand der Untersuchung der Saigerhandelsgesellschaft vor allem noch das umfassende Urkundenbuch des Saigerhandels von *Möllenberg*

[235] Diese kam ebenso wie das Depositum auch bei den Saigerhandelsgesellschaften vor, vgl. dazu näher *Kammerer*, S. 239 f.; *Bauer*, Unternehmungsformen, S. 63 ff., nach *Bauer* gab es speziell bei den Saigerhandelsgesellschaft noch eine weitere Beteiligungsform "die in der Mitte" zwischen Depositen und den Einlagen zu Gewinn und Verlust stand, vgl. dazu *Bauer*, a.a.O., S. 65; auch *Schmied*, S. 65 Fn. 12

[236] Bestätigt durch *Kammerer*, S. 240

[237] Dies ist auch mittelbar aus einer Stelle bei *Möllenberg*, Eroberung, S. 18 zu entnehmen

[238] das sind die Hauptgesellschafter

diesem brive nit benent, inen lassen gefallen und gar kein ein- oder widerredt dargegen haben"[239], und später:

"Wir oftgemelte geselschafter sollen und wollen inen auch einige rechnung oder anzeigung des handels zu thun nit schuldig sein, sunder was wir inen ansagen, es sei gewin oder verlust, darmit sollen sie zufriden, auch gesettiget sein"[240].

Die Teilhaber waren also von der Geschäftsführung vollständig ausgeschlossen, hatten kein Mitspracherecht und konnten weder Rechnungslegung noch Auskunft über die Geschäfte, insbesondere über Gewinn und Verlust verlangen. Ihr Beteiligungsverhältnis beschränkte sich auf die Kapitalanlage zu Gewinn und Verlust, was insoweit den Kriterien der heutigen stillen Beteiligung gemäß §§ 230 ff. HGB entspricht.

Die unterschiedliche Behandlung der Unterbeteiligung bei den süddeutschen Fernhandelsgesellschaften einerseits und den Saigerhandelsgesellschaften andererseits ist bislang, soweit ersichtlich, noch nicht geklärt worden. Die Gründe dafür dürften in den unterschiedlichen Strukturelementen dieser beiden Gesellschaftstypen zu suchen sein. Wie ausgeführt[241], weisen die Saigerhandelsgesellschaften Wesensmerkmale der heutigen Aktiengesellschaft auf. Das Charakteristische an dieser ist bekanntlich die Art der Kapitalbeschaffung, die mehr demokratisiert, verallgemeinert und popularisiert ist. Mit anderen Worten, während die Handelsgesellschaft mehr eine Art Personalassoziation ist, handelt es sich bei der Aktiengesellschaft eher um eine "Kapitalassoziation"[242], für dessen effektives "Funktionieren" die schon mehrfach angesprochene Gesellschaftertreue nicht so im Vordergrund steht. Interessenkollisionen, bedingt durch die Einräumung von Unterbeteiligungen, können also aufgrund der dort herrschenden Anonymität und der Entpersönlichung des Kapitals besser aufgefangen werden oder treten gar nicht erst zutage. Die Saigerhandelsgesellschaften konnten sich daher neben den

239 Vgl. Gesellschaftsvertrag zwischen Sigmund und Christof Fürer, Albrecht Letscher, Wilhelm Schlüsselfelder und Veit Wolkenstein (Saigerhütte Arnstadt) vom 1.4.1532, *Kammerer*, Urkundenanhang, S. 4 Ziff. 109-113 und *Möllenberg*, Urkundenbuch, Nr. 102, S. 167 f.

240 *Kammerer*, Urkundenanhang, S. 4 Ziff. 133-136

241 S.o. S. 46

242 Diesen Begriff hat *Endemann*, Studien, Bd. I, S. 372 in anderem Zusammenhang geprägt

direkten Kapitalbeschaffungsformen wie Depositum und kommanditistische bzw. stille Beteiligung, die Unterbeteiligung als ein zusätzliches indirektes oder mittelbares Mittel zur Vergrößerung des Betriebskapitals "leisten".

Bei der Personenhandelsgesellschaft hingegen sind die persönlichen Beziehungen der Gesellschafter untereinander in ungleich stärkerem Maße als bei einer Kapitalgesellschaft Funktionselement[243], da hier verhältnismäßig wenige Personen eng zusammenarbeiten müssen. Um diese Arbeit so erfolgreich wie möglich gestalten zu können, sahen die Gesellschaftsverträge der Fernhandelskaufleute das Verbot der Unterbeteiligung vor, um so von vornherein Interessenkollisionen zu vermeiden.

V. Die Unterbeteiligung im ALR

Die erste Kodifikation, die die Beteiligung an den Früchten eines Gesellschaftsanteils nach den gesetzlichen Regelungen des römischen Rechts ausdrücklich regelt, ist das Allgemeine Landrecht für die Preußischen Staaten von 1794[244].

Dort heißt es in den §§ 216-218, Erster Teil, Siebzehnter Titel "Vom gemeinschaftlichen Eigenthume":

§ 216. Kein Gesellschafter kann den übrigen an seiner statt einen Fremden zum Mitgliede aufdringen.

§ 217. Dadurch, daß eins der Mitglieder seinen Antheil an dem Gewinne einem Fremden überläßt, erlangt dieser so wenig die Rechte als die Pflichten eines Mitgliedes.

§ 218. Ein solcher Cessionarius kann daher von den übrigen Gesellschaftern weder Rechnungslegung, noch andre Nachweisungen über die betriebenen Geschäfte: wohl aber die Vorlegung einer Balance über den aus dem

---

243 Vgl. dazu auch *Blaurock*, S. 17

244 Zur Geschichte des ALR *Conrad*, Das Allgemeine Landrecht von 1794 als Grundgesetz des friderizianischen Staates, S. 1 ff.; *Hattenhauer*, S. 11-39; *Eisenhardt*, Deutsche Rechtsgeschichte, Rdnr. 196-201; *Bornemann* I, S. 5-10; *Stobbe*, Rechtsquellen, Bd. 2, § 91, S. 446-476; *Conrad*, Die geistigen Grundlagen des Allgemeinen Landrechts für die preußischen Staaten von 1794, S. 7 ff. mit weiteren zahlreichen Nachweisen auf S. 12 Fn. 6; *Laufs*, S. 140-152 mit umfangreichen Schrifttumsnachweisen auch aus neuerer Zeit auf S. 140-142. Eine umfassende Übersicht über den Geltungsbereich des ALR in Deutschland liefert die Denkschrift zum Entwurf eines Bürgerlichen Gesetzbuchs, Berlin 1896 in der Anlage I, S. 452 f.

gemeinschaftlichen Gewerbe entstandenen Gewinn und Verlust fordern[245].

Diese die zivile Gesellschaft betreffenden Vorschriften werden vereinzelt als frühere gesetzliche Regelungen der Unterbeteiligung vorgestellt und als solche kurz behandelt[246]. Bei näherer Betrachtung der zitierten Bestimmungen ergibt sich jedoch, daß diese Einordnung zu undifferenziert ist. In §§ 216-218 I 17 ALR ist nämlich von der Beteiligung an einem Gesellschaftsanteil keine Rede, sondern vielmehr von der Überlassung eines "Antheils an dem Gewinne" (§ 217 I 17 ALR) sowie in § 218 I 17 ALR von dem "Cessionarius". Dies spricht eher dafür, daß die §§ 217, 218 I 17 ALR die von der Unterbeteiligung zu unterscheidende Abtretung eines Gewinnanteils regelten. Allerdings stellt § 217 I 17 ALR klar, daß die Überlassung des Gewinnanteils durch einen Gesellschafter an einen Dritten für diesen "so wenig die Rechte als die Pflichten eines Mitgliedes" begründet, also - wie bei der Unterbeteiligung - Rechtsbeziehungen zwischen dem Dritten und den übrigen Gesellschaftern nicht zustandekommen. Wie verträgt sich diese den römischen Grundsätzen entsprechende Passage mit der Tatsache, daß bei der Abtretung eines Gewinnanteils der Zessionar hinsichtlich seines Forderungsrechtes in die Rechtsstellung des Hauptgesellschafters eintritt und damit in unmittelbarer Beziehung zur Hauptgesellschaft steht[247]?

Es soll daher nachstehend anhand der Ergebnisse der im Eingangskapitel getroffenen Abgrenzung der Unterbeteiligung zur Anteilsabtretung versucht werden, den Regelungsgehalt der §§ 216-218 I 17 ALR zu ermitteln. Dabei ist zu berücksichtigen, daß heutige moderne Rechtsbegriffe auf historische Sachverhalte angewandt immer nur Hilfen zur Fassung und Beschreibung dieser Sachverhalte sein können[248].

---

245 §§ 216-218 I 17 ALR entsprachen den §§ 216-218 I 17 des Allgemeinen Gesetzbuchs für die Preussischen Staaten (AGB), welches am 1.6.1792 in Kraft treten sollte, aber durch Kabinettsordre vom 18.4.1792 auf Antrag des schlesischen Justizministers v.Dankelmann auf unbestimmte Zeit suspendiert wurde, vgl. dazu *Hattenhauer*, S. 22 ff.; *Stobbe*, Rechtsquellen, Bd. 2, § 91, S. 464; §§ 216, 217 ALR entsprachen den §§ 132, 133 Teil 2. 3. Abteilung, Titel 14, Abschnitt 3 des Entwurfs eines AGB. Eine dem § 218 ALR entsprechende Vorschrift enthielt dieser Entwurf interessanterweise noch nicht.

246 Vgl. *Wagner*, S. 24 f. und *Blaurock*, S. 30

247 Vgl. dazu *Bopp*, S. 25; *Pöllinger*, S. 25; *Meyer*, S. 58

248 Vgl. zu diesem Problem *Rehme*, ZRG Germ. Abt., 47 [1927], S. 491 ff. m.w.N.

1. Regelungsgehalt der §§ 216-218 I 17 ALR

Neben dem bereits erwähnten Wortlaut der §§ 217, 218 I 17 ALR spricht auch § 216 I 17 ALR dafür, daß die in Rede stehenden Vorschriften keine Regelungen zur Unterbeteiligung enthalten, sondern die Abtretung eines Gewinnanspruchs - also eine Form der teilweisen Anteilsabtretung - betreffen. In § 216 I 17 ALR heißt es nämlich, daß kein Gesellschafter seinen Mitgesellschaftern "an seiner statt einen Fremden zum Mitgliede aufdringen" kann. "Zum Mitgliede aufdringen" bedeutet jedoch begriffsnotwendig, daß zwischen der Hauptgesellschaft und dem Dritten, der hinzukommen soll, unmittelbare Rechtsbeziehungen hergestellt werden sollen. In diesem Sinne aufgedrängt werden kann einer bestehenden Gesellschaft ein Dritter aber nur durch irgendeine Form der Anteilsabtretung, hingegen nicht durch die Einräumung einer Unterbeteiligung, denn diese begründet, wie bereits dargestellt, keine Rechtsbeziehungen zwischen der Hauptgesellschaft und dem Dritten (= Unterbeteiligten)[249]. Auch die bereits angesprochene[250] Regelung des § 217 I 17 ALR paßt zu der Rechtsfigur der Abtretung eines Gewinnanspruchs. Wie bereits ausgeführt[251], erhält der Zessionar bei einer derartigen Abtretung weder gegenüber der Gesellschaft noch gegenüber dem Zedent irgendwelche Mitverwaltungs-, Kontroll- oder Informationsrechte. Nur dies stellt § 217 I 17 ALR klar.

Ein weiteres, sich aus § 218 I 17 ALR ergebendes Argument wird von den Vertretern, die die §§ 216-218 I 17 ALR als Vorschriften zur Unterbeteiligung behandeln, selbst geliefert. So schreibt Wagner zum § 218 I 17 ALR:

"Die Trennung zwischen den fehlenden Beziehungen des Unterbeteiligten zur Hauptgesellschaft und seinen vertraglichen Beziehungen zum Hauptbeteiligten wird aber nicht vollständig vollzogen, wenn dem Dritten das Recht zugestanden wird, von den übrigen Gesellschaftern die Vorlegung einer Balance über den aus dem gemeinschaftlichen Gewerbe entstandenen Gewinn und Verlust (zu) fordern, (§ 218, 2. Hs.)"[252].

Daß § 218 I 17 ALR eine Lockerung der Trennung zwischen Hauptge-

---

249 S. dazu oben S. 25 f. und 33 f.

250 S.o. S. 65

251 S.o. S. 28

252 Vgl. *Wagner*, S. 24; ähnlich *Blaurock*, S. 30

sellschaft und Dritten normiert, also dem Dritten eine stärkere Stellung einräumt als eine Unterbeteiligung, ist zutreffend festgestellt. Jedoch spricht gerade diese Tatsache dafür, daß es in den §§ 216-218 I 17 ALR um die Abtretung eines Gewinnanteils geht. Bei einer solchen Anteilsabtretung nämlich rückt der Zessionar hinsichtlich des konkreten Gewinnanspruchs in die Stellung des abtretenden Hauptgesellschafters, steht also unmittelbar mit den übrigen Hauptgesellschaftern in Beziehung[253]. Es ist daher gerechtfertigt, ihm - bezogen auf den Gewinnanspruch - Rechte gegenüber der Gesellschaft zu geben. Das ALR räumte dem Zessionar eines Gewinnanteils gegen die Mitgesellschafter des Zedenten demgemäß einen Anspruch auf Vorlegung einer Balance ein[254], d.h. die Mitteilung des jährlichen Abschlusses[255]. Der Unterbeteiligte hingegen steht der Hauptgesellschaft nicht so nahe wie der Zessionar einer bestimmten Anteilsabtretung. Dies rechtfertigt es, die Trennung zwischen Hauptgesellschaft und Unterbeteiligten mangels Bestehens direkter Beziehungen vollständig zu vollziehen.

Zudem darf man vermuten, daß die Verfasser des ALR sich an die Regelungen des römischen Rechts (D 17, 2. 19-23) angelehnt und deutlich von der Beteiligung an einem Gesellschaftsanteil gesprochen hätten, falls sie die Unterbeteiligung hätten kodifizieren wollen, zumal das Corpus Juris Civilis als eine der historischen Grundlagen des ALR gilt und im ALR - wenn auch "gereinigt" -[256] einen breiten Raum gefunden hat[257].

Letztlich findet die These, §§ 216-218 I 17 ALR stellten keine Regelungen zur Unterbeteiligung nach heutigem Rechtsverständnis dar, auch in der Literatur zum preußischen Privatrecht ihre Stütze. Während zwar vereinzelt mißverständlich von der Abtretung bzw. Überlassung des "Societätsan-

253 S.o. S. 28

254 Hiermit mußte er sich ihnen gegenüber aber auch begnügen, hatte insbesondere keinen Anspruch auf weitere Rechnungslegung oder andere Nachweisungen über die betriebenen Geschäfte, vgl. *Förster-Eccius*, S. 368; *Fischer*, § 473, S. 385 f.; *Schubert*, Vorlagen, Teil 3, BT II, S. 92; ROHG 23, Nr. 41, näher zur Rechtsprechung diesbezüglich unten S. 120 ff.

255 Vgl. *Fischer*, § 473, S. 386

256 So *Conrad*, Das Allgemeine Landrecht von 1794 als Grundgesetz des friderizianischen Staates, S. 4, s. auch S. 2

257 Vgl. *Hattenhauer*, S. 19 f.; *Conrad*, a.a.O., S. 4

teils"[258] oder des Gesellschaftsmitgliedsrechts die Rede ist[259], wird in den Kommentierungen zu den §§ 216-218 I 17 ALR gemäß dem Gesetzeswortlaut überwiegend von der Abtretung/Zession des Gewinnanteils und nicht von einer Unterbeteiligung gesprochen[260].

Deutlich zwischen der Unterbeteiligung und - wie es heißt - der Zession von "pekuniären Rechten eines Gesellschafters gegenüber der Gesellschaft" unterscheidet Dernburg, wobei er nur bezüglich der letztgenannten Rechtsfigur zutreffend auf die §§ 217 f. I 17 ALR verweist[261].

Somit ist festzuhalten, daß die §§ 216-218 I 17 ALR die Abtretung eines Gewinnanspruchs regeln und entgegen einer Literaturansicht keine Vorschriften zur Unterbeteiligung darstellen, es sei denn, man legt den Begriff der "Unterbeteiligung im weiteren Sinne" zugrunde, der sowohl die Anteilsabtretung als auch die Unterbeteiligung heutigen Rechtsverständnisses umfaßt. Ein solches Verständnis schien vereinzelt der Rechtsprechung des ROHG zugrunde gelegt zu haben[262].

Nicht zuletzt deshalb und weil die §§ 216-218 I 17 ALR auch zu der Kategorie von Vorschriften gehören, die die Teilhabe an den Früchten eines Gesellschaftsanteils regeln, sie vereinzelt als Normen betreffend die Unterbe-

---

258 So *Schuncken*, § 292, S. 160; *Fürstenthal*, § 831, S. 616

259 So *Engelmann*, § 165, S. 332

260 Vgl. *Brinkmann*, § 45, S. 166; *Fischer*, §§ 472, 473, S. 385 f.; *Koch*, Allgemeines Landrecht, § 217 I 17 ALR Fn. 78; *Bornemann* IV, S. 30; *von Rönne*, §§ 217, 218 I 17 ALR, S. 360; *Förster/Eccius*, § 143, S. 368 Fn. 59; vgl. auch *Treitschke*, Gewerbegesellschaft, § 53, S. 135: "Nach preussischem Recht ist jedoch ein dritter Cessionar (also auch der Socius des Socius, der theilweiser Cessionar ist) berechtigt..."; eindeutig auch die Rechtsprechung, vgl. beispielshaft Königl. Obertrib. in Striethorst Archiv 23, S. 165 sowie ROHG 23, S. 122, näher dazu unten S. 134 f.

261 Vgl. *Dernburg*, Privatrecht, § 219, S. 632, der allerdings mißverständlich von "Untergesellschaft" spricht. Auch z.T. in neuerer Literatur wird die Unterbeteiligung fälschlicherweise mit der Untergesellschaft gleichgestellt, vgl. *Wallis*, NWB Fach 2 (6.74), S. 2620; *Paulick/ Blaurock*, S. 561; *Ulbrich*, S. 73; *Buchwald/Tiefenbacher*, S. 192; *Bopp*, S. 13; *Reis*, S. 5; *Herzfeld*, AcP 137 [1933], S. 271. Der grundlegende Unterschied besteht aber darin, daß die Untergesellschaft eine rechtlich selbständige Außengesellschaft ist, z.B. bei Konzernverbindungen, während die Unterbeteiligung am wirtschaftlichen Verkehr nicht teilnimmt, vgl. *Thomsen*, S. 22 Fn. 10; ausführlich zur Abgrenzung Unterbeteiligung und Untergesellschaft, *Wiedemann*, Übertragung, S. 387

262 Vgl. ROHG 22, S. 384 "... während als "Unterbetheiligten" man auch denjenigen, dem der ganze Antheil abgetreten worden, bezeichnen kann". Näher dazu unten S. 129

teiligung ausgewiesen werden sowie die Tatsache, daß die noch zu untersuchende Unterbeteiligungsvorschrift des Art. 98 ADHGB in Kommentierungen zum ADHGB als "neue Redaktion der §§ 217, 218 I 17 ALR" bezeichnet wird[263], nehmen diese Bestimmungen nicht zu Unrecht einen nicht unbedeutenden Platz in der Geschichte der Unterbeteiligungsgesellschaft ein.

Es sei daher an dieser Stelle noch auf weitere Vorschriften des ALR hingewiesen, die inhaltlich mit den §§ 216-218 I 17 ALR in Beziehung stehen.

2. Die Regelung des § 638 II 8 ALR

Die Lehre von der Gesellschaft wird im ALR - wie bereits angedeutet -[264] im Teil I, Titel 17 als ein Abschnitt der Lehre vom gemeinschaftlichen Eigentum besprochen. Titel 17 handelt jedoch nur von der Gesellschaft, deren Zweck in der Erreichung eines für alle Beteiligten gleichartigen, privatrechtlichen Vermögensinteresses besteht[265], also der sogenannten zivilen Gesellschaft. Die diesem Zweck dienende, vornehmlich ländliche Erwerbsgesellschaft, die der societas des römischen Rechts am nächsten steht[266], ist aber nicht die einzige im ALR kodifizierte Form der Personenvereinigung. Neben noch im Teil I, Titel 17 behandelten weiteren Gesellschaftsformen[267] enthält das ALR im achten Titel des zweiten Teils in den Abschnitten 7 bis 15 umfassende, handelsrechtliche Normen, die zu einem großen Teil dem Inhalt des heutigen HGB und anderen handelsrechtlichen Nebengesetzen entsprechen[268].

Dort heißt es in § 638 II 8 ALR für die Handelsgesellschaften:

---

263 So *Koch*, Handelsgesetzbuch, Art. 98 ADHGB Fn. 24, S. 294

264 S.o. S. 64

265 Vgl. *Engelmann*, Privatrecht, S. 329 (§ 165)

266 Vgl. dazu *Engelmann*, a.a.O.

267 Vgl. § 176 I 17 ALR (sog. societas omnium bonorum, allgemeine Gütergemeinschaft); § 183 I 17 ALR (sog. societas negotiationis, welche auf ein besonderes Gewerbe gerichtet ist); § 184 I 17 ALR (sog. societas negotii, Gelegenheitsgesellschaft, die ein einzelnes Geschäft zum Gegenstand hat)

268 Vgl. dazu sowie ausführlich zum Inhalt und zur Systematik des Handelsrechts des ALR *Raisch*, Abgrenzung, S. 34 ff.; vgl. auch *Heymann*, Das Friderizianische Handelsrecht, S. 8 ff.

§ 638. Wenn ein Mitglied, ohne die ausdrückliche Einwilligung der übrigen, seinen Societätsantheil einem Fremden überläßt: so kann dieser von den übrigen Gesellschaftern, weder die Einsicht der Handlungsbücher, noch Rechnungsablegung, noch andre Nachweisungen über die betriebenen Geschäfte, sondern nur die Mittheilung des jährlichen Abschlusses fordern. (Th. I. Tit. XVII. § 217. sqq)[269].

Entgegen § 217 I 17 ALR ist in § 638 II 8 ALR nicht von der Überlassung eines "Antheils an dem Gewinne", sondern von der Überlassung des "Societätsantheils" die Rede. Dies rechtfertigt die Annahme, daß § 638 II 8 ALR einen anderen Regelungsgehalt als § 217 I 17 ALR hat, nämlich die Gesamtübertragung eines Gesellschaftsanteils betrifft. Für eine solche Schlußfolgerung spricht zudem die Tatsache, daß eine dem § 217 I 17 ALR entsprechende Regelung für die Handelsgesellschaft nicht nötig gewesen wäre, da es zu Beginn der Vorschriften über die Handelsgesellschaften in § 614 II 8 ALR heißt: "Bey Handlungsgesellschaften finden die allgemeinen Vorschriften von Gesellschaftsverträgen überhaupt, in so fern diesselben hier nicht abgeändert worden, Anwendung. (Th. I. Tit. XVII. §.186. sqq.)". Ohne die Regelung des § 638 II 8 ALR hätten also kraft vorgenannter Verweisung die §§ 216 I 17 ALR ff. gegolten. Schließlich bestätigt das Reichsoberhandelsgericht, daß § 638 II 8 ALR die Gesamtanteilsübertragung regelt, wenn es in ROHG 23, S. 121 ausführt: "Dem entsprechend bestimmte der § 638 des Preuß. ALR II 8, daß der Cessionar eines kaufmännischen Societätsantheils, ... Und ähnlich disponirt der § 218 ALR I 17 betreffs des Cessionars eines Gewinnantheils."

§ 638 II 8 ALR und § 218 I 17 ALR stimmen inhaltlich jedoch insoweit überein, als daß nach beiden Vorschriften der Zessionar nur die Mitteilung des jährlichen Abschlusses oder, wie es in § 218 I 17 ALR heißt, die "Vorlegung einer Balance" verlangen kann.

3. Die Regelung der §§ 60-65 I 17 ALR

Der in § 216 I 17 ALR ausgesprochene Grundsatz, wonach ein Gesellschafter den übrigen an seiner Statt einen Fremden nicht aufdringen darf, gilt nicht allgemein für Personenvereinigungen überhaupt, sondern nur für

---

[269] § 638 II 8 ALR entsprach dem § 638 II 8 des AGB; eine entsprechende Vorschrift im Entwurf zu einem AGB fehlte

"Societäten", wegen des besonderen persönlichen Verhältnisses, in welchem die Gesellschafter zueinander stehen. Bei sogenannten Miteigentumsgemeinschaften findet sich ein solches höchst persönliches Verhältnis der Teilhaber zueinander nicht, so daß die Gemeinschaft an sich für den Einzelnen kein Hindernis ist, sein Sonderrecht einem Fremden zu übertragen[270]. Daher heißt es in den §§ 60-65 I 17 ALR:

§.60. Bey gemeinschaftlichem Eigenthume, welches weder durch Vertrag, noch durch Verordnung eines Dritten entstanden, ist jeder Theilnehmer sein Anrecht auch einem Fremden zu überlassen wohl befugt;

§.61. Doch bleibt den übrigen Theilnehmern, wenn dieselben die Gemeinschaften unter sich fortsetzen wollen, das Vorkaufsrecht vorbehalten.

§.62. Melden sich zur Ausübung dieses Rechts mehrere Theilnehmer: so entscheidet unter ihnen die Wahl des Ausscheidenden.

§.63. Bey einem durch Vertrag oder Verordnung eines Dritten entstandenen gemeinschaftlichen Eigenthume, kann jeder Theilnehmer sein Anrecht einem Mitgenossen gültig abtreten.

§.64. Auch ist die Abtretung des Miteigenthums an einem Fremden, bey Gemeinschaften, welche durch Verordnung eines Dritten entstanden sind, in der Regel zuläßig.

§.65. Doch haben auch in diesem Falle die übrigen Interessenten das Vorkaufsrecht nach den §. 61. 62 enthaltenen Bestimmungen[271].

---

[270] Vgl. dazu näher *Koch*, Allgemeines Landrecht, § 71 I 17 ALR, Fn. 58, S. 500

[271] Vgl. aber § 68 I 17 ALR; ausführlich zu den damals existenten Problemen bezüglich der §§ 60-68 I 17 ALR *von Rönne*, §§ 60-68 I 17, S. 329-331, mit vielen Rechtsprechungsnachweisen. Die §§ 60-65 I 17 ALR entsprachen den §§ 60-65 I 17 AGB und sinngemäß den §§ 39-45 Teil 2, 3. Abteilung, Titel 14 des Entwurfs eines AGB

VI. Die Unterbeteiligung in der Pandektistik des 19. Jahrhunderts

Während das Recht der Gesellschaft - insbesondere auch das der Handelsgesellschaft - in der Pandektenliteratur des 19. Jahrhunderts[272] zum gemeinen deutschen Privatrecht einen breiten Raum eingenommen hat[273], finden sich detailliertere Ausführungen hinsichtlich der Beteiligung an einem Gesellschaftsanteil nur an wenigen Stellen, welche nachstehend behandelt werden sollen.

Auch nach der gemeinrechtlichen Privatrechtswissenschaft konnte kein Gesellschafter ohne die Zustimmung seiner Mitgesellschafter einseitig einen Dritten in die Gesellschaft aufnehmen bzw. für sich eintreten lassen, d.h., der Beitritt oder die Aufnahme eines neuen Gesellschaftsmitgliedes in ein bestehendes Gesellschaftsverhältnis bedurfte eines neuen Gesellschaftsvertrages zwischen den bisherigen Gesellschaftern und demjenigen, der neues Gesellschaftsmitglied werden wollte[274]. Begründet wurde dies - den römischen Grundsätzen entsprechend - mit dem persönlichen Charakter des auf gegenseitigem Vertrauen beruhenden Gesellschaftsverhältnisses[275].

Dagegen war es einem Gesellschafter nicht verwehrt, einem Dritten mittels eines neuen Gesellschaftsvertrages eine Beteiligung hinsichtlich seines Gesellschaftsanteils nach einem bestimmten Verhältnis einzuräumen, wobei man sich diesbezüglich auf die die Unterbeteiligung regelnde Digestenstelle D 17, 2. 19-23 berief[276]. Dieser entsprechend galt auch im gemeinen deutschen Privatrecht, daß Rechtsbeziehungen gesellschaftsrechtlicher Art aus-

---

[272] Zur Pandektenwissenschaft zusammenfassend HRG III, S. 1422-1431 mit zahlreichen Literaturhinweisen a.E.; allgemein zur Rezeption des römischen Rechts *Eisenhardt*, Deutsche Rechtsgeschichte, Rdnr. 61-86 m.w.N. sowie *Bender*, Rezeption, S. 1 ff.

[273] Vgl. nur *Windscheid*, Pandekten, §§ 405-408, S. 776 ff.; *Dernburg*, Pandekten, §§ 124-128, S. 341 ff.; *Mittermaier*, §§ 554-558; *Göschen*, §§ 520-524, S. 399 ff.; *Holzschuher*, Kapitel XVI, S. 841 ff.; *Dahn*, Deutsches Rechtsbuch, Cap. III, S. 272 ff.; *Mühlenbruch*, §§ 417-422, S. 411 ff.; *Sintenis*, Civilrecht, S. 121; *Beseler*, §§ 229-231, S. 1034 ff.; zur besonderen Stellung *Beselers* in der historischen Rechtsschule vgl. *Eisenhardt*, Deutsche Rechtsgeschichte, Rdnr. 345; zur historischen Schule der Rechtswissenschaft *Schlosser*, S. 119-143

[274] *Treitschke*, Gewerbegesellschaft, § 10, S. 22 und § 53, S. 133; *Sintenis*, Civilrecht, § 121, S. 702

[275] Vgl. *Beseler*, § 230, S. 1038; *Treitschke*, § 53, S. 134

[276] Vgl. *Sintenis*, Civilrecht, § 121, S. 702 Fn. 51; *Treitschke*, § 53, S. 134 Fn. 1; *Dernburg*, Pandekten, § 127, S. 348 Fn. 17, der allerdings auch an dieser Stelle mißverständlich von "Untergesellschaft" spricht, s. dazu oben S. 68 Fn. 261

schließlich zwischen dem Hauptgesellschafter und dem Unterbeteiligten, nicht hingegen zwischen dem Unterbeteiligten und der Hauptgesellschaft oder den Mitgesellschaftern bestanden[277].

Ebenso konnte ein Gesellschafter die sich aus seinem Gesellschaftsanteil erwachsenden Vermögensansprüche, namentlich Gewinn- oder Auseinandersetzungsanteile, an einen Dritten teilweise oder ganz abtreten[278]. Hinsichtlich dieser Forderungsrechte trat der Zessionar als neuer Gläubiger in die Rechtsstellung des Hauptgesellschafters (Zedenten) ein[279]. Allerdings konnte er von den Mitgesellschaftern des Zedenten weder Rechnungslegung noch irgendwelche anderen Nachweise über die betriebenen Geschäfte der Hauptgesellschaft verlangen, d.h., er war auch nicht berechtigt, eine allgemeine Jahresbilanz über Gewinn und Verlust von der Gesellschaft zu fordern[280].

Das gemeine Recht wich damit vom ALR insofern ab, als es dem Zessionar eines Gewinnanteils gegen die Mitgesellschafter des Zedenten keinen Anspruch auf Vorlegung einer "Balance" einräumte, sondern die Trennung der Beziehung zwischen Zessionar und Hauptgesellschaft - wie bei der Unterbeteiligung - vollständig vollzog. Diese Gleichbehandlung zwischen der Unterbeteiligung und der Abtretung eines Gewinnanspruchs in der Pandektenwissenschaft äußerte sich vereinzelt auch darin, daß hinsichtlich beider Rechtsfiguren auf die Digestenstelle D 17,2. 19-23 hingewiesenwurde[281]. Sie erfolgte im übrigen noch in folgenden Punkten.

Der Dritte konnte seinen Vertragspartner nicht von dessen Hauptgesellschafterverpflichtungen befreien, indem er sich erbot, diese Leistungen für den Hauptgesellschafter zu erbringen. Der Dritte konnte seinen Vertragspartner allerdings aus dem Abtretungs- bzw. Unterbeteiligungsvertrag verklagen, daß letzterer dem Dritten Rechnung lege oder zumindest die Mitglieder der Hauptgesellschaft zur Rechnungslegung anhalte. Dies konnte der

277 Vgl. *Dernburg*, § 127, S. 348; *Sintenis*, Civilrecht, § 121, S. 702; *Treitschke*, § 53, S. 134; vgl. auch *Schubert*, Vorlagen, Teil 3, BT II, S. 90 f.

278 Vgl. *Beseler*, § 230, S. 1038; *Treitschke*, § 134, S. 134; *Mühlenbruch*, § 418, S. 413; *Schubert*, Vorlagen, Teil 3, BT II, S. 91

279 Vgl. dazu *Mühlenbruch*, a.a.O.; *Schubert*, Vorlagen, a.a.O.

280 Vgl. *Treitschke*, § 53, S. 135; *Schubert*, Vorlagen, Teil 3, BT II, S. 91

281 Vgl. *Mühlenbruch*, § 418, S. 413 Fn. 9 auf S. 414; *Treitschke*, § 53, S. 134 Fn. 1

Dritte allerdings nur insoweit verlangen, als sein Vertragspartner seine Pflichten gegenüber seinen Mitgesellschaftern nicht verletzte.

Hatte ein Hauptgesellschafter seinen Unterbeteiligten oder Zessionar Geschäfte für die Hauptgesellschaft vornehmen lassen, so haftete er seinen Mitgesellschaftern gegenüber für die Handlungen, wie wenn er sonst einen Dritten für sich hätte handeln lassen. Letzteres entsprach der Haftungsbestimmung des römischen Rechts D 17,2. 21 2. Satzteil[282].

Hatte sich ein Unterbeteiligter oder Zessionar gegenüber seinem Gesellschafter verbindlich gemacht, gewisse den Mitgesellschaftern gegenüber obliegenden Leistungen für den Hauptgesellschafter zu erbringen, so hatten diese hieraus allein gegen den Unterbeteiligten oder Zessionar kein Forderungsrecht, sondern mußten sich an den betreffenden Hauptgesellschafter halten[283].

VII. Ergebnis zu Teil V und VI

Festzuhalten ist, daß nach dem gemeinen deutschen Privatrecht bei einer Unterbeteiligung und einer Abtretung von Vermögensansprüchen, die einem Gesellschaftsanteil entspringen, die gleichen Rechtsverhältnisse galten. Im ALR hingegen fanden für die Abtretung eines Gewinnanspruchs die Spezialnormen der §§ 216 ff. I 17 ALR Anwendung, während für die Unterbeteiligung das gemeine Recht, namentlich die in D 17, 2. 19-23 fixierten Grundsätze, heranzuziehen waren[284].

---

282 Siehe dazu näher oben S. 35 ff.

283 Zu diesen letzten Punkten vgl. *Treitschke*, § 53, S. 134 f. und *Schubert*, Vorlagen, Teil 3, BT II, S. 91

284 Zur Geltung des gemeinen Rechts als subsidiäres Recht, wenn partikulare Rechtsquellen der Territorialstaaten, Landesteile oder Städte versagten bzw. Kodifikationen nicht existierten vgl. *Conrad*, Die geistigen Grundlagen des Allgemeinen Landrechts für die preußischen Staaten von 1794, S. 9 f.; *Gierke*, Privatrecht I, S. 39 f.; vgl. auch *Bornemann* I, S. 1-5; *Heise*, Grundriss, S. 1 ff.; eine umfassende Übersicht über den Geltungsbereich des gemeinen Rechts in Deutschland liefert die Denkschrift zum Entwurf eines Bürgerlichen Gesetzbuchs, Berlin 1896 in der Anlage I, S. 450-452

VIII. Die Entwicklung zum Art. 98 ADHGB

Geht man davon aus, daß die §§ 216-218 I 17 bzw. 638 II 8 ALR nicht die typische Unterbeteiligung nach heutigem Rechtsverständnis regelten, so war sie im Bereich des deutschen Rechts erstmalig im ADHGB kodifiziert, und zwar dort in Art. 98 ADHGB. Bevor jedoch die unter der Geltung des ADHGB entwickelten Grundsätze zur Unterbeteiligung dargestellt werden, soll zuvor ein Überblick über die diesem Gesetzeswerk voraufgegangenen einzelstaatlichen Kodifikationen bzw. Kodifikationsversuche gegeben werden. Dabei wird in dieser Darstellung nicht die eigentliche Entstehung des ADHGB von der Anlaufperiode in den Einzelstaaten des Deutschen Bundes (1815 - 1848) bis zum späteren Gang der Beratungen rekonstruiert. Letzteres muß dogmengeschichtlichen Einzeluntersuchungen vorbehalten bleiben, auf die insoweit verwiesen wird[285]. Vielmehr soll aufgezeigt werden, inwieweit bereits in diesen deutschen Kodifikationsentwürfen die Unterbeteiligungsgesellschaft Berücksichtigung fand, respektive ob die Väter des ADHGB bei der Ausarbeitung des genannten Artikels auf eine Vorlage zurückgreifen konnten.

1. Das Badische Landrecht von 1809 und das übrige "Rheinische Recht"

Am 1.1.1810 traten im Großherzogtum Baden der Code Napoléon und als Anhang dazu Auszüge aus dem Code de commerce als Badisches Landrecht in Kraft. Es trug bis 1813 den offiziellen Titel "Code Napoléon mit Zusätzen und Handelsgesetzen als Landrecht für das Großherzogtum Baden", ab 1814 "Landrecht für das Großherzogtum Baden nebst Handelsgesetzen"[286]. Mit den Handelsgesetzen des Badischen Landrechts begann die Ge-

[285] Zur Entstehung des ADHGB vgl. am ausführlichsten *Thöl*, Geschichte, S. 1 ff.; *von Hahn*, Bd. 1, Einleitung, S. XXI-LXXIII; *Goldschmidt*, Handbuch Bd. 1, S. 84-129; *Laufke*, in: Festschrift für Nottarp, S. 1-57; *Behrend*, S. 40-53; *Schubert*, Protokolle, Bd. 1, S. IX-XXI mit einer ausführlichen Chronologie der Entstehung des ADHGB auf S. XVII-XXI und weiteren zahlreichen Nachweisen von allgemein-historischer Seite auf S. XXI f.; zur Vorgeschichte, insbesondere zu den nationalen Kodifikationsentwürfen in der Zeit von 1839-1857 *Raisch*, Abgrenzung, S. 71-133; *Baums*, S. 10-51

[286] Zur Geschichte der Rezeption eingehend und mit zahlreichen Quellennachweisen, vgl. *Bergfeld*, in Coing, 3. Bd., 3. Teilb., S. 2855-2864; *Schubert*, Französisches Recht, S. 193-209; *Andreas*, ZRG Germ.Abt., 31. Bd. [1910], S. 182-234; *Barazetti*, S. 1-69; *Schumacher*, S. 23-34; vgl. auch *Servos*, S. 67-69; *Baums*, S. 25; speziell zur partikularen handelsrechtlichen Literatur Badens, *Goldschmidt*, Handbuch, Bd. 1, S. 171 ff.

schichte der Kodifikation des Handelsrechts in Deutschland im 19. Jahrhundert[287].

Der badische Gesetzgeber hatte bei der Rezeption des Code Napoléon und des Code de commerce die Artikelfolge der französischen Gesetzbücher übernommen. So regelten die Landrechtssätze 1832-1873 im 9. Titel des 3. Buches des Badischen Landrechts die zivilrechtliche Gesellschaft, während die Handelsgesellschaften im 1. Kapitel des 3. Titels des sogenannten "Anhangs von den Handelsgesetzen", eines Auszugs aus dem Code de commerce[288], in den Art. 18-64 ihre Regelung fanden. Da diese Artikel ausschließlich die Außenbeziehungen der Handelsgesellschaften normierten, enthielt das badische HGB keine die Unterbeteiligung betreffende Bestimmung. Eine solche existierte jedoch im Landrechtssatz 1861 im Rahmen der Vorschriften über die zivile Gesellschaft und fand gemäß Landrechtssatz 1873 i.V.m. Art. 18 badisches HGB im Bereich der Handelsgesellschaften entsprechende Anwendung.

Landrechtssatz 1861[289] enthält lediglich die Aussage, daß es jedem Gesellschafter frei stünde, seinen Gesellschaftsanteil zum Gegenstand eines neuen Gesellschaftsvertrages in der Form einer Unterbeteiligung zu machen, während in die Hauptgesellschaft ohne Zustimmung der übrigen Hauptgesellschafter ein neuer Gesellschafter selbst von einem Geschäftsführer nicht aufgenommen werden dürfe. Über das Verhältnis des Unterbeteiligten zur Hauptgesellschaft sowie zu dem beteiligenden Hauptgesellschafter, namentlich von wem und inwieweit der Unterbeteiligte Einsicht in die Geschäftsunterlagen der Hauptgesellschaft verlangen konnte, erfährt man im Landrechtssatz 1861 nicht. Auch die Kommentierungen zum Badischen Land-

---

287 Vgl. *Bergfeld*, in Coing, 3. Bd., 3. Teilb., S. 2855

288 Der erste bis achte Titel des Anhangs entsprach dem 1. Buch, der zehnte bis zwölfte Titel dem 3. Buch und die Einleitung dem 4. Buch des Code de commerce

289 Landrechtssatz 1861 lautete wie folgt: "Jeder Gesellschafter kann auf seinen Antheil auch ohne Bewilligung seiner Mitgesellschafter dritte Personen zu sich in Gesellschaft nehmen; er kann ohne solche Zustimmung niemanden in die Hauptgesellschaft aufnehmen, auch wenn er deren Geschäftsbesorgung hat."

recht[290] bzw. Französischen Recht[291] sind diesbezüglich nicht ergiebig[292].

In denjenigen Gebieten, in denen der Code civil und der Code de commerce in ihrer Ursprungsfassung fortgalten bzw. übernommen wurden und diese Kodifikationen nicht wie in Baden eine eigene Gestaltung in deutscher Sprache erhielten, war die Unterbeteiligung ebenso bekannt. Zu diesen Staaten gehörten neben dem Großherzogtum Baden die linksrheinischen, während der napoleonischen Herrschaft z.T. zu Frankreich gehörenden Gebiete wie die Preußische Rheinprovinz, der Bayerische Regierungsbezirk Pfalz, die hessische Provinz Rheinhessen, das Oldenburgische Fürstenthum Birkenfeld, das Herzogtum Westfalen, das Herzogtum Ahrenberg, die Großherzogtümer Berg und Frankfurt sowie Elsaß-Lothringen[293]. Man spricht vom Geltungsbereich des Rheinischen Rechts[294].

Von den genannten Staaten nahm im Hinblick auf die handelsrechtliche Kodifikationsgeschichte des 19. Jahrhunderts das Großherzogtum Frankfurt eine gewisse Ausnahmestellung ein. Dort erhielt nämlich unter der Regierung des Fürstprimas von Dalberg, einem Vertrauten Napoleons, die Frankfurter Handelskammer den Auftrag, einen Entwurf eines Handelsgesetzbuchs nach dem Muster des Code de commerce zu erarbeiten[295], nach-

---

[290] Vgl. *Ruef*, S. 458 mit Verweis auf die Digesten; *Behagel*, S. 292; Praktisches Handbuch des Rheinischen Zivilrechts, S. 291-293; *Cretschmar*, Art. 1861; *Förtsch*, S. 279, der ohne nähere Begründung von einer "unklaren Befugnis, welche Art. 1861 C.c. dem Gesellschafter gewährt", spricht.; *Brauer*, III, S. 635-652 in dessen Ausführungen sich erstaunlicherweise keinerlei Auseinandersetzung mit Art. 1861 findet; zur wichtigen Arbeit *Brauers* vgl. *Servos*, S. 69; *Bergfeld*, in Coing, 3. Bd., 3. Teilb., S. 2857

[291] Vgl. *Schiebe*, S. 55; *Zachariä von Lingenthal*, S. 569 f.; aus neuer Zeit vgl. *Ferid/Sonnenberger*, II, S. 367 mit Hinweis, daß die "in Art. 1861 a.F. für zulässig erklärte Unterbeteiligung (Convention de Croupier)" nicht in die Novelle mitübernommen wurde, aber weiterhin möglich ist; vgl. auch *Ferid*, S. 772 mit einer interessanten, etymologischen Erklärung für die Bezeichnung des Unterbeteiligten als "Croupier"; zur Stellung des "Croupier" in der französischen Jurisprudenz vgl. auch *Anschütz/Völderndorff*, I, S. 177 Fn. 4

[292] Eine Untersuchung französischer Quellen erfolgte nicht

[293] Vgl. Denkschrift zum Entwurf eines Bürgerlichen Gesetzbuchs, Berlin 1896, Anlage I, S. 453; *Servos*, S. 68; *Eisenhardt*, Deutsche Rechtsgeschichte, Rdnr. 290; näher zu diesen Gebieten im einzelnen, vgl. *Schubert*, Französisches Recht, S. 70-311

[294] Zur Herkunft des Begriffes vgl. *Faber*, S. 118 Fn. 27. Im Geltungsbereich des Rheinischen Rechts wohnten etwa 8.300.000 Personen, vgl. Denkschrift zum Entwurf eines Bürgerlichen Gesetzbuchs 1896, a.a.O.; *Servos*, S. 68 Fn. 1 und in Fn. 2 mit weiteren Quellennachweisen von Darstellungen, die sich eingehend mit den Gründen für die Beibehaltung des französischen Rechts in den linksrheinischen Gebieten befassen

[295] Vgl. *Bergfeld*, in Coing, 3. Bd., 3. Teilb., S. 2923 f.; *Servos*, S. 69 f.

dem mit Wirkung zum 1.5.1810 der Code civil in Frankfurt bereits eingeführt worden war[296].

Das Ergebnis dieser Arbeit erschien 1811 unter dem Titel "Materialien zu einem Handelsgesetzbuch für die Stadt Frankfurt am Main nach dem Plane des kaiserlich französischen Handelsgesetzbuchs und mit Zugrundelegung desselben entworfen", ohne daß der Verfasser, Johann Friederich Heinrich Schlosser[297], Erwähnung fand. Dem Auftrag entsprechend folgte der Entwurf im wesentlichen dem französischen Handelsgesetzbuch[298]. Er enthielt demzufolge auch keine Regelung zur Unterbeteiligung, da gemäß § 29 des Frankfurter HGB-Entwurfs von 1811[299] die Vorschriften über die zivilrechtliche Gesellschaft - und damit auch Art. 1861 Code civil - im Bereich der Handelsgesellschaften entsprechende Anwendung fanden. Dies entsprach der Regelung im Badischen Landrecht[300].

Mit der Änderung der politischen Verhältnisse, insbesondere der im Jahre 1813 erfolgten Aufhebung des französischen Rechts in der nunmehr Freien Stadt Frankfurt, entfielen die Voraussetzungen für die Einführung des vorgesehenen Handelsgesetzbuchs, die in Frankfurt auch niemals wieder geschaffen wurden[301]. Im Jahre 1826 legte die Handelskammer zu Frankfurt lediglich noch einen Entwurf zur Verbesserung der seit 1739 geltenden Wechsel- und Merkantilordnung vor[302], der jedoch vorwiegend Regelungen zum Wechselrecht enthielt.

---

[296] Vgl. *Schubert*, Französisches Recht, S. 245, s. auch S. 294; *Bergfeld*, in Coing, 3. Bd., 3. Teilb., S. 2923

[297] Zur Person ADB 31, S. 541 ff.

[298] Näher zum Inhalt des Entwurfs *Servos*, S. 69-71, S. 76-115; *Bergfeld*, in Coing, 3. Bd., 3. Teilb., S. 2923-2925

[299] Er lautete: "Der Gesellschaftsvertrag bestimmt sich durch die Civilgesetze, durch die besonderen Vorschriften des Handelsrechtes und durch die Übereinkunft der Partheien."

[300] S.o. S. 76

[301] Vgl. *Bergfeld*, in Coing, 3. Bd., 3. Teilb., S. 2925; *Servos*, S. 70; zur Rezeptionsgeschichte in Frankfurt umfassend *Schubert*, Französisches Recht, S. 292-311

[302] Vgl. *Bergfeld*, a.a.O.; *Servos*, a.a.O.

2. Der Entwurf eines Handelsgesetzbuches für das Königreich Württemberg von 1839

In Württemberg erteilte die Regierung 1836 - nach entsprechenden Anträgen auf dem Landtag 1833[303] - dem Obertribunalrat Carl von Hofacker[304] den Auftrag, ein Gutachten über eine Handelsgesetzgebung in Form eines Gesetzesentwurfs auszuarbeiten. Dieser Arbeit sollte der französische Code de commerce als Grundlage dienen, "jedoch unter Ausscheidung Alles dessen, was für die Württembergs nicht paßt"[305]. 1839 legte von Hofacker seinen 1164 Artikel umfassenden Entwurf vor, der noch im gleichen Jahr veröffentlicht wurde. Er gilt als der erste deutsche Entwurf eines Handelsgesetzbuchs im 19. Jahrhundert und diente den für die Ausarbeitung des ADHGB zuständigen Kommissionen als wichtige Vorarbeit[306]. In Anbetracht des Frankfurter HGB-Entwurfs von 1811 muß jedoch korrekterweise von dem ersten selbständigen Entwurf gesprochen werden. Gesetzeskraft erlangte dieser HGB-Entwurf allerdings nie[307].

Die Personenhandelsgesellschaften waren in dem württembergischen HGB-Entwurf im vierten Titel des ersten Buches, und zwar dort im Dritten Kapitel in den Artikeln 178 - 242 sowie in den Artikeln 274 - 278 geregelt[308]. In diesem Kapitel findet sich in der zweiten Abteilung "Von den offenen Handelsgesellschaften" die Vorschrift des Art. 212 mit der Überschrift "Ver-

---

303 Vgl. *Mayer*, *G.*, Beitrag, S. 95 ff.; *Baums*, S. 25 m.w.N.

304 Zur Person vgl. *Bergfeld*, in Coing, 3. Bd., 3. Teilb., S. 2864 Fn. 1; Baums, S. 25 Fn. 99 m.w.N.

305 So wörtlich in dem Vorwort des Entwurfes, S. V f.

306 Vgl. *Raisch*, Abgrenzung, S. 71; *Baums*, S. 26; *Bergfeld*, in Coing, 3. Bd., 3. Teilb., S. 2864. Einzelheiten zur Entstehung, Bedeutung und Wirkung des Entwurfs, vgl. *Bergfeld*, in Coing, 3. Bd., 3. Teilb., S. 2864-2877; *Raisch*, Abgrenzung, S. 71-86; *Mayer*, G., Beitrag, S. 1 ff.; *Bergfeld*, Ius Commune VII (1978), S. 226 ff.; *Baums*, S. 25 f.; *Servos*, S. 168 f.

307 Zu den möglichen Ursachen für das Scheitern des Entwurfs vgl. *Bergfeld*, Ius Commune VII (1978), S. 247 ff.

308 Die Artikel 243 - 273 betrafen die Aktiengesellschaften, was *Servos* in seiner Artikelangabe auf S. 170 übersieht

äußerung des Gesellschaftsantheils"[309]. Nach dem ersten Absatz dieses Artikels war die einseitige Übertragung der Gesellschafterstellung von einem Gesellschafter auf einen Dritten ohne die Zustimmung aller übrigen Gesellschafter unzulässig. In den Motiven[310] zu dieser Vorschrift wurde unter Hinweis auf Art. 322[311] des spanischen Handelsgesetzbuches begründend ausgeführt, daß ein Gesellschafter nicht nur Rechte, sondern auch Pflichten habe, so daß sich keiner ohne die Einwilligung der übrigen Gesellschafter "einen Dritten substituieren" könne, d.h. seinen Gesellschaftsanteil ganz oder teilweise einem anderen überlassen dürfe. Aus demselben Grund - so die Motive - dürfe kein Gesellschafter ohne Einwilligung der übrigen Gesellschafter seine Stelle bei Geschäften oder Verhandlungen der Gesellschaft dauernd oder zeitweise durch einen Dritten "versehen lassen"[312]. Auch könne die "Mehrzahl der Stimmen" nicht entscheiden, wenn nicht vorher eine "Übereinkunft in dieser Beziehung" stattgefunden habe, wobei die Motive an dieser Stelle auf Pardessus verwiesen, der in seinem Cours de Droit Commercial darauf hinweist[313], daß das Wesen des Gesellschaftsvertrages Einstimmigkeit aller Gesellschafter verlange, soweit es um Fragen der Neuaufnahme eines Dritten bzw. der Übertragung von Gesellschaftsgeschäften auf einen Dritten geht[314].

---

309 Art. 212 lautete: "Ein Gesellschafter kann den Uebrigen durch Ueberlassung seines Gesellschaftsantheils keinen Dritten aufdringen, noch bei Gesellschaftsgeschäften und Verhandlungen seine Stelle durch einen Dritten versehen lassen, wenn die Uebrigen nicht einwilligen. -

Er kann zwar einen Dritten einseitig für seinen Antheil betheiligen; dieser kann dann aber nur die Mittheilung des Ergebnisses des Rechnungsabschlusses, und nicht die Einsicht der Handelsbücher und Papiere verlangen."

Zu dem Regelungsgehalt der übrigen Artikel über die OHG vgl. umfassend und sehr informativ *Servos*, S. 170-202

310 Die umfangreichen und eingehenden Motive zu dem württembergischen HGB-Entwurf von 1839 erschienen 1840 und wurden von verschiedenen Seiten gelobt, vgl. *Goldschmidt*, Handbuch, Bd. 1, S. 73 ("lichtvolle Motive"); *Thöl*, Handelsrecht I, Bd. 3, S. 52; *Baums*, S. 26; *Raisch*, Abgrenzung, S. 73

311 Dieser lautete: "Kein Gesellschafter darf an jemand anders sein Interesse in der Gesellschaft übertragen, noch ihn, statt seiner, zur Besorgung der Verrichtungen bestellen, die ersterem in der Societätsverwaltung obliegen, wenn nicht sowohl für den einen wie für den anderen Fall die Einwilligung der Mitgesellschafter vorhergegangen ist."

312 Hier brachten die Motive das Beispiel der Entsendung eines Dritten zum Rechnungsabschluß, dessen Zurückweisung durch die anderen Gesellschafter außer Frage stünde, da diese nicht gehalten seien, einem Dritten Einsicht in ihre Angelegenheiten zu gestatten.

313 Vgl. *Pardessus*, Nr. 973

314 Allerdings war die einseitige Übertragung der Gesellschafterstellung auf einen Mitgesellschafter zulässig, vgl. Motive württ. HGB, S. 190 mit Hinweis auf Art. 1861 des französischen Zivilgesetzbuches

Was nun die Beteiligung eines Dritten an einem Gesellschaftsanteil anbelangt, so läßt der Wortlaut des Art. 212 Abs. 2 württ. HGB "... für seinen Antheil betheiligen..." nicht eindeutig den Schluß zu, daß mit dieser Bestimmung ausschließlich die Unterbeteiligung nach heutigem Rechtsverständnis geregelt werden sollte. Ebenso könnte die Abtretung des Gewinnanspruchs als eine weitere Form der mittelbaren Teilhabe an Gesellschaftsverhältnissen mitumfaßt gewesen sein. Jedoch bringen diesbezüglich die Motive Klarheit, indem diese auch hier dem französischen Vorbild folgen, namentlich dem Art. 1861 des französischen Zivilgesetzbuches. Dieser erlaubte - wie ausgeführt - einem Gesellschafter, "auf seinen Antheil dritte Personen zu sich in Gesellschaft zu nehmen, sie bei seinem Antheile zu interessiren, und zwar, ohne Bewilligung der Mitgesellschafter"[315]. Die Motive betonten die bei einer solchen Unterbeteiligung gegebene Trennung zwischen Hauptgesellschaft und Unterbeteiligten. Letzterer stünde nur mit dem aufnehmenden Gesellschafter "im Rechtsverhältnisse, d.h. in einem neuen Societätsverhältnisse". Die übrigen Gesellschafter wie auch die Gesellschaftsgläubiger stünden mit dem Dritten in keinem "Contractsverhältnisse" und hätten sich allein an den Hauptbeteiligten zu halten[316]. Es sind dies exakt die in der Digestenstelle D 17, 2. 19, 20 festgelegten Grundsätze[317]. Allerdings vollzog der Entwurfsverfasser von Hofacker - wie aus Art. 212 Abs. 2, 2. Satzteil württ. HGB ersichtlich - die Trennung zwischen Hauptgesellschaft und Unterbeteiligtem nicht vollständig, indem letzterem nämlich das Recht auf Mitteilung des jährlichen Bilanzergebnisses zugebilligt wurde, wobei die Ausführungen in den Motiven[318] dafür sprechen, daß dieses Auskunftsrecht gegenüber dem Hauptbeteiligten bestand. In den Motiven heißt es zu Art. 212 Abs. 2, 2. Satzteil württ. HGB: "Diese Bestimmung[319] schien jedoch für offene Handelsgesellschaften in solcher Ausdehnung nicht passend, indem dadurch Dritte in die Handelsgeschäfte und Geheimnisse eingeweiht werden, was den übrigen Gesellschaftern sehr unangenehm und nachtheilig seyn kann. Daher die Beschränkung, welche auch das preuß. LandR Thl I. Tit. 17 § 218 für

---

[315] Vgl. Motive württ. HGB, S. 190

[316] Vgl. Motive württ. HGB, S. 190 f. unter Hinweis auf die Art. 587, 588 portugiesisches Handelsgesetzbuch

[317] S.o. S. 32 ff.

[318] "Daher steht nur der Dritte und der Aufnehmende im Rechtsverhältnisse...", vgl. Motive württ. HGB, S. 190

[319] Gemeint ist damit Art. 1861 des französischen Zivilgesetzbuches (s.o. S. 76)

einen speciellen Fall festsetzt, und welche das portugies. HandelsG.B. Art. 589 ebenfalls aufgenommen hat"[320]. Dieser Begründungsvermerk[321] erscheint auf den ersten Blick mißverständlich, denn gerade mit einer vollständigen Trennung zwischen Hauptgesellschaft und Unterbeteiligtem sollte doch gewährleistet sein, daß der Dritte keine Einsichtsmöglichkeiten in die Verhältnisse der Hauptgesellschaft hat. Die zuvor zitierte Passage kann daher nur wie folgt verstanden werden. Wenn man die Unterbeteiligung einschränkungslos zulassen würde, so hieße dies auch, daß offen bliebe, inwieweit dem Unterbeteiligten Auskunft über Gesellschaftsinterna zu erteilen ist; denn kein Zweifel kann darüber bestehen, daß dem Unterbeteiligten Einsicht in die Verhältnisse der Hauptgesellschaft insoweit gewährt werden muß, als er zu überprüfen vermag, ob an ihn eine korrekte Gewinnausschüttung seitens des Hauptbeteiligten erfolgt ist. Diesbezügliche Ausuferungen und vor allem Rechtsunsicherheiten zu vermeiden, war Sinn des Art. 212 Abs. 2, 2. Satzteil württ. HGB, indem dort eine klare Grenzziehung vorgenommen wurde hinsichtlich dessen, was dem Unterbeteiligten zur Kenntnis gelangen durfte.

Hervorzuheben ist noch, daß die Motive in diesem Zusammenhang auf die Vorschrift des § 218 I 17 ALR Bezug nahmen und diesbezüglich von einem "speciellen Fall" sprachen. Ein Umstand, der die diesseits vertretene These, die §§ 217 I 17 ff. ALR regelten nicht die typische Unterbeteiligung nach heutigem Rechtsverständnis, sondern die Abtretung eines Gesellschaftsanteils[322], zu untermauern vermag[323].

Abschließend sei zu dem württembergischen Entwurf darauf aufmerksam gemacht, daß die vorzitierten Hinweise in den Motiven auf ausländische Handelsgesetzbücher exemplarisch dafür stehen, daß von Hofacker über seinen Auftrag hinausgehend sich auch mit dem damals geltenden ausländischen Handelsrecht auseinandersetzte und seine Vorschläge auf einer breiten rechtsvergleichenden Basis erstellte[324].

---

320 Vgl. Motive württ. HGB, S. 191

321 Vor allem die Aussage "... in dieser Ausdehnung..."

322 S.o. S. 68

323 Auch *Servos* scheint den Unterschied zu erkennen, wenn er auf S. 199 Fn. 4 schreibt: "Wie Art. 212 II ähnlich auch §§ 217, 218 I, 17, 638 II 8 ALR..."

324 Vgl. *Servos*, S. 168; *Raisch*, Abgrenzung, S. 72

3. Der Entwurf einer Handels- und Wechsel-Ordnung für das Herzogthum Nassau von 1842

Schon bald nach Erscheinen des Württembergischen Entwurfs wurde auch im Herzogtum Nassau der Entwurf einer Handels- und Wechselordnung vorgelegt, der jedoch letztlich auch nicht verabschiedet wurde und keine Gesetzeskraft erlangte[325]. Er lehnte sich sehr stark an den württembergischen HGB-Entwurf an und gilt daher nicht als eigenständige Regelung[326]. Vor allem die Regelungen "Vom Gesellschafts-Handel" (§§ 65-104 nass. HGB-Entwurf)[327] stimmten nahezu wörtlich mit denen des württembergischen Entwurfs überein. In jedem Fall galt dies für die Regelung über die Unterbeteiligung. So entsprach § 79 nass. HGB-Entwurf wörtlich dem Art. 212 württ. HGB[328].

Da auch verwertbare Motive fehlen, soll sich die Darstellung des nassauischen Entwurfs auf die vorstehenden Hinweise beschränken.

4. Der Entwurf eines allgemeinen Handelsgesetzbuches für Deutschland von 1849

Die erste Kodifikation mit dem Anspruch, für den Bereich aller deutscher Staaten zu gelten, war der Entwurf eines allgemeinen deutschen Handelsgesetzbuches von 1849, der sogenannte Frankfurter Entwurf[329]. Den ersten Schritt zu einer solchen bundeseinheitlichen Handelsgesetzgebung unternahm der Zollverein, auf dessen erster Generalkonferenz in München 1836 seitens des württembergischen Bevollmächtigten beantragt wurde, eine

---

325 Vgl. dazu näher *Bergfeld*, in Coing, 3. Bd., 3. Teilb., S. 2878 f.; *Servos*, S. 169; *Raisch*, S. 86; *Baums*, S. 26

326 Vgl. *Servos*, S. 170; *Bergfeld*, in Coing, 3. Bd., 3. Teilb., S. 2878; vgl. auch *Raisch*, Abgrenzung, S. 87

327 Darunter fielen die Vorschriften über die OHG, die Stille Gesellschaft, die Aktiengesellschaft und die Vereinigungen zu einzelnen Handelsgesellschaften für gemeinschaftliche Rechnung

328 S.o. S. 80 Fn. 309; insoweit falsch *Servos*, bei dem es auf S. 199 Fn. 4 heißt: "Eine Art. 212 II württ. HGB entsprechende Vorschrift war dem nassauischen HGB unbekannt"

329 Vgl. *Raisch*, Abgrenzung, S. 87; *Servos*, S. 209; ausführlich *Bergfeld*, in Coing, 3. Bd., 3. Teilb., S. 2928-2939

möglichst "gleichförmige" Handelsgesetzgebung für das Gebiet des Zollvereins zu vereinbaren[330]. Nach anfänglichem Stagnieren[331] dieser Bestrebungen verabschiedete die inzwischen in Frankfurt zusammengetretene Nationalversammlung im November 1848 die Allgemeine Deutsche Wechselordnung als Reichsgesetz. Noch im nächsten Monat nahm eine inzwischen von dem Reichsjustizministerium eingesetzte Sachverständigenkommission[332] ihre Arbeit auf, ein allgemeines Handelsgesetzbuch für Deutschland zu entwerfen[333]. Im März 1849 legte diese Kommission einen Teilentwurf[334] nebst Motiven vor. Unstimmigkeiten zwischen den Kommissionsmitgliedern und das Scheitern der Revolution von 1849 führten schließlich zum Stillstand der Arbeiten[335].

Im Bereich der Regelungen über die offene Handelsgesellschaft fand sich in diesem Entwurf im zweiten Kapitel und dort im zweiten Abschnitt über die "Rechte und Verpflichtungen der Gesellschafter unter sich" der die Unterbeteiligung betreffende Artikel 37[336]. Der erste Absatz dieses Artikels entsprach einem allgemein anerkannten Grundsatz, der auch in allen bisher vorgestellten Regelungen fixiert wurde[337], nämlich die Unzulässigkeit der einseitigen Aufnahme eines Dritten durch einen Gesellschafter ohne Einwil-

---

330 Vgl. *Baums*, S. 16; *Raisch*, Abgrenzung, S. 87; *Servos*, S. 210; *Bergfeld*, in Coing, 3. Bd., 3. Teilb., S. 2886

331 Vgl. *Goldschmidt*, Handbuch, Bd. 1, S. 65; *Raisch*, Abgrenzung, S. 87

332 Bestehend aus den Herren *Thöl*, *Widemann*, *Broicher* und *Grimm*. Biographisches zu diesen Personen bei *Baums*, S. 37-39

333 Vgl. dazu *Baums*, S. 16-18; *Servos*, S. 210

334 Darunter der Dritte Titel mit den Regelungen über die Handelsgesellschaften einschließlich der Artikel über die Verbindungen zu einzelnen Handelsgesellschaften für gemeinschaftliche Rechnung. Zum weiteren Regelungsgehalt s. Inhaltsverzeichnis des Entwurfs sowie *Raisch*, Abgrenzung, S. 88

335 Vgl. *Servos*, S. 210; *Baums*, S. 40 f.

336 Er lautete: "Ein Gesellschafter kann ohne Einwilligung der übrigen Gesellschafter keinen Dritten in die Gesellschaft aufnehmen. - Wenn ein Gesellschafter einseitig für seinen Antheil einen Dritten betheiligt, so erlangt dieser gegen die Gesellschaft unmittelbar keine Rechte; er kann von dem Gesellschafter Mittheilung des Rechnungsabschlusses, aber nicht Einsicht der Handelsbücher und Papiere verlangen.

337 Vgl. D 17, 2.19 (s.S. 30 f.); § 216 I 17 ALR (s.S. 64); Art. 212 württ. HGB-Entwurf (s.S. 80 Fn. 309); § 79 nass. HGB-Entwurf (s.S. 83), wobei die beiden letzteren Regelungen das Verbot der "Substitution" weiter faßten

ligung seiner Mitgesellschafter. Er unterlag daher "keinem Bedenken"[338]. Der zweite Absatz des Art. 37 setzte das im württ. und nass. HGB-Entwurf ausdrücklich festgelegte Recht des Gesellschafters, an seinem Anteil einen Dritten beteiligen zu können, voraus. Klarer als die beiden vorherigen Entwürfe stellte Art. 37 heraus, daß der Unterbeteiligte gegen die Hauptgesellschaft keine Rechte habe. Der markanteste Unterschied zu den Entwürfen von Württemberg und Nassau, aber auch zum ALR war jedoch die Klarstellung, daß der Unterbeteiligte gegenüber der Hauptgesellschaft nicht das Recht auf Mitteilung des Rechnungsabschlusses hatte, sondern eine solche Erklärung nur von dem Hauptbeteiligten verlangen konnte. Die Motive führen dazu aus: "...; es sollen jedoch dadurch nicht allein keine unmittelbaren Rechte zwischen dem Dritten und der Gesellschaft entstehen, sondern es soll der Dritte selbst gegen seinen Contrahenten nicht das Recht auf Gewährung einer Einsicht der Bücher und Papiere erlangen, weil er wissen mußte, daß der Gesellschafter nicht ohne seine Pflichten zu verletzen, ihm eine solche Befugnis hatte einräumen können. Das preuß. A.L.R. und der württemb. Entwurf gehen von dem nämlichen Gesichtspunkt aus, sie haben aber, wie es scheint, nicht mit völliger Bestimmtheit ausgesprochen, daß der Dritte gegen die übrigen Gesellschafter gar keine Rechte erlangt, selbst nicht das Recht auf Mittheilung des Rechnungsabschlußes"[339]. In der Tat ließen zumindest die Entwürfe von Württemberg und Nassau es offen, von wem der Unterbeteiligte einen jährlichen Rechnungsabschluß verlangen konnte[340]. Der Entwurf von 1849 brachte diesbezüglich Klarheit. Er kann daher, was die Unterbeteiligung anbelangt, gegenüber dem württembergischen und nassauischen HGB-Entwurf durchaus als bedeutsame Fortentwicklung ausgewiesen werden.

Allerdings fällt gegenüber dem württembergischen HGB-Entwurf auf, daß die Motive des Frankfurter Entwurfs im Hinblick auf den Wortlaut "... für seinen Antheil betheiligen..." nicht klären, ob Art. 37 ausschließlich die Unterbeteiligung i.S. heutigen Rechtsverständnisses betreffen oder ob auch die Abtretung des Gewinnanspruchs in den Regelungsgehalt fallen sollte.

---

338 Vgl. Motive Entwurf 1849, S. 110

339 Vgl. Motive Entwurf 1849, S. 110 f.

340 S.o. S. 80 Fn. 309; meines Erachtens kann der Wortlaut des § 218 I 17 ALR nur dahingehend ausgelegt werden, daß der "Cessionarius" von den übrigen Gesellschaftern die Vorlage einer "Balance" verlangen konnte, s.o. S. 64; so auch *Blaurock*, S. 30

Für letzteres spricht die Bezugnahme auf die Bestimmungen der §§ 216-218 I 17 und 638 II 8 ALR in einer den Erläuterungen zu Art. 37 vorangestellten Auflistung einschlägiger Vorschriften[341].

5. Die österreichischen Handelsrechtsentwürfe

Auch in Österreich hatte man die Notwendigkeit erkannt, in Ergänzung zur Kodifikation des Zivilrechts ein Handelsgesetzbuch zu schaffen[342]. Zwar enthielt das Allgemeine Bürgerliche Gesetzbuch für die gesamten Deutschen Erbländer der Österreichischen Monarchie von 1811 (ABGB)[343] im 27. Hauptstück der Zweiten Abteilung in den §§ 1175 ff. Vorschriften über die Gesellschaft, jedoch betrafen diese Regelungen entsprechend der Konzeption des ABGB als Zivilgesetzbuch lediglich die zivile Gesellschaft[344]. Um ebenso auf dem Gebiet des Handels- und Wechselrechts jene Rechtseinheit zu schaffen, die im Bereich des Privatrechts durch das ABGB geschaffen worden war, bemühte man sich auch in Österreich zwischen 1803-1856 rege um die Kodifikation des Handelsrechts[345].

1818 lag ein erster vollständiger Entwurf des Wechselgerichtsrats Joh.Michael v.Zimmerl vor[346], der bereits im Jahre 1803 mit der Ausarbeitung eines einheitlichen Handels- und Wechselrechts beauftragt worden

---

341 Diese lautete: "Zu Art. 37 vgl. l. 19 D. pro socio; l. 47 § 1 D. de regulis juris; preuß. A.L.R. Th. I Tit. 17 §§ 216-218, Th. II. Tit. 8 § 638; österr. BGB § 1168; franz. C.G.B. Art. 1861; span. HGB Art. 322; württemb. Entw. Art. 212" und dokumentiert tabellarisch den bisher aufgezeigten Weg, vgl. Motive Entwurf 1849, S. 110

342 Zur Geschichte des Handelsrechts in Österreich vgl. die zahlreichen Quellennachweise bei *Bergfeld*, in Coing, 3. Bd., 3. Teilb., S. 3054-3057 und den Hinweis auf S. 3042 Fn. 1

343 Das ABGB von 1811 gilt neben dem ALR und dem Code civil als das dritte große Gesetzbuch der Aufklärungs- und Naturrechtszeit, vgl. *Conrad*, Bd. 2, S. 391 f.; *Wieacker*, S. 335 f.; *Servos*, S. 116 m.w.N.; abgesehen von Änderungen gilt es noch heute in Österreich, vgl. *Eisenhardt*, Deutsche Rechtsgeschichte, Rdnr. 195; *Servos*, S. 116 Fn. 1; zur Entstehungsgeschichte des ABGB vgl. *Schlosser*, S. 111-117 ff. und die zahlreichen Nachweise bei *Servos*, S. 116 Fn. 3

344 Interessanterweise fanden die §§ 1175 ff. ABGB gemäß § 1216 ABGB auf die Handelsgesellschaften Anwendung, dazu näher *Servos*, S. 117

345 Vgl. *Bergfeld*, in Coing, 3. Bd., 3. Teilb., S. 3042; *Baums*, S. 12; *Servos*, S. 118

346 Vgl. *Baums*, S. 12; *Servos*, S. 118; zur Person und zum Werk *Zimmerls* BLÖ, 59. Teil, S. 109 f.

war[347]. Dieser Entwurf, der in den §§ 107 ff. die Handelsgesellschaften regelte, wurde im Jahre 1927 beim Brand des Justizpalastes in Wien vernichtet[348]. Nach Zimmerls Entwurf, der nie Gesetzeskraft erlangte, gingen die weiteren Kodifikationsbemühungen in Österreich nur schleppend voran[349]. Erst im Jahre 1842 legte der Hofrat der obersten Justizstelle von Lichtenfels[350] einen neuen Entwurf eines Handelsrechts vor[351], den die sogenannte "Hofcommission in Justiz-Gesetzsachen" nach Beratungen modifizierte und das Ergebnis dem Kaiser zur Beschlußfassung vorlegte[352]. Aber auch eine Verabschiedung dieses Entwurfes unterblieb wegen der Ereignisse in den Jahren 1848/49[353].

Erst im Jahre 1852 entstand - nunmehr im Handelsministerium - auf der Grundlage insbesondere des Entwurfs von 1842 ein neuer Entwurf eines österreichischen Handelsgesetzbuchs[354], der noch im folgenden Jahr im Justizministerium überarbeitet wurde[355]. In dieser Fassung wurde er der öster-

---

[347] Vgl. *Servos*, S. 118

[348] Vgl. *Servos*, S. 118 Fn. 2; zum Verbleib der Akten vgl. auch *Hämmerle/Wünsch*, S. 31 Fn. 8

[349] Zu den Gründen vgl. *Rintelen*, S. 219 ff.; *Baums*, S. 29; vgl. auch *Bergfeld*, in Coing, 3. Bd., 3. Teilb., S. 3042 f.

[350] Zur Person vgl. BLÖ, 15. Teil, S. 79 ff.

[351] Auch dieser Entwurf wurde beim Brand des Justizpalastes in Wien im Jahre 1927 so stark beschädigt, daß er nicht einsehbar ist. Reste befinden sich im Archiv des Justizministeriums, Wien; vgl. dazu *Servos*, S. 118 Fn. 6

[352] Vgl. *Servos*, S. 118 f.; *Baums*, S. 29; ein gedrucktes Exemplar nach den Beratungen der Hofkommission befindet sich im Archiv des Justizministeriums unter "K.K. Justizministerium, Zl. 4.128/1855 Beilage 2" und nicht wie *Servos*, S. 118 Fn. 6 angibt "...Beilage 3". Dieser lag mir vor. Der Druck dieses Entwurfs erfolgte erst im Jahre 1849, zu diesem Zeitpunkt bezeichnenderweise "...zum Behufe der Wiederaufnahme der Revision des Handelsgesetzbuchs". Zur weiteren Fundstelle "Bundesarchiv Außenstelle Frankfurt DB 55/16 bzw. 15" vgl. *Servos*, S. 118 Fn. 6

[353] Vgl. *Servos*, S. 119

[354] Vgl. *Bergfeld*, in Coing, 3. Bd., 3. Teilb., S. 3047, dort auch zu den Gründen, weshalb das Handelsministerium nunmehr die Fortführung der Kodifikationsarbeiten übernahm. Ein gedrucktes Exemplar des Entwurfs eines österreichischen Handelsrechts von 1852, verfaßt vom Handelsministerium, befindet sich im Österreichischen Staatsarchiv zu Wien (Allgemeines Verwaltungsarchiv) unter K.K. Zl. 20.107/1852. Er lag mir vor.

[355] Vgl. *Bergfeld*, a.a.O.; *Servos*, S. 119; der Entwurf in dieser Fassung befindet sich in gedruckter Form ebenfalls im Österreichischen Staatsarchiv zu Wien (Allgemeines Verwaltungsarchiv) unter Zl. 4.128/1855, Beilage 6. Er lag mir vor.

reichischen Ministerkonferenz vorgelegt, die diesen Entwurf im wesentlichen billigte. Daraufhin erschien er als "Entwurf eines allgemeinen österreichischen Handelsrechts nach den Anträgen des Justizministeriums mit Rücksicht auf die in der Minister Conferenz gepflogenen Berathungen"[356]. Dieser sogenannte ministerielle Entwurf[357], der 1855 vollendet wurde, mußte sich noch einmal einer Prüfung durch einen vom Reichsrat bestellten Ausschuß unterziehen[358]. Das Ergebnis dieser Beratungen lag in Form des sogenannten revidierten Entwurfs[359] vor, der zugleich die letzte Vorarbeit für eine österreichische Handelsgesetzgebung darstellte, zu der es aber bis zur Einführung des ADHGB im Jahre 1862 nicht mehr kam[360].

Soweit noch im Druck vorhanden, enthielten die genannten HGB-Entwürfe Österreichs keine Regelungen zur Unterbeteiligung. Solche fanden auch keinen Eingang über das ABGB. Zwar gab es in sämtlichen HGB-Entwürfen Österreichs Verweisungsvorschriften, die in der Form des Badischen Landrechts, des HGB-Entwurfs von Frankfurt von 1811 sowie unseres heutigen § 105 Abs. 2 HGB die Vorschriften über die zivile Gesellschaft für anwendbar erklärten[361], jedoch sah das ABGB ebenfalls keine Regelung zur Unterbeteiligung vor. Dort fand sich lediglich die Vorschrift des § 1186: "Kein Mitglied ist befugt, die Mitwirkung einem Dritten anzuvertrauen; oder jemanden in die Gesellschaft aufzunehmen; oder ein der Gesellschaft schädliches Nebengeschäft zu unternehmen."

Ob die Verfasser des ABGB mit dem letzten Absatz auch die Unterbeteiligung im Auge hatten, läßt sich aus den Beratungsprotokollen zum ABGB[362] sowie aus der Kommentarliteratur, die Anfang des 19. Jahrhun-

---

[356] Vgl. *Baums*, S. 29; *Bergfeld*, in Coing, 3. Bd., 3. Teilb., S. 3047; *Servos*, S. 119

[357] Abgedruckt in *Lutz*, Protokolle, Beilagenband, S. 107-140

[358] *Bergfeld*, in Coing, 3. Bd., 3. Teilb., S. 3047

[359] Abgedruckt in *Lutz*, Protokolle, Beilagenband, S. 69-106

[360] Das ADHGB trat in Österreich mit Änderungen als "Allgemeines Handelsgesetzbuch" (AHGB) in Kraft, vgl. *Bergfeld*, in Coing, 3. Bd., 3. Teilb., S. 3051-3053; *von Hahn*, Bd. 1, Einleitung, S. XLVII

[361] Vgl. § 79 HGB-Entwurf der Hofkommission (1842); § 2 HGB-Entwurf, Handelsministerium (1852); § 2 HGB-Entwurf, Justizministerium (1853); § 78 "Ministerieller Entwurf"; § 6 "Revidierter Entwurf"

[362] Vgl. *Ofner*, Bd. 2, S. 113 f.

derts nach Inkrafttreten des ABGB erschien, nicht entnehmen[363].

Der Wortlaut des § 1186 ABGB ließe den Schluß auf ein im österreichischen Rechtskreis geltendes Verbot der Unterbeteiligung zu, denn eine solche kann im Einzelfall aufgrund des Spannungsverhältnisses, in dem sich der Hauptbeteiligte befindet[364], für die Geschäftstätigkeit der Hauptgesellschaft durchaus abträglich respektive "schädlich" sein.

Kommentierungen aus neuerer Zeit - § 1186 ABGB gilt in seiner Ursprungsfassung noch heute - konkretisieren den Begriff des "schädlichen Nebengeschäfts" allerdings dahingehend, daß darunter der Abschluß von Konkurrenzgeschäften, die Beteiligung an Konkurrenzunternehmungen, Unterstützung derselben durch Kredite, Überlassung von Erfindungen etc. zu verstehen sei[365]. Aus den in diesen Kommentaren ebenfalls unter § 1186 ABGB stehenden Erläuterungen zur Unterbeteiligung[366], ist zu folgern, daß dieses Rechtsinstitut grundsätzlich nicht unter den Begriff des "schädlichen Nebengeschäfts" subsumiert werden kann. Gleichwohl ist es meines Erachtens denkbar, daß auch die Einräumung einer Unterbeteiligung ein "schädliches Nebengeschäft" i.S.d. § 1186 ABGB darzustellen vermag, beispielsweise dann, wenn der Unterbeteiligte Teilhaber eines Konkurrenzunternehmens ist[367].

Obgleich die österreichischen Handelsrechtsentwürfe speziell für die Geschichte der Unterbeteiligung nicht ergiebig sind, seien sie an dieser Stelle - wie vorgestellt worden - dennoch genannt, da sie aus der handelsrechtlichen Kodifikationsgeschichte des 19. Jahrhunderts nicht wegzudenken sind und zudem die beiden letzten österreichischen HGB-Entwürfe der Nürnberger Kommission zur Schaffung eines Allgemeinen Deutschen Handelsgesetzbu-

---

363 Vgl. *Zeiller*, Bd. 3, S. 540 f.; *Nippel*, Bd. 7, S. 500; *Winiwarter*, IV, S. 384

364 S.o. S. 33

365 Vgl. *Stubenrauch*, Bd. 2, § 1186 Anm. 3; *Rummel*, Bd. 2, § 1186 Rdnr. 7; *Klang/Gschnitzer*, Bd. 5, § 1186 Anm. 7

366 Ausführlich zu den Grundsätzen und repräsentativ für den österreichischen Rechtskreis *Klang/Gschnitzer*, Bd. 5, § 1186 Anm. 6; vgl. auch *Rummel*, Bd. 2, § 1186 Rdnr. 5

367 Hinweise zu dieser Problematik sind in den erwähnten Quellen zum ABGB nicht vorhanden. Sie soll hier nicht weiter vertieft werden.

ches neben dem nachstehend behandelten Preußischen Entwurf als Beratungsgrundlage dienten[368].

6. Die Preußischen Entwürfe

Endpunkt der Anfang des 19. Jahrhunderts begonnenen Bestrebungen, eine einheitliche Handelsgesetzgebung für alle Teile der Monarchie zu schaffen, waren die Entwürfe eines Handelsgesetzbuchs für die Preußischen Staaten von 1856 und 1857, aus denen schließlich das ADHGB erwuchs. Diesen Entwürfen gingen in Preußen zunächst Bemühungen um die Revision des ALR von 1794 voraus. So wurde bereits am 3.11.1817 durch königliche Kabinettsordre die Revision des gesamten ALR[369] angeordnet und einem eigens dazu gebildeten Revisionsministerium übertragen[370]. An dieser Stelle sei erwähnt, daß die Revisoren wesentliche Änderungen der hier unter V. behandelten Vorschriften der §§ 216-218 I 17 und 638 II 8 ALR nicht vorsahen. So fanden sich die §§ 216 und 217 I 17 ALR unverändert in den §§ 157 und 158 Pensum XIII und XIV[371] des preußischen Revisionsentwurfs[372] wieder mit dem entsprechenden Vermerk in den Motiven: "Die §§ 215-217 d.T. sind unverändert angereihet, - §§ 156-158 d.E."[373]. Ebenso bestimmte § 162 des Revisionsentwurfs entsprechend § 218 I 17 ALR, daß "ein Fremder, dem der Antheil am Gewinne oder Verlust von einem Mitglied der Gesellschaft überlassen" worden ist, "sich mit einer Balance über den aus dem

---

368 Vgl. *Raisch*, Abgrenzung, S. 116; *Baums*, S. 29; *Lutz*, Protokolle, Bd. 1, S. 6; *Servos*, S. 119; *Rintelen*, S. 228; *Schubert*, Protokolle, Bd. 1, S. XVIII; *Bergfeld*, in Coing, 3. Bd., 3. Teilb., S. 3050 f.; *Goldschmidt*, Handbuch, Bd. 1, S. 93

369 also auch der handelsrechtlichen Abschnitte

370 Vgl. *Bergfeld*, in Coing, 3. Bd., 3. Teilb., S. 2882; *Baums*, S. 20; eingehend zur Preußischen Gesetzrevision *Dölemeyer*, in Coing, 3. Bd., 2. Teilb., S. 1491-1501 mit zahlreichen Quellennachweisen auf S. 1501-1503; vgl. auch *Stobbe*, Rechtsquellen, Bd. 2, S. 474-476; *Schubert/Regge*, Gesetzrevision, Bd. 1, S. XVI-XXIV; *Bergfeld*, in Coing, a.a.O.

371 Das Revisionsministerium hatte die Materialien der Revision in 16 Pensa (= Abschnitte) aufgeteilt und diese an einzelne Deputationen zur Bearbeitung übertragen.

372 Vgl. Gesetz-Revision-Pensum XIII. u. XIV. Entwurf. Allgemeines Landrecht Th. I Tit. 17. Abschn. 1.3.5. Tit. 19. Tit. 21. Abschn. 1.3. Tit. 22., Berlin 1833, S. 18, abgedruckt bei *Schubert/Regge*, Gesetzrevision, Bd. 2, 1. Halbband, S. 209 ff.

373 Vgl. Motive zu dem von der Deputation vorgelegten Entwurf der Tit. 17. Abschn. 1.3.5. Tit. 19. Tit. 21. Abschn. 1.3. Tit. 22. des Ersten Theils des Allgemeinen Landrechts, Berlin 1833, S. 21, abgedruckt bei *Schubert/Regge*, Gesetzrevision, Bd. 2, 1. Halbband, S. 327 ff.

gemeinschaftlichen Geschäfte entstandenen Gewinn und Verlust zu begnügen" habe, nicht aber eine "Rechnungslegung" verlangen konnte[374]. Allerdings fand in § 162 des Revisionsentwurfs der Begriff des "Cessionarius" keine Erwähnung mehr. Eine Begründung dafür liefern die Materialien zur preußischen Gesetzesrevision nicht[375], was dafür spricht, daß die Revisoren § 218 I 17 ALR keine inhaltliche Änderung zukommen lassen wollten, zumal nach wie vor von Überlassung eines Anteils und nicht von der Beteiligung an einem solchen die Rede war. § 638 II 8 ALR war dem Pensum VIII des Revisionsentwurfs überwiesen[376].

Nachdem jedoch die Gesamtrevision des ALR und damit auch die Neufassung des Handelsrechts in Preußen gescheitert war[377], mußte die preußische Regierung fürchten, keinen eigenen konzeptionellen Vorschlag zur gesamtdeutschen Rechtsvereinheitlichung auf dem Gebiet des Handelsrechts liefern zu können. Einen damit einhergehenden Verlust der Einflußmöglichkeit auf die Gesetzgebung zum Handelsrecht im Zollverein wollte sich Preußen jedoch nicht erlauben, so daß es 1850 die Vorbereitungen für einen Handelsrechtsentwurf wieder aufnahm und diese Arbeiten verstärkte, nachdem die 10. Zollvereinskonferenz 1854 Preußen aufgefordert hatte, den Entwurf eines gemeinsamen Handelsgesetzbuchs voranzutreiben, und sich mittlerweile über den Zollverein hinaus auch die Bundesversammlung[378] 1856 auf Antrag Bayerns mit der Vereinheitlichung der handels-

---

[374] Wie Fn. 372

[375] Vgl. Motive ... (wie Fn. 373), allerdings enthalten diese bezüglich § 218 I 17 ALR einen kurzen Begründungsvermerk, weshalb dieser Vorschrift nunmehr die §§ 219-221 I 17 ALR (im Entwurf somit §§ 159-161) vorangestellt werden sollten sowie eine dezidierte Stellungnahme zu der damals umstrittenen Frage, inwieweit Gläubiger eines Gesellschafters, über dessen Vermögen der Konkurs eröffnet wurde, von den übrigen Gesellschaftern neben einer Balance weitere Rechnungslegung zu fordern berechtigt seien; vgl. zu dieser Problematik neben den in den Motiven (S. 22) genannten Fundstellen ferner *Strombeck*, S. 179 Fn. 55; *Bornemann*, IV, S. 30 f.; *von Rönne*, S. 361; *Koch*, Allgemeines Landrecht, § 218 I 17 ALR Fn. 79; *Bielitz*, III, S. 755

[376] Die Quellen des sogenannten Pensums VIII B (Handelsrecht mit Ausnahme des Wechselrechts) befinden sich im Zentralen Staatsarchiv, Dienststelle Merseburg, Justizministerium zur Revision der Gesetzgebung, Rep. 84; dazu näher *Schubert/Regge*, Gesetzrevision, Bd. 3, S. XXV-XXVII

[377] Zu den Gründen des Scheiterns näher *Dölemeyer*, in Coing, 3. Bd., 2. Teilb., S. 1499; vgl. auch *Baums*, S. 20-22 m.w.N.

[378] Zur Institution der Bundesversammlung vgl. *Eisenhardt*, Deutsche Rechtsgeschichte, Rdnr. 302

rechtlichen Gesetzgebung zu beschäftigen begann[379].

Mit Hilfe geschickter Taktik[380] gelang es Preußen schließlich, den Beginn der Nürnberger Beratungen über ein Allgemeines Deutsches Handelsgesetzbuch bis zur Fertigstellung des Entwurfs eines Handelsgesetzbuchs für die Preußischen Staaten von 1857 hinauszuzögern, so daß dieser entsprechend den preußischen Erwartungen der im selben Jahr beginnenden Nürnberger Konferenz als Beratungsgrundlage vorgelegt werden konnte.

Der Entwurf von 1857 war jedoch bereits ein revidierter Entwurf, der sich auf einen im Jahre 1856 fertiggestellten HGB-Entwurf gründete[381]. Dieser Entwurf von 1856 wurde in den Monaten Oktober bis Dezember 1856 von einer durch das Justiz- und Handelsministerium eingesetzten Sachverständigenkommission überarbeitet, dessen Ergebnis als "Protokolle über die Berathungen mit den kaufmännischen Sachverständigen und praktischen Juristen, betreffend den Entwurf eines Handelsgesetzbuchs für die Preußischen Staaten" noch im Jahre 1856 veröffentlicht wurde[382], bevor dann schließlich der Entwurf von 1857[383] nebst Motiven erschien.

Der preußische HGB-Entwurf von 1856 enthielt in § 105 des 10. Titels "Von der offenen Handelsgesellschaft" eine Bestimmung, die inhaltlich exakt dem Art. 37 des sogenannten Frankfurter Entwurfs von 1849[384] entsprach, wobei in dem preußischen Entwurf sprachlich noch deutlicher als in dem

---

[379] Vgl. *Bergfeld*, in Coing, 3. Bd., 3. Teilb., S. 2886 f.; *Baums*, S. 23; *von Hahn*, Bd. 1, Einleitung, S. XXI

[380] Zu diesem Taktieren Bismarcks ausführlich *Meyer*, Bismarcks Kampf, S. 312 ff.

[381] Entgegen *Servos*, S. 247 Fn. 5 ist dieser Entwurf von 1856 sehr wohl in der Bundesrepublik vorhanden. Ein Nachdruck nach einer Vorlage aus dem Besitz des Juristischen Seminars der Universität Kiel befindet sich im Max-Planck-Institut für Europäische Rechtsgeschichte zu Frankfurt unter "Deutschl 9 BK 666 (87/872)". Zudem ist er in der Bibliothek der Gesamthochschule Siegen nachgewiesen. Der Entwurf lag mir vor.

[382] Vgl. *Raisch*, Abgrenzung, S. 101; *Servos*, S. 247; *Goldschmidt*, Handbuch, Bd. 1, S. 96 mit namentlicher Nennung der einzelnen Mitglieder dieser Sachverständigenkommission

[383] Zu diesem eingehend *Raisch*, Abgrenzung, S. 99-115; vgl. *Bergfeld*, in Coing, 3. Bd., 3. Teilb., S. 2887-2891; *Servos*, S. 248-299 unter Heranziehung der erschienenen Kriterien

[384] S.o. S. 85 Fn. 336

Frankfurter Entwurf herausgestellt wurde, daß der Unterbeteiligte bzw. Anteilszessionar[385] nur von dem Hauptgesellschafter, der ihn beteiligt hatte, einen jährlichen Rechnungsabschluß verlangen konnte[386]. Allerdings enthielt auch hier der Text die unklare Formulierung "... für seinen Antheil...".

Im Gegensatz zu diesem Entwurf traf die entsprechende Vorschrift des preußischen HGB-Entwurfs von 1857 keine Aussage mehr über das Verhältnis zwischen Haupt- und Unterbeteiligtem bzw. Anteilszedent und Anteilszessionar, d.h. es fehlte die Passage "... er kann von dem Gesellschafter, welcher ihn betheiligt hat, Mitheilung der Bilanz verlangen..."[387]. Eine Begründung dafür liefern die erwähnten Protokolle der Sachverständigenkommission, die den Entwurf von 1856 überarbeitete. Diese Beratungsprotokolle teilen mit, daß die Bestimmung, wonach der beteiligte Dritte die Mitteilung der Bilanz fordern könne, in der Kommission auf Widerspruch stieß und diese schließlich einem Abänderungsvorschlag, nämlich daß jener Dritte lediglich einen "Auszug seines Kontos bei der Gesellschaft von den Gesellschaftern", nicht aber die Mitteilung der Bilanz verlangen könne, einstimmig zustimmte[388]. Was es exakt mit diesem "Konto bei der Gesellschaft" auf sich hatte, wird nicht erläutert. Allerdings wird die Absicht der Redaktoren deutlich, daß ein beteiligter Dritter so wenig wie möglich Einblick in die Interna der Hauptgesellschaft erhalten sollte.

Bezeichnenderweise kam dieser Änderungsvorschlag von Seiten eines kaufmännischen Mitglieds der Kommission[389], denn gerade die Kaufleute waren (und sind) darauf bedacht, Geschäftsinterna geheimzuhalten und nicht

---

[385] Zum Regelungsgehalt s. unten S. 94

[386] § 105 Preuß. HGB-Entw. 1856 lautete wie folgt: "Ein Gesellschafter kann ohne die Einwilligung der übrigen Gesellschafter keinen Dritten in die Gesellschaft aufnehmen.

Wenn ein Gesellschafter einseitig für seinen Antheil einen Dritten betheiligt, so erlangt dieser in der Gesellschaft keine unmittelbaren Rechte; er kann von dem Gesellschafter, welcher ihn betheiligt hat, Mitheilung der Bilanz verlangen; er ist aber zur Einsicht der Handlungsbücher und Papiere der Gesellschaft nicht berechtigt."

[387] Vgl. Art. 102 Preuß. HGB-Entwurf 1857, der ansonsten dem Art. 105 Preuß. HGB-Entwurf 1856 entsprach

[388] Vgl. Protokolle Sachverständigenkomission 1856, § 105

[389] Vgl. Protokolle Sachverständigenkomission 1856, § 105

außenstehenden Dritten zukommen zu lassen, was auch die Untersuchungen zu den süddeutschen Fernhandelsgesellschaften gezeigt haben[390].

Auffallend ist, daß nach den Ausführungen der preußischen Sachverständigenkommission der Dritte die Vorlage des angesprochenen "Auszug seines Kontos" von den Gesellschaftern verlangen konnte, während der den Dritten Beteiligende in diesem Zusammenhang keine Erwähnung fand[391]. Dieser Umstand könnte dafür sprechen, daß die preußischen Entwurfsverfasser bei Schaffung des Art. 102 preußischer HGB-Entwurf 1857 ausschließlich die teilweise Anteilsabtretung in Form der Abtretung des Gewinnanspruchs im Auge hatten, denn nur bei dieser Beteiligungsform an einem Gesellschaftsanteil ist eine direkte Beziehung zwischem Zessionar und den Hauptgesellschaftern denkbar[392]. Auch die mit dem Entwurf von 1857 herausgegebenen Motive sprechen zum Art. 102 unzweideutig nur von der Anteilsabtretung, wobei die preußischen Motive nicht klar herausstellen, daß angesichts des sogenannten Substituierungsverbotes des Art. 102 Abs. 1 hier nur die Abtretung des Gewinnanspruchs gemeint sein konnte[393]. Letztlich fällt auf, daß weder die Digestenstelle 17.2.19-23 noch die vom Wortlaut ebenso klare Unterbeteiligungsvorschrift des Art. 1861 Code civil in der hinter den Ausführungen zum Abs. 2 des Art. 102 aufgeführten Paragraphenkette genannt sind. Auf Unkenntnis oder Zufall dürfte dies nicht beruht haben, zumal Art. 1861 Code civil zum Substituierungsverbot des Art. 102 Abs. 1 zitiert wurde und in der vorerwähnten Paragraphenkette u.a. auf Art. 37 des Frankfurter Entwurfs, dessen Motive die Digesten nennen, Bezug genommen wird[394].

All dies spricht dafür, daß die Unterbeteiligung im Sinne heutigen Rechtsverständnisses nicht vom Regelungsgehalt des Art. 102 preußischer HGB-Entwurf 1857 umfaßt sein sollte. Auf der anderen Seite wurde in der genannten Zitatenkette ebenso auf Art. 212 des Württembergischen Ent-

---

390 S.o. S. 47 ff., insbesondere S. 50 f.

391 Angesprochen wurde lediglich, inwiefern die einseitige Mitteilung der Bilanz an den Dritten "durch den Gesellschafter", den übrigen Gesellschaftern das Recht gebe, die Auflösung der Gesellschaft zu verlangen, vgl. Protokolle Sachverständigenkommission 1856, § 105

392 S. dazu oben S. 28

393 Vgl. Motive Preuß. HGB-Entwurf 1857, S. 57

394 Vgl. Motive Preuß. HGB-Entwurf 1857, S. 56 f.

wurfs verwiesen, dessen Motive - wie ausgeführt - ausschließlich von der Unterbeteiligung sprachen. Zudem gewährte man in den preußischen Motiven von 1857 - im Gegensatz zur Sachverständigenkommission von 1856 - dem beteiligten Dritten das Recht von seinem Zedenten die "nötigen Nachweisungen"[395] über dessen Gewinnanteil verlangen zu können, "soweit derselbe solche ohne Verletzung seiner Pflichten gegen die Gesellschaft zu geben im Stande ist"[396]. Man vollzog also gewissermaßen wieder die vollständige Trennung zwischen Hauptgesellschaft und beteiligtem Dritten.

Die vorstehenden Aspekte mögen dafür sprechen, daß die preußischen Entwurfsverfasser neben der Anteilsabtretung auch die Unterbeteiligung unter den Begriff "... für seinen Antheil..." subsumiert wissen wollten. Endgültig läßt sich dies nicht klären.

7. Zusammenfassung zu Teil VIII

Damit sind alle bedeutenden Vorarbeiten des ADHGB vorgestellt worden[397]. Resümierend ist festzuhalten, daß ein Großteil dieser Entwürfe Bestimmungen betreffend die mittelbare Teilhabe an einem Gesellschaftsanteil vorsah. Allerdings krankten sie alle an einer fehlenden Differenzierung zwischen der Anteilsabtretung und der Unterbeteiligung, so daß der genaue Regelungsgehalt jeweils schwer zu fixieren ist. Auch Motive brachten oftmals nur unzureichend Klarheit.

---

395 Wozu sich nicht - wie im Ursprungsentwurf vorgesehen - die Vorlage der gesamten Bilanz zählte.

396 Vgl. Motive Preuß. HGB-Entwurf 1857, S. 57

397 Zu den Staaten, die keine Versuche einer Kodifizierung des Handelsrechts unternahmen vgl. *Bergfeld*, in Coing, 3. Bd., 3. Teilb., S. 2910 ff.

IX. Die Unterbeteiligung in den Beratungen der Nürnberger Kommission

Infolge eines Beschlusses der Deutschen Bundesversammlung vom 18.12.1856[398] konstituierte sich am 15.1. und 17.1.1857 in Nürnberg[399] die Kommission zur Ausarbeitung des Entwurfs eines Allgemeinen Handelsgesetzbuchs für die Deutschen Bundesstaaten unter dem Präsidium des bayerischen Justizministers von Ringelmann. Bei voller Besetzung umfaßte die Kommission 17 Stimmberechtigte, wobei jedem Staat eine Stimme zustand und die zur Feststellung des Beratungsergebnisses erforderlichen Beschlüsse der einfachen Stimmenmehrheit bedurften[400].

Wie bereits angedeutet[401], beschloß die Nürnberger Konferenz, den Beratungen den preußischen HGB-Entwurf von 1857 zugrunde zu legen, dabei aber auch den beiden letzten Österreichischen Entwürfen fortwährend volle Beachtung zuzuwenden[402]. In 98 Sitzungen beriet dann die ADHGB-Kommission[403] in dem Zeitraum vom 21.1. bis zum 2.7.1857 die beiden ersten Bücher und die fünf ersten Titel des dritten Buchs des Preußischen Entwurfs[404] in erster Lesung[405].

In der 24. Sitzung dieser Lesungsperiode, und zwar am 26.2.1857, war u.a. der vorstehend[406] behandelte Artikel 102 des Preußischen Entwurfs von 1857

---

[398] Vgl. Protokolle der Deutschen Bundesversammlung vom Jahr 1856, S. 791; der Wortlaut des Beschlusses ist ebenso abgedruckt bei *von Hahn*, Bd. 1, Einleitung, S. XXII und *Goldschmidt*, Handbuch, Bd. 1, S. 90 f.

[399] Zur Auswahl des Ortes vgl. *Goldschmidt*, Handbuch, Bd. 1, S. 89

[400] Vgl. wie Fn. 398

[401] S.o. S. 90

[402] Vgl. Protokolle ADHGB, S. 6

[403] Ein Verzeichnis sämtlicher Kommissiäre, die an den Beratungen in Nürnberg teilnahmen, liefert *von Hahn*, Bd. 1, Einleitung, S. LV-LIX unter Angabe, an welchen Beratungsabschnitten diese sich im einzelnen beteiligt hatten.

[404] Da diese Teile des Entwurfs das eigentliche Handelsrecht - im Gegensatz zum Seerecht und den Bestimmungen über Konkurs und Gerichtsbarkeit - behandelten, beschloß man, diese zunächst durchzuberaten, um sich dann den übrigen Büchern und Titeln zu widmen, vgl. dazu *von Hahn*, Bd. 1, Einleitung, S. XXVII

[405] Zum Gang der Beratungen näher *Behrend*, S. 46-51; *Schubert*, Protokolle, Bd. 1, S. XVII-XXI; *von Hahn*, Bd. 1, Einleitung, S. XXVI-XXIX; *Goldschmidt*, Handbuch Bd. 1, S. 98 ff.

[406] S.o. S. 93 ff.

Gegenstand der Beratungen. Bei der Diskussion dieses Artikels wurde zunächst der Redaktionskommission[407] zu erwägen gegeben, ob nicht der erste Absatz besser wie folgt zu formulieren sei: "Ohne Einwilligung sämmtlicher Gesellschafter kann kein Dritter in die Gesellschaft aufgenommen werden." Ein weiterer Antrag, diesem Absatz den Zusatz "... oder sich bei Geschäften oder Verhandlungen der Gesellschaft durch einen Dritten vertreten zu lassen." beizufügen, fand keine Zustimmung, da eine solche Ergänzung "zu allgemein und ohnehin im gemeinen Rechte enthalten sei"[408]. Im Gegensatz zu diesen mehr formalen Änderungsaspekten erfuhr Absatz 2 des Art. 102 preußischer HGB-Entwurf eine inhaltliche Beanstandung. Vor Auseinandersetzung mit derselben, sei sie nachstehend zitiert, um die im Hinblick auf die letztlich verabschiedete Regelung des Art. 98 ADHGB richtungsweisende Haltung der Nürnberger Beratungskommission so präzise wie möglich zu fixieren:

"Zu Absatz 2 wurde der erste Satz bis zu den Worten: "dritten betheiliget" beanstandet.

Es wurde hervorgehoben, daß nach Maßgabe der Motive mit diesem Satze vorzüglich die Fälle getroffen werden sollten, in denen ein Gesellschafter seinen Gesellschaftsantheil an einen Dritten freiwillig oder durch ein richterliches Urtheil gezwungen, abtrete. Allein abgesehen davon, daß solche freiwillige Cessionen gewiß ganz selten seien, und daß der Fall richterlicher Adjudikation durch die Fassung des Entwurfes gar nicht getroffen werde, so müsse erwogen werden, daß die Bestimmung des Artikels gewiß nur den Fall im Auge habe, der auch im römischen Rechte vorgesehen sei, den Fall nämlich, in welchem sich ein Gesellschafter zu seinem Antheile einen Gesellschafter angenommen habe. Dieser Fall werde aber gleichfalls mit dem Entwurfe nicht getroffen.

Es wurde hierauf unter Anerkennung der Richtigkeit dieses Bedenkens, ohne daß es einer besonderen Abstimmung bedurft hätte, beschlossen, den Artikel anzunehmen, der Redaktionskommission aber anheimzugeben, ob dem ersten Satz des Absatzes 2 nicht eine allgemeinere Fassung zu geben, ob nicht statt: "für seinen Antheil" "an seinem Antheile", statt "keine unmittelba-

[407] Bei der konstituierenden Sitzung der ADHGB-Kommission am 15./17.1.1857 wählte man auch bereits eine sogenannte Redaktionskommission, die auf der Grundlage der von der Nürnberger Konferenz in erster Lesung gefaßten Beschlüsse einen neuen HGB-Entwurf fertigstellen sollten. Zu den Mitgliedern dieser Kommission vgl. *Schubert*, Protokolle, Bd. 1, S. XVIII; Protokolle, ADHGB, S. 61

[408] Vgl. Protokolle, ADHGB, S. 191

ren Rechte" "unmittelbar keine Rechte", und vor "er ist zur Einsicht" noch das Wort "insbesondere" zu setzen sei"[409].

Durch die Wahl des Begriffes "vorzüglich" in dem einleitenden Satz zu Art. 102 Abs. 2 Preußischer HGB-Entwurf bestätigen die Protokolle die diesseits vertretene Auffassung[410], daß die genannte Bestimmung in jedem Fall nicht einzig die Anteilsabtretung betraf, sondern auch die Unterbeteiligung, denn "vorzüglich" heißt eben nicht ausschließlich.

Die folgende Begründung, warum Art. 102 Preußischer HGB-Entwurf an sich nur die Unterbeteiligung "im Auge" haben könne, bringt meines Erachtens - zumindest zwischen den Zeilen - die Verwunderung der ADHGB-Kommission über die preußischen Motive zum Ausdruck. Hervorzuheben ist in diesem Zusammenhang die Bezugnahme auf die römischen Rechtsquellen, welche ein weiteres Beispiel für die Fortwirkung der hier behandelten Digestenstelle liefert.

Schließlich stellte der letzte Abschnitt der zitierten Protokollstelle richtig, daß Art. 102 Preußischer HGB-Entwurf - wenn er schon neben der Unterbeteiligung die Anteilsabtretung betraf - in Anbetracht des allgemein anerkannten und im Art. 102 Abs. 1 auch ausgesprochenen sogenannten Substituierungsverbotes lediglich die Abtretung des Gewinnanspruchs eines Hauptgesellschafters, also eine Form der Teilabtretung[411] des Gesellschaftsanteils, regelte.

Auch dies stellten die preußischen Motive - wie ausgeführt - nicht in der gebotenen Klarheit dar.

Mithin läßt sich zusammenfassend festhalten, daß die ADHGB-Kommission in puncto Art. 102 Preußischer HGB-Entwurf - gewissermaßen ex post - das leistete, was man normalerweise von den preußischen Motiven hätte erwarten dürfen, nämlich Regelungsgehalt und Hauptintention des Art. 102 deutlich herauszustellen.

Nach dieser ersten Beratungsperiode erarbeitete die von der Nürnberger

---

[409] Vgl. Protokolle, ADHGB, S. 191

[410] S.o. S. 95

[411] S.o. S. 28

Konferenz gewählte Redaktionskommission[412] auf der Grundlage der in erster Lesung gefaßten Beschlüsse einen neuen HGB-Entwurf, den sogenannten Entwurf der Redaktionskommission oder Entwurf erster Lesung. In diesem trug man nunmehr, was die Unterbeteiligungsgesellschaft anbelangte, den Anregungen der ADHGB-Kommission mit dem Art. 97 Rechnung, der wie folgt lautete:

> "Ein Gesellschafter kann ohne die Einwilligung der übrigen Gesellschafter keinen Dritten in die Gesellschaft aufnehmen.
>
> Wenn ein Gesellschafter einseitig einen Dritten für seinen Antheil als Gesellschafter annimmt oder seinen Antheil an denselben abtritt, so erlangt dieser gegen die Gesellschaft unmittelbar keine Rechte; er ist insbesondere zur Einsicht der Handlungsbücher und Papiere der Gesellschaft nicht berechtigt"[413].

Damit wurde im Bereich des Handelsrechts zum ersten Mal in einer die Teilhabe an einem Gesellschaftsanteil betreffenden Bestimmung ausdrücklich zwischen der Anteilsabtretung einerseits und der Unterbeteiligung andererseits differenziert.

In dem Zeitraum vom 15.9.1857 bis 3.3.1858 trat die ADHGB-Kommission in Nürnberg zu einer zweiten Beratungsperiode zusammen. Sie bestand in einer vollständigen Durchberatung des Entwurfs erster Lesung, wobei die Aufteilung des im bisherigen zweiten Buch enthaltenen Gesellschaftsrechts in zwei Bücher erfolgte, so daß an Stelle der ersten drei nunmehr vier Bücher traten[414].

Art. 97 des aus dieser zweiten Lesung hervorgegangenen Entwurfs entsprach Art. 97 des Entwurfs erster Lesung, da letzterer seitens der ADHGB-Kommission in ihrer 117. Sitzung am 21.10.1857 keine Beanstandung erfuhr[415]. Es erfolgte lediglich noch eine redaktionelle Veränderung dergestalt, daß es zu Beginn des 2. Absatzes anstatt "... für seinen Antheil..." nunmehr"...

---

[412] S.o. S. 97 Fn. 407

[413] Vgl. Entwurf ADHGB, 1. Lesung, *Lutz*, Protokolle (Beilagenband), S. 159

[414] Vgl. Protokolle ADHGB, S. 859 f.; zur 2. Lesung näher *von Hahn*, Einleitung, S. XXVII; *Behrend*, S. 46 f.

[415] Vgl. Protokolle ADHGB, S. 989 "Art. 97 wurde nicht beanstandet, ..."

an seinem Antheil..." hieß[416]. In dieser Form fand die Vorschrift - allerdings unter Art. 98 - Eingang in das ADHGB, nachdem mittels Beschluß vom 31.5.1861 die deutsche Bundesversammlung den ihr von der Nürnberger Kommission nach drei Lesungen[417] vorgelegten HGB-Entwurf als "befriedigende Ausführung" des Bundesbeschlusses vom 18.12.1856[418] anerkannte[419] und dem Ersuchen der Bundesversammlung, dem Entwurf baldmöglichst Gesetzeskraft zu verschaffen, von allen zum (ehemaligen)[420] Deutschen Bund gehörigen Staaten in der Zeit von 1861 bis 1869 entsprochen wurde[421].

X. Grundsätze zur Unterbeteiligung unter Geltung des Art. 98 ADHGB

Die Schaffung des ADHGB führte naturgemäß zu einer breiten Auseinandersetzung mit diesem Gesetzeswerk in Rechtsprechung und Lehre, namentlich zur Veröffentlichung zahlreicher Kommentare zum ADHGB. An dieser Stelle sollen zunächst nur die in der Kommentarliteratur entwickelten Grundsätze zur Unterbeteiligung i.S.d. Art. 98 ADHGB skizziert werden, während Problemkomplexe, die speziell in der Rechtsprechung behandelt wurden, in einem weiteren Kapitel Berücksichtigung finden[422]. Es wurden u.a. folgende grundlegende Gesichtspunkte herausgearbeitet:

1. Die Begründung eines Unterbeteiligungsverhältnisses erfolgte in der Weise, daß der Hauptgesellschafter einer Personengesellschaft mit einem Dritten eine neue zivilrechtliche Gesellschaft einging, auf-

---

[416] Vgl. Entwurf ADHGB, 2. Lesung, *Lutz*, Protokolle (Beilagenband), S. 223

[417] Es fand noch eine kurze, 39 Sitzungen umfassende, dritte Lesung statt - vgl. ADHGB-Protokolle, S. 4507-5148 - die jedoch bezüglich der hier in Rede stehenden Bestimmung keine Änderungen mehr brachte; zu dieser dritten Lesung näher *von Hahn*, Bd. 1, Einleitung, S. XXIX; *Behrend*,, S. 48-50

[418] S.o. S. 96

[419] Vgl. Protokolle der Deutschen Bundesversammlung von 1856, S. 191; *von Hahn*, Bd. 1, Einleitung, S. XLVI; *Goldschmidt*, Handbuch, Bd. 1, S. 126 f.; *Behrend*, S. 51

[420] Der Deutsche Bund hatte Bestand bis zum Jahre 1866

[421] Die Verkündung des ADHGB in den einzelnen Staaten erfolgte durch Einführungsgesetze. Eine Zusammenstellung der Daten der jeweiligen Einführungsgesetze enthält *Schubert*, Protokolle, Bd. 1, S. XXI sowie *von Hahn*, Bd. 1, Einleitung, S. XLVI-LI mit weiteren Informationen und Nachweisen über diese Einführungsgesetze.

[422] S.unten S. 120 ff.

grund derer der Hauptgesellschafter verpflichtet war, dem Unterbeteiligten von den Früchten seiner Beteiligung wie Gewinn und Zinsen einen Teil abzugeben und der Unterbeteiligte dem Hauptgesellschafter hierfür ein "fixes Äquivalent" leistete oder sich als Gegenleistung verpflichtete, dem Hauptbeteiligten die Lasten der Beteiligung an der Hauptgesellschaft tragen zu helfen[423].

2. Die zwischen Unter- und Hauptbeteiligten bestandenen Rechte und Pflichten bestimmten sich nach dem von ihnen abgeschlossenen Gesellschaftsvertrag[424].

3. Der Anspruch des Unterbeteiligten gegenüber dem beteiligenden Hauptgesellschafter auf Rechnungslegung fand seine Grenze in der Verschwiegenheitspflicht, die dem Hauptgesellschafter gegenüber seinen übrigen Mitgesellschaftern oblag[425]. In der Regel mußte sich daher der Unterbeteiligte mit der Vorlage einer Jahresbilanz begnügen[426].

4. Beanspruchte der beteiligte Hauptgesellschafter den ihm zustehenden Gewinnanteil gegenüber seinen Mitgesellschaftern nicht oder wurde ein solcher Gewinnanspruch von letzteren bestritten, so konnte der Unterbeteiligte den Hauptbeteiligten mit der sogenannten "actio pro socio" zur Geltendmachung seines Anspruchs gegenüber der Hauptgesellschaft zwingen. Ferner konnte der Unterbeteiligte Schadenersatz verlangen, wenn der beteiligende Hauptgesellschafter auf einen ihm gegen die Hauptgesellschaft zustehenden Anspruch verzichtet oder einer Veränderungen des bestehenden

---

[423] Vgl. *Staub*, ADHGB, Art. 98 Anm. 2 a; *von Hahn*, Bd. 1, Art. 98 §§ 2 und 4, jeweils mit dem Hinweis, daß die Eingehung einer Unterbeteiligung auf Seiten des Dritten auch aus Gründen der "Liberalität" - so *Staub*, a.a.O. - bzw. "in liberaler Absicht" - so *von Hahn*, a.a.O. - erfolgen konnte; vgl. ferner *Endemann*, Handbuch, S. 380; *Thöl*, Handelsrecht, Bd. I mit dem Hinweis, daß der Dritte (= Unterbeteiligte) auch einer der bisherigen Hauptgesellschafter sein konnte; so auch *Klang/Gschnitzer*, Bd. 5, § 1186 Fn. 59 für das österreichische Recht

[424] Vgl. *von Hahn*, Bd. 1, Art. 98 § 5; *Staub*, a.a.O.; *Endemann*, Deutsches Handelsrecht, 3. Aufl., S. 176 Fn. 40 mit dem Hinweis auf die Digestenstelle D 17.2.19-22; *Thöl*, Handelsrecht, Bd. I, § 95, S. 325

[425] Vgl. *Endemann*, Handbuch, S. 381; *von Hahn*, a.a.O.; *Staub*, a.a.O.; *Makower*, Art. 98, S. 109 Fn. 23 a; *Wächter*, S. 14 Fn. 26; *Behrend*, S. 480 Fn. 18

[426] Vgl. *Endemann*, Handbuch, S. 381; *von Hahn*, a.a.O.; *Staub*, a.a.O.; *Makower*, Art. 98, S. 109 Fn. 23 a; *Wächter*, S. 14 Fn. 26; *Behrend*, S. 480 Fn. 18; ferner *Puchelt*, Art. 98 Anm. 5 a.E., der allerdings unter den Begriff der Unterbeteiligung auch die Abtretung des Gewinnanspruchs subsumierte; *Anschütz/Völderndorff*, I, S. 179

Hauptgesellschaftsvertrages zuungunsten des Unterbeteiligten zugestimmt hatte[427].

5. Die Unterbeteiligung gewährte - was Art. 98 ADHGB selbst hervorhob - gegenüber der Hauptgesellschaft bzw. den Hauptgesellschaftern keinerlei Rechte. An dieser Stelle nahm man - z.T. wörtlich - auf die Digestenstelle D 17, 2. 20[428] Bezug[429].

XI. Die Entwicklung des Art. 98 ADHGB aus der Kodifikation

Im Bereich des deutschen Rechts war Art. 98 ADHGB die erste und gleichzeitig letzte gesetzliche Bestimmung, die als direkte Regelung des Unterbeteiligungsverhältnisses bezeichnet werden kann, denn die Vorschrift wurde weder in das BGB noch in das HGB aufgenommen. Im folgenden soll aufgezeigt werden, wie es zu dieser "Entkodifizierung" der Unterbeteiligung kam, wobei die Ausführungen sich auch hier nur auf die Materialien zum BGB und HGB beschränken, die sich speziell mit der Unterbeteiligungsgesellschaft befassen. Die eigentliche Entstehungsgeschichte der genannten Gesetzgebungen ist nicht darzustellen[430].

Das Fehlen einer die Unterbeteiligung betreffenden Regelung in der heutigen Gesetzgebung ist im Ergebnis auf die Tatsache zurückzuführen, daß man eine solche Regelung angesichts der neugeschaffenen gesellschaftsrechtlichen Bestimmungen des BGB für obsolet hielt. Bevor im einzelnen die diesbezüglich entscheidenden, in den BGB-Beratungsprotokollen festgehaltenen Überlegungen erörtert werden, ist auf vorherige, einzelstaatliche Arbeiten zum Zivilrecht einzugehen, denn ebenso wie die Redaktoren des ADHGB konnten die Verfasser des BGB neben den drei großen Gesetzbüchern um 1800 - ALR, Code civil bzw. Badisches Landrecht, ABGB - auf in

---

[427] Vgl. dazu *von Hahn*, a.a.O.

[428] S.o. S. 31

[429] So *Staub*, a.a.O.; *von Hahn*, a.a.O.; *Endemann*, Deutsches Handelsrecht, 4. Aufl., S. 141; *Behrend*, S. 479 Fn. 17; vgl. ferner *Makower*, a.a.O.; *Gareis*, S. 159 Fn. 7; *Hahn*, Handelsrecht, S. 112

[430] Zur Geschichte des BGB eingehend und mit zahlreichen weiteren Nachweisen *Staudinger-Coing*, Einleitung, Rdnr. 1-104; *Jakobs/Schubert*, Beratung (Einleitung), S. 27-68; *Dölemeyer*, in Coing, 3. Bd., 2. Teilb., S. 1572-1625; zur Geschichte des HGB eingehend *Schubert/Schmiedel/Krampe*, Bd. 1, S. 1-30; *Scherner*, ZHR 136 (1972), 465 ff.

Teilgebieten Deutschlands entstandene Kodifikationen und Vorentwürfe zurückgreifen. Zu nennen sind das Bürgerliche Gesetzbuch für das Königreich Sachsen von 1863/65 sowie die beiden Entwürfe eines Bürgerliches Gesetzbuches für das Großherzogthum Hessen von 1853 und für das Königreich Bayern von 1861/64. Ferner gab es in der Schweiz eine Reihe von kantonalen Kodifikationen, vor allem das von Bluntschli verfaßte Züricher Zivilgesetzbuch, das 1856 in seinen letzten Teilen in Kraft gesetzt worden war. Letztlich konnten auch die Entwürfe eines schweizerischen Obligationenrechts sowie nach Inkrafttreten desselben im Jahre 1881 die entsprechende Kodifikation benutzt werden[431].

Obgleich die BGB-Vorkommission von 1874 es abgelehnt hatte, eine der vorstehenden Kodifikationen bzw. Entwurfsarbeiten allein zur Grundlage ihrer Beratungen zu machen, sind alle diese Arbeiten bei der Ausarbeitung des BGB - insbesondere bei der Lösung von Einzelproblemen - sorgfältig berücksichtigt worden[432]. Von den vorhandenen Vorlagen nahm der Dresdener Entwurf eines Allgemeinen Deutschen Gesetzes über Schuldverhältnisse von 1866 eine Sonderstellung ein. Insbesondere was den besonderen Teil des Schuldrechts, namentlich die Vorschriften über die Gesellschaft, anbelangte, griff die zuständige Beratungskommission auf den Dresdener Entwurf von 1866 zurück[433]. Er wird daher in einem gesonderten Kapitel behandelt. Zuvor werden die übrigen Vorarbeiten im Hinblick auf die Unterbeteiligungsgesellschaft untersucht.

1. Die Unterbeteiligung in den BGB-Entwürfen Hessens und Bayerns

Die erwähnten BGB-Entwürfe Hessens und Bayerns waren die Ergebnisse bereits Anfang des 19. Jahrhunderts begonnener Kodifikationsbestrebungen auf dem Gebiete des Zivilrechts, die zum Zwecke der Rechtsverein-

---

431 Zum Werk Bluntschlis und zur Entwicklung des Schweizer Obligationenrechts näher *Raisch*, Geschichtliche Voraussetzungen, S. 65-102 m.w.N.

432 Vgl. *Staudinger-Coing*, Einleitung, Rdnr. 59

433 Vgl. *Dölemeyer*, in Coing, 3. Bd., 2. Teilb., S. 1584 f.; *Jakobs/Schubert*, Beratung (Einleitung), S. 45; *Staudinger-Coing*, Einleitung, Rdnr. 78

heitlichung, aber auch aus politischen Motiven unternommen wurden[434].

In diesen Entwürfen fand die Unterbeteiligungsgesellschaft noch Berücksichtigung. So lautete Art. 382[435] des hessischen BGB-Entwurfs wie folgt:

> Jeder Gesellschafter kann, insoweit keine vertragsmäßige oder gesetzliche Beschränkung vorliegt, über seinen Antheil an dem Gesellschaftsvermögen frei verfügen.
>
> Insbesondere kann er bezüglich dieses seines Antheils ohne Einwilligung seiner Mitgesellschafter, jedoch unbeschadet seiner Verbindlichkeiten gegen diese, mit einem Dritten in eine Gesellschaft treten.
>
> Dadurch wird jedoch der Dritte nicht Mitglied der alten Gesellschaft. Er kann gegen die übrigen Mitglieder dieser Gesellschaft nur diejenigen Forderungen geltend machen, welche ihm sein Mitgesellschafter besonders abgetreten hat.

Die vorstehende Regelung zeichnete sich im Vergleich zu den bisher behandelten Bestimmungen dadurch aus, daß sie konkreter mit der Unterbeteiligung zusammenhängende Problemkomplexe ansprach. So wurde im ersten Absatz des Art. 382 mit dem Einschub, "...insoweit keine vertragsmäßige oder gesetzliche Beschränkung vorliegt...", auf die Möglichkeit hingewiesen, im Gesellschaftsvertrag die Verfügungsbefugnis eines jeden Gesellschafters über seinen Anteil am Gesellschaftsvermögen zu beschränken. Zwar stellt die Einräumung einer Unterbeteiligung keine Verfügung im Rechtssinne - wie beispielsweise die Abtretung - dar, jedoch bringt das einleitende Wort des folgenden Absatzes 2[436] unzweideutig zum Ausdruck, daß die Entwurfverfasser des hessischen BGB's die Gewährung einer Unterbeteiligung als Fallbeispiel einer Verfügung über den Anteil am Gesellschaftsvermögen ansahen und den Absatz 1 ebenso auf die Unterbeteiligung angewandt wissen wollten. Damit machten die Verfasser des hessischen BGB auf die Möglichkeit einer Vereinbarung eines Unterbeteiligungsverbotes aufmerksam, so wie

---

434 Zur Entstehung der Entwürfe eingehend *Dölemeyer*, in Coing, 3. Bd., 2. Teilb., S. 1472-1491 (bezüglich Bayern), dieselbe, a.a.O., S. 1518-1539 (bezüglich Hessen) mit jeweils zahlreichen Quellennachweisen; zum Einfluß Bayerns auf die Ausarbeitung des BGB eingehend *Schubert*, Bayern und das BGB, S. 16-61

435 Er befand sich im 2. Buch, Titel 4 Abteilung 1 "Von dem Gesellschaftsvertrage"

436 "Insbesondere"

es die Fernhandelsgesellschaften für angezeigt hielten, um keinen Hauptgesellschafter einer "doppelten Treuepflicht" auszusetzen[437]. Dies mag ein Indiz dafür sein, daß auch im 19. Jahrhundert solche Unterbeteiligungsverbote zwecks Vermeidung von Interessenkollisionen in Gesellschaftsverträgen nicht selten fixiert wurden.

Die ausgeprägte Sicht der Verfasser des hessischen BGB für die Interessenkollisionsprobleme bei einer Unterbeteiligungsgesellschaft schlug sich noch in einer weiteren Passage des Art. 382 nieder, die ebenfalls die bisher behandelten Bestimmungen zur Unterbeteiligung nicht aufwiesen. Gemeint ist die Stelle im 2. Absatz "..., jedoch unbeschadet seiner Verbindlichkeiten gegen diese, ...".

Sie zeigt, daß die Dispositionsfreiheit des Haupt- und Unterbeteiligten bei der Gestaltung ihres Gesellschaftsvertrages ihre Grenze in den "Verbindlichkeiten" - gemeint sein dürften damit die Treuepflichten - haben sollte, die dem Hauptbeteiligten gegenüber den übrigen Mitgliedern der Hauptgesellschaft oblag. Dies entsprach den von Rechtsprechung und Literatur zum Art. 98 ADHGB entwickelten Grundsätzen[438].

Schließlich erwähnte Art. 382 hessisches BGB im Absatz 3 auch die Abtretung. Allerdings war nicht wie in Art. 98 ADHGB von der Anteils-, sondern von einer Forderungsabtretung die Rede. Wie im Eingangskapitel ausgeführt, gibt es im Rahmen der Anteilsabtretung neben der Voll- und Teilabtretung des Anteils als solchem und der internen Vollabtretung noch die Möglichkeit der Übertragung einzelner aus dem Gesellschaftsanteil fließender Vermögensrechte, wobei allein letzteres Rechtsgeschäft auch Bestandteil eines Unterbeteiligungsverhältnisses sein kann. Dem trug Art. 382 hessisches BGB mit seiner Formulierung in Absatz 3 Rechnung, indem dort die Übertragung bestimmter aus dem Anteil fließender Vermögensrechte und die Unterbeteiligung nicht als zwei sich ausschließende Rechtsinstitute vorgestellt wurden, sondern man zutreffend davon ausging, daß beides zusammenfallen kann, woran der Unterbeteiligte zwecks Sicherung seiner Ansprüche gegen den Hauptbeteiligten interessiert sein dürfte[439].

---

[437] S. dazu oben S. 33

[438] S. oben S. 100 ff. und näher unten S. 120 ff.

[439] S. dazu näher oben S. 29

Nach alledem darf festgehalten werden, daß die Verfasser des hessischen BGB mit Art. 382 eine Bestimmung zur Unterbeteiligungsgesellschaft präsentierten, die weitaus sorgfältiger als die bisher vorgestellten Regelungen differenzierte.

Die zuvor untersuchte hessische Unterbteiligungsvorschrift entsprach inhaltlich dem Art. 558[440] des bayerischen BGB-Entwurfs von 1861/64[441]. Allerdings fehlte in dieser Norm ein Hinweis auf die Möglichkeit einer vertraglich fixierten Verfügungsbeschränkung, so wie ihn Art. 382 Abs. 1 i.V.m. Abs. 2 hessisches BGB enthielt. Dafür waren die bayerischen Motive zu dem BGB-Entwurf aufschlußreicher, im Gegensatz zu denen des hessischen Entwurfs, die sich zu Art. 382 mit einem kurzen, den Gesetzestext wiederholenden Hinweis begnügten[442]. So nennen die bayerischen Motive beispielhaft einige abtretbare, sich aus dem Gesellschaftsanteil rekrutierende Vermögensrechte wie die Forderung, "welche dem Gesellschafter auf die Werthesrstattung einer von ihm zum Gemeingute der Gesellschaft eingebrachten Sache zusteht, sowie die Forderung eines Gesellschafters auf den zu vertheilenden Gewinn oder auf Erstattung von Auslagen, die er als Mandatar der Gesellschaft anzusprechen hat". Derartige Forderungen - so die bayerischen Motive - "können selbst in eine weitere, mit einem Dritten einzugehende, dem Art. 549 nicht zuwiderlaufende, anderweitige Gesellschaft eingebracht werden". Schließlich wird klargestellt, daß in einem solchen Fall der Dritte zu der Gesellschaft "nur insoweit in ein Obligationsverhältnis" tritt, "als der Gesellschafter, von welchem die Verfügung ausgeht, Gläubiger der Gesellschaft ist"[443].

Die vorstehenden, erläuternden Ausführungen zum Art. 558 bayerischer BGB-Entwurf sind auf Art. 382 hessischer BGB-Entwurf übertragbar.

Nachzutragen bleibt, daß das bürgerliche Gesetzbuch für das Königreich

---

440 Er befand sich im Teil II, Buch II, 8. Hauptstück, 3. Abteilung "Berechtigungen der Gesellschafter"

441 Im bayerischen Entwurf hieß es allerdings anstatt "...jedoch unbeschadet seiner Verbindlichkeiten gegen diese..." (vgl. Art. 382 Abs. 2 hessisches BGB) "...jedoch unbeschadet der Vorschrift des Art. 549...". Art. 549 konkretisierte näher, wann ein "unredliches", der Hauptgesellschaft abträgliches Geschäft vorlag.

442 Vgl. Motive Hess. BGB-Entwurf, S. 150

443 Vgl. Motive Bayerischer BGB-Entwurf, S. 176 f.

Sachsen von 1863/65 keine Vorschrift bezüglich der mittelbaren Teilhabe an einem Gesellschaftsanteil enthielt[444].

2. Die Unterbeteiligung im Dresdener Entwurf von 1866

Nicht nur die genannten Einzelstaaten zeigten vor Gründung des Deutschen Reiches Initiativen zur nationalen Zivilrechtsvereinheitlichung, sondern auch der Deutsche Bund, repräsentiert durch die Bundesversammlung, blieb diesbezüglich nicht untätig. So wurden am 7.1.1863 in Dresden vom sächsischen Justizminister v.Behr die Kommissionsberatungen zur Ausarbeitung eines Gesetzentwurfs über das Obligationenrecht eröffnet, nachdem ein entsprechender Antrag auf Einsetzung einer solchen Kommission in der Bundesversammlung am 6.2.1862 eine Mehrheit fand[445].

Die Beratungen der Dresdener Obligationenrechts-Kommission gingen von der Vorlage eines sogenannten "Vorbereitenden Ausschusses" aus, der zuvor von der Kommission gewählt wurde und die Aufgabe hatte, eine Beratungsgrundlage, d.h. die einzelnen Artikel, auszuarbeiten[446]. Dieser Entwurf des "Vorbereitenden Ausschusses", dessen Artikel als sogenannte Anlage B jeweils zu den Beratungsprotokollen mitgeteilt wurden[447], enthielt mit Art. 835 eine gesellschaftsrechtliche Bestimmung, die Gegenstand breiter Erörterung war und aus der schließlich eine dem Art. 98 ADHGB vergleichbare Regelung erwuchs. Der Artikel sei daher nachstehend zitiert:

> Jeder Gesellschaft hat, als solcher, auch wenn er von der Führung der Gesellschaftsangelegenheiten ausgeschlossen ist (Art. 826), das Recht, sich persönlich von dem Gange dieser Angelegenheiten zu unterrichten, von den Geschäftsbüchern und Papieren Einsicht zu nehmen und sich auf Grund derselben eine Uebersicht über den Stand des gemeinschaftlichen Vermögens zu fertigen. Eine diesem

---

[444] Vgl. §§ 1359-1391 sächsisches BGB; zur Entstehung dieses Gesetzeswerks näher *Dölemeyer*, in Coing, 3. Bd., 2. Teilb., S. 1540-1561 mit zahlreichen Quellennachweisen; vgl. auch die Nachweise bei *Baums*, S. 28 Fn. 119

[445] Vgl. näher zu den Daten der Entstehung des Entwurfs *Dölemeyer*, in Coing, 3. Bd., 2. Teilb., S. 1562 ff.; *Schubert*, Protokolle Obligationenrecht, Bd. 1, Einleitung, S. XV f.

[446] Vgl. *Bekker/Fischer*, Beiträge zum BGB, S. 24; *Schubert*, Protokolle Obligationenrecht, a.a.O.; *Dölemeyer*, in Coing, a.a.O.

[447] *Schubert*, Protokolle Obligationenrecht, Bd. 4, S. 2844

> Rechte entgegenstehende Vereinbarung verliert ihre Wirkung, wenn eine Unredlichkeit in dem Geschäftsgange nachgewiesen wird. Dieses Recht geht, wenn ein Gesellschafter seinen Gesellschaftsantheil an einen Dritten veräußert, auf diesen letzteren nicht über[448].

Bezüglich des hier nur interessierenden[449] Schlußsatzes des Art. 835, der - wie auch die Protokolle bemerkten - inhaltlich dem Schlußsatz des Art. 98 ADHGB entsprach, wies ein Kommissionsmitglied darauf hin, daß darin "die Unstatthaftigkeit" des Überganges der Rechte eines Gesellschafters auf einen Dritten infolge einer Gesellschaftsanteilsveräußerung nur in "einer einzigen Richtung", nämlich hinsichtlich des zuvor bezeichneten Einsichtsrechts ausgesprochen werde. Es gelte jedoch der Grundsatz - so die Kommission -, daß die den Gesellschaftern gegeneinander aus dem Gesellschaftsvertrag zustehenden Rechte "überhaupt nicht auf Dritte in der Weise übertragbar seien, daß der letztere an Stelle des Ersteren als socius trete", was auch Art. 98 ADHGB klar fixiere. Daher sei der Schlußhalbsatz des Art. 98 auch nur als "Exemplification" formuliert[450]. Aus diesem Grunde sei die Aufnahme einer Bestimmung wie Art. 835, welche sich auf die Anwendung des o.g. Grundsatzes "für einen einzelnen Fall beschränke", bedenklich, ganz abgesehen davon, daß die fragliche Bestimmung nicht exakt kläre, inwieweit eine Veräußerung der Rechte eines Gesellschafters zulässig sei. Es wurde daher beantragt, den Schlußsatz des Art. 835 an dieser Stelle zu streichen und dafür als selbständigen Artikel die Vorschrift des Art. 98 ADHGB in folgender Fassung aufzunehmen:

> Ein Gesellschafter kann ohne die Einwilligung der übrigen Gesellschafter nicht einen Dritten in die Gesellschaft aufnehmen. Wenn ein Gesellschafter einseitig an seinem Antheile einem Dritten Theil giebt oder seinen Antheil veräußert, so gehen die Rechte des ersteren aus dem Gesellschaftsvertrage, insbesondere das ihm nach

---

[448] Vgl. *Schubert*, a.a.O. und S. 2841

[449] Zuvor wurden Satz 1 und 2 des Art. 835 des Entwurfs des "Vorbereitenden Ausschusses" beraten, vgl. *Schubert*, Protokolle Obligationenrecht, S. 2841 f.

[450] "; er ist insbesondere zur Einsicht der Handlungsbücher und Papiere der Gesellschaft nicht berechtigt." (s.o. S. 99)

Art. 814[451] zustehende Recht, nicht auf den Dritten über[452].

Während der Referent die Streichung des Schlußsatzes des Art. 835 aus den aufgezeigten Gründen befürwortete, meldete er bezüglich der Aufnahme der vorzitierten Bestimmung Bedenken an, indem er darauf hinwies, daß zwar nicht das Rechtsverhältnis aus dem Gesellschaftsvertrag an sich, "so doch jedenfalls die aus dem Gesellschaftsverhältnis dem einen Gesellschafter an die übrigen bereits erwachsenen Ansprüche", wie jede andere Forderung übertragbar seien, und daß "hiernach die Bestimmung des Handelsgesetzbuches zu weit zu gehen scheine, indem sie zwischen den Rechten in praeteritum und in futurum nicht unterscheide". Von verschiedenen Seiten wurde darauf entgegnet, daß die Zulässigkeit der Veräußerung eines Gewinnanteils oder eines sonstigen Anspruchs aus dem Gesellschaftsvertrag von Seiten eines einzelnen Gesellschafters an einen Dritten nicht bestritten werden könne, "nur trete dessenungeachtet der Dritte als Cessionar nicht in den Gesellschaftsvertrag an Stelle des Cedenten ein, er erlange nicht die Rechte eines Gesellschafters gegen die übrigen Gesellschafter, er werde nicht Mitgesellschafter und würde seinen Anspruch an die übrigen Gesellschafter nicht mit der actio pro socio verfolgen können". Auch das Römische Recht - so hieß es weiter - kenne den Fall, wo ein Gesellschafter bezüglich seines Anteils in ein neues Gesellschaftsverhältnis mit einem Dritten trete, stelle aber für diesen Fall den Satz auf: "socii mei socius meus socius non est (l. 20 D. pro soc. 17.2)". Dieser Fall des socius admissus des Römischen Rechts, "wo ein Gesellschafter einen Dritten als seinen Privatgesellschafter annehme und ihm Theil an seinem Antheile gebe" werde ebenso wie die Veräußerung des ganzen Anteils eines Gesellschafters durch die beantragte Bestimmung getroffen[453].

Die Kommission beschloß daraufhin mit 4 gegen 2 Stimmen, dem Antrag auf Aufnahme der vorgeschlagenen Regelung zu entsprechen, welche auch in

[451] Gemeint ist bereits der Entwurf nach den von der Kommission gefaßten Beschlüsse über die Vorlage des "Vorbereitenden Ausschusses". Art. 814 dieses Entwurfes (= Anlage E) entsprach den ersten beiden Sätzen des Art. 835.

[452] Vgl. *Schubert*, Protokolle Obligationenrecht, Bd. 4, S. 2842 f.

[453] Vgl. näher *Schubert*, Protokolle Obligationenrecht, Bd. 4, S. 2843

den folgenden Stufen[454] der Ausarbeitung des Entwurfs keine Änderung mehr erfuhr und somit in Art. 791 des Schlußentwurfes Eingang fand.

Festzuhalten ist hierzu, daß auch in der Dresdener Kommission die Digestenstelle D 17, 2. 19-23 gegenwärtig und Gegenstand der Beratungen war. Es erstaunt allerdings, daß die Dresdener Kommission sich bei der Ausarbeitung einer Regelung zur Unterbeteiligung an die Vorschrift des Art. 98 ADHGB und nicht an die differenzierteren Bestimmungen des hessischen und des bayerischen Entwurfs anlehnte, zumal die Kommission zu Beginn ihrer Arbeit beschloß, den bayerischen Entwurf "unter steter Mitberücksichtigung" der Entwürfe von Hessen-Darmstadt und Sachsen den Beratungen als Leitfaden zugrunde zu legen[455]. Art. 791 des Dresdener Entwurfs von 1866 krankte daher an den gleichen Mängeln, die Art. 98 ADHGB aufwies[456].

XII. Die Unterbeteiligung in den Beratungen zum BGB und HGB

Nachdem per Gesetz vom 13.12.1873 aufgrund der Initiative der Nationalliberalen Miguel und Lasker die Reichsverfassung geändert und die Reichskompetenz auf die gesamte Zivilgesetzgebung ausgedehnt worden war[457], begannen die Gesetzgebungsarbeiten für ein Bürgerliches Gesetzbuch am 28.2.1874 mit der Einberufung einer Kommission, welche Plan und Methode für die Aufstellung eines Entwurfs eines deutschen Bürgerlichen Gesetzbuches ausarbeiten sollte[458]. Bereits 6 Wochen später, am 15.4.1874, überreichte diese sogenannte Vorkommission das angeforderte Gutachten[459]. Es umriß die Vorstellungen über das künftige Gesetzbuch sowie über

[454] Vgl. Art. 816 der Vorlage des Redaktionsausschusses nach den von der Kommission gefaßten Beschlüssen (= sogenannte Anlage E), *Schubert*, Protokolle Obligationenrecht, Bd. 4, S. 2942; Art. 839 der Redigierten Beschlüsse (= sogenannte Anlage F), *Schubert*, Protokolle Obligationenrecht, Bd. 5, S. 76 (nach S. 3778); Art. 850 des Entwurfs nach den in erster Lesung erfolgten Beschlüssen, *Schubert*, Protokolle Obligationenrecht, Bd. 5, S. 155 (nach S. 3778 und S. 131); schließlich Art. 791 des Entwurfs nach der Schlußredaktion in zweiter Lesung (= endgültiger Entwurf)

[455] Vgl. *Schubert*, Protokolle Obligationenrecht, Bd. 1, S. 5 f.

[456] S.o. S. 104 f.

[457] Vgl. dazu eingehend *Laufs*, JuS 1973, S. 740 ff.

[458] Näher zu den Entstehungsdaten vgl. die Nachweise auf S. 102 Fn. 430

[459] Zur Bedeutung dieses Gutachtens *Benöhr*, JuS 1977, S. 79 ff.; vgl. auch *Staudinger-Coing*, Einleitung, Rdnr. 75; das Gutachten ist abgedruckt in ZHR 20 (1875), S. 134 ff.; bei *Jakobs/Schubert*, Beratung (Einführung), S. 170 ff. sowie in BR-Dr. Nr. 53 vom 16.4.1874

die Tätigkeit der künftigen Gesetzgebungskommissionen und galt als Grundlage für die dann folgenden BGB-Entwürfe, nachdem der Bundesrat den in dem Gutachten enthaltenen Vorschlägen zugestimmt hatte[460]. Daraufhin erfolgte am 22.7.1874 die Einberufung der 1. BGB-Kommission unter dem Vorsitz des damaligen Präsidenten des Reichsoberhandelsgerichts Pape[461]. Diese Kommission ernannte zunächst verschiedene Redaktoren, welche die einzelnen Teile des Gesetzbuchs nach zuvor festgelegten Arbeitsgrundsätzen ausarbeiten sollten[462]. Auch dies entsprach den Empfehlungen der Vorkommission[463]. Die von den Redaktoren vorgelegten Teilentwürfe waren dann in den Jahren 1881-1887 Gegenstand der Beratungen, aus denen schließlich der 1. BGB-Entwurf entstand[464].

Der Schuldrechts-Teilentwurf unter der Leitung des Redaktors von Kübel konnte allerdings bis zu Beginn der Hauptberatungen der 1. Kommission am 1.10.1881 nicht vollendet werden. Man griff daher, soweit dieser Entwurf nicht fertiggestellt war, auf den Dresdener Entwurf von 1866 zurück[465]. Dies galt insbesondere für den Besonderen Teil des Schuldrechts[466] - so auch für die Gesellschaft - mit der Folge, daß die 1. Kommission Art. 791 des Dresdener Entwurfs[467] zum Ausgangspunkt ihrer Beratungen über das Problem der Teilhabe an einem Gesellschaftsanteil machte.

Bei der Erledigung des Art. 791 des Dresdener Entwurfs verständigte sich die 1. Kommission in ihrer 267. Sitzung am 3.12.1883 darauf, 2 Fragen gesondert zu erörtern:

1. Inwiefern ein Gesellschafter befugt sei, die aus dem Gesellschafts-

---

460 Vgl. *Benöhr*, JuS 1977, S. 80; BR-Dr. Nr. 78 vom 9.6.1874

461 Zu den weiteren Mitgliedern der 1. BGB-Kommission mit Kurzbiographien *Jakobs/Schubert*, Beratung (Einführung), S. 72 ff.

462 Zum Arbeitsplan der 1. BGB-Kommission ausführlich *Bekker/Fischer*, Beiträge zum BGB, S. 61 ff.

463 Vgl. ZHR 20 (1875), S. 143 f.; *Jakobs/Schubert*, Beratung (Einführung), S. 176 f.

464 Zu den Vorbereitungen für die Kodifikation und den Entwürfen vgl. auch *Eisenhardt*, Deutsche Rechtsgeschichte, Rdnr. 373 ff.

465 Vgl. *Dölemeyer*, in Coing, 3. Bd., 2. Teilb., S. 1584 f.; *Staudinger-Coing*, Einleitung, Rdnr. 78; *Jakobs/Schubert*, Beratung (Einführung), S. 45

466 Die "Allgemeinen Lehren" konnte von Kübel bis 1882 wenigstens zu Ende führen

467 S.o. S. 110

vertrag ihm gegen die übrigen Gesellschafter zustehenden Ansprüche an einen Dritten abzutreten.

2. Inwiefern ein Gesellschafter befugt sei, seinen Anteil an den in Folge des Gesellschaftsvertrages gemeinschaftlich gewordenen Gegenständen oder Vermögensstücken zu veräußern[468].

Die Festlegung dieser Beratungsthemen basierte auf den von den Kommissionsmitgliedern Kurlbaum und Planck vorgelegten Anträgen zu Art. 791[469] und dokumentiert, daß die Unterbeteiligung als solche nicht im Mittelpunkt der Erörterungen stand.

Zur Frage 1 stellte die Kommission fest, daß ein Gesellschafter durch den Gesellschaftsvertrag gegenüber seinen Mitgesellschaftern einen "persönlichen Anspruch auf die Leistungen" erlange, zu welchen die anderen Gesellschafter sich ihm gegenüber in dem Vertrag verpflichtet hätten. Die Frage, ob dieser Anspruch der Abtretung unterliege, müsse "im Prinzipe" verneint werden. Sie lasse sich insbesondere nicht deshalb bejahen, weil auch die Ansprüche aus gegenseitigen Verträgen regelmäßig übertragbar seien. Da der Gesellschaftsvertrag auf gegenseitigem Vertrauen beruhe und das Gesellschaftsverhältnis sowohl "nach der passiven" als auch "nach der aktiven Seite an die Person des Gesellschafters gebunden sei", was sich namentlich auch darin zeige, daß die Gesellschaft sich in der Regel mit dem Tod eines Gesellschafters auflöse, stelle sich der in Rede stehende Anspruch grundsätzlich als ein solcher dar, dessen Nichtübertragbarkeit sich bereits "aus dem ersten Absatze des § 212 der Zusammenstellung der das Obligationenrecht betreffenden Beschlüsse"[470] ergebe[471]. Dieser lautete: "Eine Forderung, welche

---

[468] Vgl. *Jakobs/Schubert*, Beratung (Recht der Schuldverhältnisse III), S. 287 mit Seitenangaben der Originalprotokolle

[469] Die Anträge sind abgedruckt bei *Jakobs/Schubert*, a.a.O., S. 286 f.

[470] Nach Abschluß der Beratung eines Teilentwurfs blieb dem sogenannten Redaktionsausschuß der 1. Kommission - bestehend aus dem Vorsitzenden Pape, dem Kommissionsmitglied von Weber und dem jeweiligen Redaktor - die endgültige Fassung der jeweils beschlossenen Vorschriften vorbehalten (= sog. Redaktionsvorlage). Sämtliche Vorschriften stellte dann der Vorsitzende in formulierte Gesetzesparagraphen zusammen (= sog. Zusammenstellung der sachlich beschlossenen Bestimmungen des Obligationenrechts nach den Beschlüssen des Redationsausschusses der 1. Kommission [1882-1884]); vgl. dazu *Dölemeyer*, in Coing, 3. Bd., 2. Teilb., S. 1586 f.; *Bekker/Fischer*, Beiträge zum BGB, S. 71 f.

[471] Vgl. *Jakobs/Schubert*, a.a.O., S. 288 mit Angabe der Seitenzahlen der Originalprotokolle

von einer nicht übertragbaren Eigenschaft des Gläubigers abhängt, oder bei welcher die Leistung an einen anderen als den ursprünglichen Gläubiger nicht möglich ist, oder deren Inhalt durch die Leistung an einen anderen Gläubiger verändert werden würde, ist nicht übertragbar"[472].

Die 1. Kommission lieferte noch ein weiteres Argument für ihre Auffassung. Die Hauptverpflichtung - so die Kommission -, die ein Gesellschafter gegenüber seinen Mitgesellschaftern übernehme, "sei die auf Leistung der versprochenen Beiträge". Dieser auf Leistung der Beiträge gerichtete Anspruch habe die Beschaffenheit, daß durch die Leistung an einen Dritten deren Inhalt geändert werden würde, da die Beiträge nur zu Gesellschaftszwecken verlangt werden könnten, der Dritte aber außerhalb der Gesellschaft stehe. Was aber von dem Anspruch auf die Beiträge gelte, müsse überhaupt von allen unmittelbar in dem Gesellschaftsvertrag sich gründenden Ansprüche gelten, "weil diese immerhin in gewissem Sinne sich ebenfalls als auf Beitragung zum Gesellschaftszwecke gerichtet auffassen ließen"[473]. Nach alledem sei von der Nichtübertragbarkeit der sich aus einem Gesellschaftsverhältnis rekrutierenden Ansprüche auszugehen.

Dieses Prinzip - so fuhr die 1. Kommission weiter fort - müsse jedoch gewissen Ausnahmen unterliegen. Ein Gesellschafter könne aufgrund des Gesellschaftsvertrages gegen seine Mitgesellschafter einen "nicht unmittelbar aus dem Gesellschaftsvertrage entspringenden, sondern nur in Folge desselben entstandenen Anspruch erwerben", der sich als von "dem Gesellschaftsverhältnisse losgelöst und als ein davon unabhängiger und selbständiger" darstelle, dessen Abtretbarkeit auszuschließen, nicht gerechtfertigt wäre. Dazu gehörten unzweifelhaft die Forderung auf den Gewinnanteil sowie auf dasjenige, was dem Gesellschafter bei der Auseinandersetzung zukommt, ferner der einem Gesellschafter aus der Führung der Gesellschaftsgeschäfte entstandene Anspruch, vorausgesetzt, daß ein Recht auf Befriedigung dieses Anspruchs noch vor der Auseinandersetzung besteht[474].

Die 1. Kommission ging dann schließlich noch - wenn auch nur mittelbar - auf die Unterbeteiligung ein, indem sie zur Vorschrift, aus der sich

[472] Vgl. *Jakobs/Schubert*, Beratung (Recht der Schuldverhältnisse I), S. 773. Aus dieser Bestimmung entwickelte sich der heutige § 399 BGB.

[473] Vgl. *Jakobs/Schubert*, Beratung (Recht der Schuldverhältnisse III), S. 288

[474] Vgl. *Jakobs/Schubert*, a.a.O., S. 288 f.

Art. 791 des Dresdener Entwurfs entwickelt hatte, nämlich Art. 98 ADHGB, kritisch anmerkte:

> "Die dem Art. 98 des Handelsgesetzbuchs entlehnte Bestimmung des Entwurfs[475] könne nicht gebilligt werden. Sie verrathe mehr das Prinzip, welches nach dem Obigen als das richtige erscheine, als sie dieses Prinzip ausspreche, beschränke sich vielmehr auf Einzelheiten, die zum Theil selbstverständlich, zum Theil dunkel und der verschiedensten Auslegung fähig seien"[476].

Folge dieser Erörterungen, mit denen die Frage 1[477] als erledigt galt[478], war folgender Entwurf einer Vorschrift von Seiten des Redaktionsausschusses der 1. BGB-Kommission[479]:

> "Die aus dem Gesellschaftsvertrage einem Gesellschafter gegen die übrigen Gesellschafter zustehenden Forderungen sind nicht übertragbar. Diese Vorschrift findet keine Anwendung auf die einem Gesellschafter aus der Führung der Geschäfte der Gesellschaft zustehenden Forderungen, sofern deren Berichtigung noch vor der Auseinandersetzung verlangt werden kann, sowie auf Forderungen, welche einen Gewinnantheil oder dasjenige zum Gegenstand haben, was einem Gesellschafter bei der Auseinandersetzung zukommt"[480].

Diese Regelung entsprach im wesentlichen dem Antrag des Kommissionsmitglieds Planck[481] und erfuhr - wie § 717 BGB zeigt - in den folgenden

---

[475] Gemeint ist Art. 791 des Dresdener Entwurfs

[476] Vgl. *Jakobs/Schubert*, a.a.O., S. 289

[477] S.o. S. 111 f.

[478] Zu den Kommissionsberatungen der diese Untersuchung nicht interessierenden Frage 2 *Jakobs/Schubert*, a.a.O., S. 289-291

[479] Zu diesem Ausschuß s.o. S. 112 Fn. 470

[480] Es handelte sich um § 15 der sog. Redaktionsvorlage und § 529 der Zusammenstellung der sachlich beschlossenen Bestimmungen des Obligationensrechts nach den Beschlüssen des Redaktionsausschusses der 1. Kommission (1882-1884); vgl. *Jakobs/Schubert*, a.a.O., S. 291

[481] Vgl. *Jakobs/Schubert*, a.a.O., S. 286

Ausarbeitungsstufen zum BGB nur noch geringfügige, redaktionelle Veränderungen[482].

Weitere Regelungen betreffend die Teilhabe eines Dritten am Anteil eines Gesellschafters, namentlich eine Bestimmung zur Unterbeteiligung, hielten die BGB-Verfasser für nicht erforderlich. Noch deutlicher als die oben zitierte Kritik der 1. BGB-Kommission zum Art. 98 ADHGB, begründeten die Motive zu dem 1. Entwurfe eines Bürgerlichen Gesetzbuches diese Haltung[483]. Diese nahmen zu § 644[484] in dem Abschnitt "Betheiligung eines Dritten am Antheile eines Gesellschafters" auf einen Teil der hier behandelten Vorschriften Bezug[485] und führten aus, daß diese Bestimmungen "den beabsichtigten Zweck" nicht erreichten und überflüssig seien. Der Beitritt oder die Aufnahme eines neuen Gesellschafters in ein bestehendes Gesellschaftsverhältnis könne nur durch Abschluß eines neuen Gesellschaftsvertrages zwischen den bisherigen Gesellschaftern und dem Neueintretenden erfolgen, d.h., ein Gesellschafter könne für sich allein keinen neuen Gesellschafter in die Gesellschaft aufnehmen und auch derjenige, dem ein Gesellschafter seine übertragbaren Ansprüche aus dem bestehenden Gesellschaftsverhältnis abgetreten habe, erlange nicht eine Gesellschafterstellung. Dies sei - so die Motive - "selbstverständlich". Zudem verwiesen die Motive unter Bezugnahme auf die Digestenstelle D 17, 2.19-23 auf die Möglichkeit, einen Dritten in der Form einer Unterbeteiligung am Anteil eines Gesellschafters zu beteiligen. Ebenso selbstverständlich sei aber, daß auch in einem solchen Fall der Dritte nicht in das bestehende Gesellschaftsverhältnis eintrete, d.h., weder die Rechte noch die Pflichten eines Gesellschafters gegenüber den Mitgesellschaftern des Hauptbeteiligten erhalte. Vielmehr beurteile sich das Rechtsverhältnis zwischen Unter- und Hauptbeteiligtem nach dem zwischen diesen geschlossenen Gesellschaftsvertrag, insbesondere ob und inwieweit der Unterbeteiligte die Abtretung der seinem Vertragspartner gegen dessen

---

[482] Den weiteren Weg der zitierten Vorschrift zeichnet *Jakobs/Schubert*, a.a.O., S. 291-297 auf.

[483] Zu diesen Motiven näher *Dölemeyer*, in Coing, 3. Bd., 2. Teilb., S. 1588 f.; *Jakobs/Schubert*, Beratung (Einleitung), S. 49

[484] § 644 des 1. BGB-Entwurfs entsprach der auf dieser Seite zitierten Bestimmung und war nach den in der Fn. 480 genannten Regelungen und § 637 des sog. Kommissionsentwurfs die 4. Stufe innerhalb der Ausarbeitungen zum BGB

[485] Die Motive nannten §§ 216-218 I 17 ALR; § 1186 ABGB; Art. 1861 Code civil; Art. 542 Schweiz.Bd.Ges.; Art. 382 Hess.BGB; Art. 558 Bayer.BGB; Art. 791 Dresdener Entwurf; Art. 98 ADHGB; vgl. Motive BGB, S. 613

Gesellschafter zustehenden Forderungen - ihre Abtretbarkeit vorausgesetzt - verlangen kann. Erforderlich sei aber - so schließlich die Motive - "eine Vorschrift in Ansehung der Übertragbarkeit der aus dem Gesellschaftsvertrage einem Gesellschafter gegen die übrigen Gesellschafter zustehenden Forderungen"[486].

Den zweiten Schritt in Richtung Entkodifizierung der Unterbeteiligung vollzogen die Verfasser des HGB, indem diese ebenfalls keine Unterbeteiligungsvorschrift in ihr Gesetzeswerk aufnahmen[487]. Auch sie hielten eine Regelung, wie sie Art. 98 ADHGB darstellte, für überflüssig. Die Begründung glich derjenigen, die die BGB-Verfasser lieferten[488]. Da der Eintritt - so die entscheidende Stelle in den Materialien - eines neuen Gesellschafters in die Gesellschaft den Abschluß eines neuen Gesellschaftsvertrages voraussetze, verstehe "es sich von selbst", daß ein einzelner Gesellschafter ohne die Einwilligung der übrigen einen Dritten nicht in die Gesellschaft aufnehmen, d.h., ihn auch nicht "mit Rechtswirkung"[489] gegenüber der Gesellschaft an seinem Anteil beteiligen oder ihm seinen Anteil abtreten kann. Das Wesentliche sei, daß die Ansprüche, die den Gesellschaftern aus dem Gesellschaftsverhältnis gegeneinander zustehen, mit bestimmten Ausnahmen, zu denen namentlich die Ansprüche auf den Gewinnanteil gehören, nicht übertragbar seien. Letzteres sei im § 657 des Bürgerliches Gesetzbuchs[490] anerkannt und brauche daher in den Vorschriften über die offene Handelsgesellschaft nicht wie-

---

486 Vgl. Motive BGB, S. 613; im übrigen entsprachen die Motive - teilweise wörtlich - den Beratungsprotokollen der 1. BGB-Kommission, s.o. S. 111 ff.

487 Mit der Vereinheitlichung des Bürgerlichen Rechts durch das BGB wurde eine Neufassung des ADHGB notwendig, welche auf die Bestimmungen des BGB abgestimmt werden sollte, vgl. die diesbezüglichen Vorschläge der sog. Vorkommission in ihrem Gutachten ZHR 20 (1875), S. 151 f., denen man auch entsprach.

488 S.o. S. 115

489 Ohne diesen Zusatz könnte diese Passage so verstanden werden, als die HGB-Verfasser einem Gesellschafter die Einräumung einer Unterbeteiligung bzw. Anteilsabtretung gänzlich versagen wollten. Offensichtlich war dies nicht gemeint. Vielmehr wollte man festhalten, daß die genannten Beteiligungsformen keine Rechtswirkungen auf die Hauptgesellschaft entfalteten, was allerdings nur bedingt zutrifft, s.o. S. 25 ff.

490 Gemeint ist hier der sog. 2. BGB Entwurf, die vorletzte Stufe zum schließlich verabschiedeten § 717 BGB; vgl. *Jakobs/Schubert*, Beratung (Recht der Schuldverhältnisse III), S. 296

derholt werden[491]. Stimmen, die die Wiederaufnahme diverser gestrichener Vorschriften aus dem Bereich der offenen Handelsgesellschaft - darunter auch Art. 98 ADHGB - in das neue HGB befürworteten, da der Kaufmann regelmäßig nur das Handelsgesetzbuch kenne, den Zusammenhang mit den Bestimmungen des bürgerlichen Rechts daher nicht übersehe und somit zu der Annahme verleitet werden könnte, daß die betreffenden Vorschriften keine Geltung mehr haben sollten, fanden zwar Beachtung, setzten sich aber - zumindest was Art. 98 ADHGB anbelangte - nicht durch[492].

In der Begründung, daß das Gesellschaftsrecht des BGB die Vorschriften über die stille Gesellschaft hingegen nicht entbehrlich mache[493], verloren die Materialien zum HGB zur Unterbeteiligung kein Wort.

XIII. Kritische Anmerkungen zur beschlossenen Entbehrlichkeit einer Kodifikation

Die vorgestellte Haltung der Schöpfer des BGB und HGB, eine ausdrückliche Regelung der Unterbeteiligung sei entbehrlich, hat im Laufe der Zeit zu einer nicht unerheblichen Rechtsunsicherheit geführt. Evident wird dies insbesondere bei Betrachtung des Schrifttums über aktuelle Problembereiche zur Unterbeteiligung, denn, obgleich man sich weitgehend darüber einig ist, daß die Unterbeteiligungsgesellschaft keine stille Gesellschaft ist[494], nimmt in der Literatur die Diskussion darüber, ob auf die Unterbeteiligung bei Fehlen vertraglicher Bestimmungen die für die stille Gesellschaft geltenden Normen anzuwenden oder ob allein die Vorschriften über die BGB-Gesellschaft heranzuziehen sind, nach wie vor breiten Raum ein. So ist es beispielsweise umstritten, welche Vorschriften für die Kündigung der Unterbeteiligungsgesellschaft Anwendung finden sollen, wenn der Unterbeteiligungs-

---

[491] So in der "Begründung zu dem Entwurf eines Handelsgesetzbuchs für das Deutsche Reich von 1895" unter dem Titel "Offene Handelsgesellschaft", in *Schubert/Schmiedel/Krampe*, Bd. 2, 1. Halbb., S. 71 f. und in der "Denkschrift zum Entwurf eines Handelsgesetzbuchs und eines Einführungsgesetzes", S. 82; vgl. *Schubert/Schmiedel/Krampe*, Bd. 2, 2. Halbb., S. 1017 f.

[492] Vgl. dazu die "Protokolle über die Berathungen der Kommission zur Begutachtung des Entwurfs eines Handelsgesetzbuchs", in *Schubert/Schmiedel/Krampe*, Bd. 2, 1. Halbb., S. 314 f.

[493] Vgl. dazu die "Begründung zu dem Entwurf eines Handelsgesetzbuchs für das Deutsche Reich von 1895", in *Schubert/Schmiedel/Krampe*, Bd. 2, 1. Halbb., S. 167 f. und die "Denkschrift zum Entwurf eines Handelsgesetzbuchs und eines Einführungsgesetzes", S. 183; vgl. *Schubert/Schmiedel/Krampe*, Bd. 2, 2. Halbb., S. 1103

[494] S.o. S. 19

vertrag keine Kündigungsregelung enthält. Während einige § 723 Abs. 1 BGB eingreifen lassen wollen, wendet die Mehrzahl der Autoren § 234 HGB analog an[495]. Als Begründung wird dabei vor allem angeführt, der Hauptgesellschafter und damit mittelbar auch die Hauptgesellschaft müsse vor einem plötzlichen Kapitalabzug geschützt werden. Diesem berechtigten Interesse genüge aber nur die Vorschrift des § 234 i.V.m. § 132 HGB, wonach die ordentliche Kündigung nur mit einer Frist von sechs Monaten zum Schluß des Geschäftsjahres erfolgen könne. Nach dem BGB könnte der Unterbeteiligte jederzeit kündigen. Auch für die Fallgestaltung des Todes des Unterbeteiligten ist die Auffassung nicht einheitlich. Die überwiegende Auffassung stützt sich allerdings auf § 234 Abs. 2 HGB analog und nicht auf § 727 BGB[496].

Ein weiterer Problemkomplex betrifft das schon angesprochene Informations- bzw. Kontrollrecht des Unterbeteiligten über die Geschäftsergebnisse der Hauptgesellschaft. Unzweifelhaft muß der Unterbeteiligte eine Kontrollmöglichkeit darüber haben, ob der Hauptgesellschafter einen auf ihn entfallenden Gewinn anteilsmäßig korrekt abführt. Fraglich kann nur der Umfang dieses Informationsrechts sein. Wenn man die Auffassung vertritt, die Regeln der BGB-Gesellschaft sind ausschließlich anzuwenden, so müßte hier § 716 BGB analog gelten, der allerdings ein umfassendes und jederzeitiges Kontrollrecht des Gesellschafters normiert mit Einblick in die Geschäftsbücher und Papiere der Gesellschaft[497]. Dies erscheint aber nach dem bisher Gesagten (Stichwort: Trennung von Unterbeteiligung und Hauptgesellschaft) nicht angemessen. Vielmehr bietet sich die analoge Anwendung des § 233 HGB an, nach der der Unterbeteiligte lediglich berechtigt wäre, von dem Hauptgesellschafter eine jährliche Bilanz über dessen Gesellschaftsanteil zu verlangen[498]. Von zentraler Bedeutung für den Unterbeteiligten ist auch die Frage, ob er beim Konkurs des Hauptgesellschafters hinsichtlich seines Aktivsaldos ähnlich wie ein stiller Gesellschafter nur eine

---

[495] Zum Meinungsstreit mit einer umfassenden Übersicht über die jeweiligen Belegstellen vgl. *Blaurock*, S. 163-165 sowie *Ulbrich*, S. 146-151; vgl. auch *Paulick/Blaurock*, S. 576 und *MK-Ulmer* vor § 705 Rdnr. 69

[496] Vgl. *Ulbrich*, S. 153; *Paulick/Blaurock*, S. 576; *Blaurock*, S. 165 f.; *MK-Ulmer* vor § 705 Rdnr. 69 und *Schlegelberger-K.Schmidt*, § 234 n.F. Rdnr. 74 mit jeweils weiteren Nachweisen

[497] So *Herzfeld*, AcP 137 [1933], S. 306; *Pöllinger*, S. 44; *Wagner*, S. 105

[498] So mit überzeugender Begründung *Paulick/Blaurock*, S. 572; vgl. auch *MK-Ulmer* vor § 705 Rdnr. 67; *Blaurock*, S. 182-185 mit umfänglichen Quellennachweisen zum Diskussionsstand

einfache Konkursforderung hat, oder ihm weitergehende Rechte zustehen, d.h. § 16 KO einschlägig ist, wonach die Auseinandersetzung in vollem Umfang außerhalb des Konkursverfahrens zu erfolgen hat. Der Unterbeteiligte kann danach unbeeinträchtigt vom Konkursverfahren die auf ihn fallende Quote des Abfindungs- und Liquidationsbetrages verlangen, der nach der Auseinandersetzung zwischen dem Konkursverwalter und den übrigen Hauptgesellschaftern dem Gemeinschuldner zufließt. Auch hier gehen die Meinungen auseinander. Die überwiegende Meinung geht dahin, § 236 HGB auch für den Konkurs des Hauptgesellschafters einer Unterbeteiligungsgesellschaft durchgreifen zu lassen[499].

Ohne die Diskussion an dieser Stelle zu vertiefen, ist mit diesen Beispielen, die sich um weitere fortsetzen ließen[500], aufgezeigt, daß die Auffassung der BGB- und HGB-Verfasser, die §§ 705 ff. BGB[501] seien ausreichend und geeignet, alle hinsichtlich der Unterbeteiligung auftretenden Rechtsfragen befriedigend zu lösen, kühn war. Jedenfalls empfiehlt es sich bei der Fertigung eines Unterbeteiligungsgesellschaftsvertrages eine möglichst eingehende Regelung zu fixieren, denn es ist den Parteien einer Unterbeteiligungsgesellschaft im Rahmen der Vertragsfreiheit unbenommen, die auf sie anwendbaren Rechtsregeln selbst zu bestimmen[502]. Würde dieser Empfehlung entsprochen, so ließen sich die angesprochenen "Analogieschwierigkeiten" weitgehend vermeiden und die Diskussion darüber würde - wie Blaurock zu Recht feststellt - in der Tat ein "Streit um Worte" werden[503].

---

499 Vgl. zu diesem Problemkreis ausführlich *Blaurock*, S. 274-279; vgl. auch *Paulick/Blaurock*, S. 578 f.; *Ulbrich*, S. 153-156; *Wagner*, S. 142-145

500 Vgl. beispielhaft *Andreopoulos*, S. 91 sowie die Ausführungen bei *Blaurock*, S. 151-241 mit Ausnahme der bereits genannten Stellen

501 Natürlich mit Ausnahme der Vorschriften, die das Vorhandensein von Gesamthandsvermögen voraussetzen, da die Unterbeteiligungsgesellschaft keine gesamthänderische Berechtigung an einem Gesellschaftsvermögen vermittelt

502 Vgl. dazu *Westermann*, Handbuch, Rdnr. 949, der zusammenfassend meint, daß "richtige Vertragsbestimmungen" zutreffender als gesetzliche Regelungen seien

503 Vgl. *Blaurock*, S. 113

XIV. Die Entwicklung in der Rechtsprechung

Der einleitend erwähnten Fülle von Unterbeteiligungsverhältnissen steht seit dem 2. Weltkrieg eine relativ geringfügige Anzahl von zivilgerichtlichen Entscheidungen über die Unterbeteiligung gegenüber. Diese geringe Zahl von Urteilen ist im wesentlichen aus dem Drang der Mitglieder einer Unterbeteiligungsgesellschaft zur Anonymität[504] zu erklären, deren Aufrechterhaltung bei ernsthaften Streitigkeiten durch die Vereinbarung von Schiedsgerichtsklauseln gewährleistet wird[505]. Eine Ausnahme bildet die Steuerrechtsprechung, die für die Unterbeteiligung mit einer Entscheidung des Reichsgerichts aus dem Jahre 1888 beginnt[506] und später "lawinenartig" angeschwollen ist[507], da im finanzgerichtlichen Verfahren Schiedsverträge keine Wirkung zeitigen[508]. Mittlerweile ist die Finanzrechtsprechung zur Unterbeteiligung nahezu unüberschaubar und böte genug Stoff für eine eigene Spezialuntersuchung[509]. Die folgenden Erörterungen beschränken sich daher ausschließlich auf die Entwicklung der Unterbeteiligung in der Rechtsprechung der Zivilgerichte, dabei liegt der Schwerpunkt in der Zeit vor dem 1. Weltkrieg, weil es aus dieser Zeit im Gegensatz zur heutigen eine Fülle höchstrichterlicher Urteile zur Unterbeteiligung gibt, die durchaus einzelne Etappen der wirtschaftlichen Entwicklung bis zum 1. Weltkrieg widerspiegeln.

In groben Zügen hat bereits Blaurock diese Entwicklung nachvollzogen, sich dabei allerdings auf die Rechtsprechung zur Unterbeteiligung im Sinne unseres heutigen Rechtsverständnisses beschränkt[510]. Es fehlt die Darstel-

---

504 S. dazu oben S. 17

505 Vgl. *Ulbrich*, S. 1; *Friehe*, S. 10; *Blaurock*, S. 32; zu den Motiven von Schiedsvereinbarungen und deren Vorteile *Bösch*, S. 2 f.

506 Vgl. RGZ 21, S. 65-68; in dieser Entscheidung ging es um die Frage, ob die Einräumung einer Unterbeteiligung an einem Emissionskonsortialanteil als bedingtes Anschaffungsgeschäft im Sinne des § 7 des Reichsstempelgesetzes vom 29.5.1885 und der Nr. 4 A des Tarifs angesehen werden kann; zur selben Problematik später auch RGZ 26, S. 46-58; RG vom 3.6.1904, in: *Gruchot*, Beiträge 48 Nr. 127

507 Vgl. *Blaurock*, S. 33

508 Zur Unzulässigkeit von Steuervereinbarungen vgl. instruktiv *Sontheimer*, S. 215-218

509 Einen guten Überblick über die Entwicklung der Unterbeteiligungsgesellschaft in der Steuerrechtsprechung liefert *Blaurock*, S. 42-48; vgl. auch die Zusammenstellung der Belegstellen bei *Herzfeld*, AcP 137 [1933], S. 322 Fn. 199

510 Vgl. *Blaurock*, S. 32-41

lung von Entscheidungen zu den von Blaurock selbst als Unterbeteiligungsvorschriften vorgestellten §§ 216-218 I 17 ALR oder von solchen, die vor Gründung des Reichsoberhandelsgerichts (5.8.1870) ergingen[511]. Die diesbezügliche Rechtsprechungspraxis soll daher nachstehend zunächst skizziert werden, bevor in gesonderten Kapiteln unter Berücksichtigung weiterer von Blaurock nicht erwähnter Urteile die Rechtsprechung zu den sogenannten Unterkonsortialbeteiligungen sowie den Unterbeteiligungen an Handelsgesellschaftsanteilen untersucht wird. In allen drei Teilen findet auch der Geltungsbereich des Rheinischen Rechts sowie anderer Gebiete Berücksichtigung[512].

1. Die Rechtsprechung zum preußischen Recht vor Gründung des Reichsoberhandelsgerichts

Die preußische allgemeine Gerichtsordnung kannte keine Handelsgerichte. Lediglich in Königsberg und Danzig bestanden sogenannte "Commerz-" und "Admiralitätscollegien". In Preußen waren daher auch für die Handelssachen die ordentlichen Gerichte zuständig[513]. Deren höchste Instanz, das Königliche Obertribunal zu Berlin, hatte sich mehrmals mit interessanten Fragestellungen beschäftigen müssen, die die Teilhabe an einem Gesellschaftsanteil i.S.d. §§ 216-218 I 17 ALR betrafen.

In dem Urteil vom 16.11.1852[514] erfolgte dies allerdings nur mittelbar. Zu entscheiden war die Rechtsfrage, ob der Gläubiger eines Grundstückmiteigentümers i.S.d. §§ 63 ff. I 17 ALR[515] von den übrigen Miteigentümern oder dem Verwalter des gemeinschaftlichen Grundstücks Rechnungslegung über die "Revenüen[516]-Anteile" seines Schuldners verlangen könne. Die Auffassung der Vorinstanzen, eine solche Berechtigung ergebe sich nicht aus

---

511 *Blaurocks* Untersuchungen beginnen zeitlich erst mit der Rechtsprechung des ROHG

512 Auch darauf beziehen sich die Ausführungen *Blaurocks* nicht

513 Näher zu den preußischen Gerichten und ihrer Stellung zum Handelsrecht des ALR *Droysen*, S. 67-70; *Fischer*, S. 68 f.; allgemein zur Entstehung des deutschen Handelsgerichts, *Silberschmidt*, Entstehung, S. 3 ff.

514 Vgl. Königl. Obertrib. 24, S. 81-86

515 Zu diesen Vorschriften vgl. oben S. 71

516 (fr.) = Einkünfte

§ 71 I 17 ALR[517], bestätigte das königliche Obertribunal mit der Begründung, es komme vielmehr § 218 I 17 ALR zur analogen Anwendung, wonach der Dritte, dem ein Gesellschafter seinen Gewinnanteil überläßt, von den übrigen Gesellschaftern keine Rechnungslegung, sondern nur eine "Balance" über Gewinn und Verlust zu fordern berechtigt sei. Gesetzliche und vertragsmäßige Gemeinschaft - so weiter die Entscheidungsgründe - stünden in dieser Beziehung "auf gleicher Linie" mit der Folge, daß das, was bei der Gesellschaft für den Fall der Zession des Sozietätsanteils gesetzlich geregelt sei, auch auf dem Gebiete des Miteigentums gelten müsse, wo der Dritte sich nicht als Zessionar, sondern kraft seines Gläubigerrechts an die "Revenüen-Anteile" seines Schuldners halten will[518]. Diese Auffassung ist in der Literatur mit Recht auf Kritik gestoßen. Insbesondere Koch ist der Meinung, daß der Regelung der § 218 I 17 ALR kein allgemeiner Rechtsgrundsatz entnommen werden könne. Vielmehr gelte sie ausschließlich für Gesellschaften wegen des besonderen persönlichen Verhältnisses, in dem die Gesellschafter zueinander stehen und des damit einhergehenden Bedürfnisses Geschäftsinterna Dritten so wenig wie möglich zugänglich zu machen. Bei zufälligen Gemeinschaften finde sich ein solches höchst persönliches Verhältnis unter den Teilhabern nicht. Dem Gläubiger eines Miteigentümers i.S.d. §§ 63 ff. I 17 ALR sei daher ein Anspruch auf Rechnungslegung zuzugestehen, ohne den der Zugriff des auf den schuldnerischen Teilhaber entfallenden Teils der Nutzungen unmöglich sein würde[519].

In der Entscheidung vom 18.12.1856[520] ging es dann konkret um den Regelungsgehalt der §§ 217, 218 I 17 ALR, nämlich um die Zession eines Gewinnanteils. Eine Witwe, Teilhaberin an der St.Wilhelms-Hütte und dem der Gewerkschaft[521] gehörenden Vermögen, hatte den ihr zustehenden Anteil an dem jährlichen Gewinnertrag und die Zinsen ihres Einlagekapitals an einen Kaufmann abgetreten. Der Kaufmann klagte gegen die verwaltenden übrigen Gewerken auf Zahlung von 2500 Reichstalern als angeblichen Gewinnanteil und Zinsbetrag für das Jahr 1853 unter Berufung auf die Bücher und Bilan-

517 Dieser lautete: "Ueberhaupt sind die Gläubiger eines Teilhabers befugt, an den Antheil der Nutzungen ihres Schuldners aus der gemeinschaftlichen Sache sich zu halten, und dessen Herausgabe von den übrigen Interessenten zu fordern."

518 Vgl. Königl. Obertrib. 24, S. 85

519 So *Koch*, Allgemeines Landrecht, S. 500 Fn. 58

520 Königl. Obertrib. in Striethorst Archiv 23, S. 165-169

521 Zu diesem Rechtsbegriff vgl. oben S. 44 f.

zen der Beklagten. Das königliche Obertribunal betonte in dieser Entscheidung die Zulässigkeit der Zession des Gewinnanteils und der Zinsen des Einlagekapitals eines Gesellschafters an einen außenstehenden Dritten. Gleichwohl wies es die Klage ab, weil die Feststellung des jährlichen Gewinns und der Zinsen seitens der Gesellschafter noch nicht erfolgt sei. Zur Substantiierung der Klage des Zessionars gegen die übrigen Sozien auf Zahlung des jährlichen Gewinnanteils und der jährlichen Zinsen bedürfe es nämlich des Nachweises, daß unter den Gesellschaftern auf dem durch den Gesellschaftsvertrag angeordneten Weg die Feststellung dieses Gewinnanteils und der Zinsen bereits geschehen sei. Eine solche Feststellung sei allein Sache der Gesellschafter. Insbesondere dürften die §§ 217, 218 I 17 ALR nicht so verstanden werden, daß die "Edition der Bilanzen als Beweismittel für eine im Übrigen nicht fundierte Klage verlangt werden könnte". Damit konkretisierte das oberste preußische Gericht das in § 218 I 17 ALR fixierte Auskunftsrecht des Zessionars auf die Vorlage der fertigen Bilanz, nicht aber auf die Erstellung derselben. Die vom Obertribunal erachtete Notwendigkeit, eine Gesellschaft möglichst weitgehend vor fremder Einflußnahme fern zu halten, wurde in dieser Entscheidung evident. Inwieweit und unter welchen Voraussetzungen der Zessionar seinen Partner des Abtretungsvertrages anhalten kann, für die Erstellung einer Bilanz zu sorgen, stand nicht zur Diskussion[522].

Gegenstand einer weiteren Obertribunalentscheidung war die Frage, ob die von den Mitgliedern einer Handelsgesellschaft allgemein und im Voraus - hier bei Gesellschaftsgründung - ausdrücklich erklärte Einwilligung in die Abtretung des Handelsgesellschaftsanteils an einen Dritten wirksam sei. Die Obertribunalrichter bejahten dies und bestätigten die Gesellschaftsmitgliedschaft des klagenden Zessionars aufgrund einer solchen Einwilligung, obgleich zum Zeitpunkt der Anteilsabtretung - immerhin 4 Jahre nach Gesellschaftsgründung - konkret auf den Kläger bezogen keine ausdrückliche Zustimmung der übrigen Handelsgesellschafter vorlag[523]. Positive Vorschriften - so die Gründe - stünden dem nicht entgegen. Die §§ 216-218 I 17 und 638 II 8 ALR sowie der bereits Gesetzeskraft erlangte Art. 98 ADHGB

---

522 Zur Rechnungslegungspflicht der Gesellschafter untereinander nach preußischem Recht vgl. ROHG 3, S. 48-51

523 Vgl. Königl. Obertrib. in Striethorst Archiv 66, S. 316-321; auszugsweise auch veröffentlicht in ZHR 15 [1870], S. 219-221; *Seuffert's* Archiv 31, S. 448 f. sowie *Busch*, Archiv 14, S. 405-407

normierten lediglich die Unwirksamkeit der vollständigen Anteilsübertragung bei Fehlen einer ausdrücklichen Einwilligung der Mitgesellschafter, ohne nähere Anforderungen an diese Erklärung zu stellen. Diese Rechtsauffassung ist nicht unbedenklich, da bei Vorliegen eines Sachverhalts, wie er der Entscheidung zugrunde lag, den Gesellschaftern die im Rahmen eines Gesellschaftsverhältnisses wichtige Prüfung der individuellen und persönlichen Eignung des Zessionars stets versagt ist[524]. Nach den Obertribunalrichtern trete dieser Aspekt jedoch hinter dem Gesichtspunkt zurück, daß der im Voraus generell einwillige Gesellschafter dem abtretenden Gesellschafter in der Wahl des Neumitgliedes vertraut hat und sich widersprüchlich verhalten würde[525], wenn er einer später konkret bevorstehenden Anteilsübertragung die Einwilligung versagen wolle[526].

In der Obertribunalentscheidung vom 16.11.1871[527] ging es dann schließlich um die Zession des Gewinnanteils, insbesondere des Rechts auf Rechnungslegung nach Auflösung der Gesellschaft. Wie in der Entscheidung vom 16.11.1852 stellte sich auch hier das Problem, ob § 218 I 17 ALR, wonach der Zessionar nicht Rechnungslegung, sondern nur die Vorlage einer Bilanz zu fordern berechtigt war, als "generelle", für jede Art der Gemeinschaft geltende Vorschrift anzusehen ist, denn das Obertribunal qualifizierte den unter den Mitgliedern bestehenden Zusammenschluß wegen Mangels der Schriftform als zufällige Gemeinschaft (Communio incidens). Ob und inwieweit § 218 I 17 ALR auf eine solche Gemeinschaft anzuwenden sei, ließen die Obertribunalrichter jedoch dahingestellt. Die Rechtsunwirksamkeit der Zession des Gewinnanteils, insbesondere des Rechts auf Rechnungslegung nach Auflösung der Gesellschaft, ergebe sich schon aus der Tatsache, daß sich vor allem die Rechnungslegung nach Beendigung der Gesellschaft als eine streng persönliche, gegenseitige Gesellschaftspflicht darstelle. Gerade wegen dieser persönlichen Geschäftsbeziehung sei "die Einschiebung eines fremdes Mitgliedes in die Operation der Rechnungslegung unstatthaft". Da zum Zeitpunkt auch dieser Entscheidung bereits das ADHGB galt, nahm man zur Begründung ergänzend auf die Art. 98, 144 ADHGB Bezug, die die Über-

---

524 Ablehnend auch *Behrend*, S. 479 Fn. 16 mit der Begründung, daß die Gesellschaftsform, zu der man auf diesen Weg gelange, nicht mehr die offene Gesellschaft, sondern eine "Art Aktiengesellschaft mit unbeschränkter Haftbarkeit" sei.

525 In den Urteilsgründen ist von der "replica doli" die Rede

526 Vgl. Königl. Obertrib. a.a.O., S. 318; *Seuffert's* Archiv 31, S. 449; ZHR, a.a.O., S. 220 f.

527 Vgl. Königl. Obertrib. in Striethorst Archiv 83, S. 125-129

tragbarkeit des Gesellschaftsanteils im Stadium der Gesellschaftsliquidation beschränkten[528].

Alle vorgestellten Entscheidungen des Königlichen Obertribunals bestätigen die hier vertretene Auffassung zum Regelungsgehalt der §§ 216-218 I 17 ALR[529]. Im Zusammenhang dieser Vorschriften ist stets nur von der Zession des Gewinnanteils oder der Anteilsrechte und nicht von der Unterbeteiligung i.S. heutigen Rechtsverständnisses die Rede.

Soweit ersichtlich sind weitere Entscheidungen des Obertribunals und preußischer Instanzgerichte zu Formen mittelbarer Teilhabe an Gesellschaftsverhältnissen nicht veröffentlicht.

Ebensowenig finden sich solche Urteile in den Publikationen zur Rechtsprechungspraxis im Bereich des Rheinischen Rechts[530]. Lediglich in einem Urteil vom 22.2.1843 des Rheinischen Appellationsgerichtshofes zu Köln[531], in dem es um die Zession des Gesellschafterrechts auf Auflösung der Gesellschaft ging, wurde unter Bezugnahme des bereits behandelten Art. 1861[532] Code civil noch einmal hervorgehoben, daß die Gesellschafterstellung ohne die Einwilligung der Gesellschaftsmitglieder einem Dritten nicht übertragen werden könne[533].

Erwähnung verdient noch ein Urteil vom 29.3.1860 des Königlichen Sächsischen Oberappellationsgerichts zu Dresden. In dem dort entschiedenen Fall hatte der Kläger sein Kaufrecht an einem Grundstück an den Beklagten abgetreten und ihm darüber hinaus diverse Gegenstände verkauft. Als Kaufpreis hatte der Beklagte dem Kläger neben einem Barbetrag "10 Thaler von jedem hundert Thaler desjenigen Holzwerthes, welcher aus den schlagbaren

---

[528] Vgl. Königl. Obertrib. a.a.O., S. 128. Zur generellen Nichtabtretbarkeit des Anspruchs auf Rechnungslegung aus einem Gesellschaftsverhältnis grundlegend später RGZ 52, S. 35-38 unter Bezugnahme auf das vorgestellte Obertribunalurteil.

[529] S. insbesondere oben S. 68

[530] Durchgesehen wurde das Archiv für das Civil- und Criminalrecht der Königl. Preuß. Rheinprovinzen

[531] Zu diesem obersten rheinischen Gericht sowie anderen rheinischen Gerichten *Servos*, S. 69 mit weiterführenden Hinweisen

[532] S.o. S. 75 f.

[533] Vgl. Archiv Königl. Preuß. Rheinprov. 27, S. 220

Beständen des mit dem Gute verkauften Holzes nach Abzug der Holzmacherlöhne von ihm, dem Käufer, beim Schlagen derselben aufgelöst werde" zugesichert. Der Kläger klagte erfolgreich auf umfassende Rechnungslegung[534], allerdings aufgrund der getroffenen vertraglichen Abrede, daß "halbjährlich Berechnungen stattfinden sollten". Das Oberappellationsgericht bezeichnete das vorgenannte Beteiligungsverhältnis als "Quasisocietät in Folge Kaufs" bzw. an anderer Stelle als "Particularsocietät"[535].

2. Unterkonsortialbeteiligungen

Die Rechtsprechung, insbesondere die des ROHG, hatte sich mehrmals mit sogenannten Unterkonsortialbeteiligungen zu befassen. Gemeint sind Beteiligungen an auf Zeit angelegten Vereinigungen von Kaufleuten, Firmen oder Banken zur Durchführung eines größeren Finanz- oder Handelsgeschäfts mit hohem Kapitaleinsatz auf gemeinsame Rechnung unter Verteilung des Risikos auf die einzelnen Beteiligten (Konsortium)[536].

Vor dem Inkrafttreten des HGB und BGB war das Konsortium den Normen des ADHGB über die Gelegenheitsgesellschaft unterstellt, die als "Vereinigung zu einzelnen Handelsgeschäften für gemeinschaftliche Rechnung" bezeichnet wurde[537]. Das BGB wie das HGB verzichteten auf eine besondere Behandlung der Gelegenheitsgesellschaft, da man die bürgerlichrechtlichen Vorschriften über die Gesellschaft auch für die Vereinigungen zu vorübergehenden kaufmännischen Zwecken für ausreichend hielt[538].

---

[534] Zu den Voraussetzungen, unter denen ein Gesellschafter seinem Mitgesellschafter zur Rechnungslegung verpflichtet ist, im sächsischen Rechtskreis vgl. Annalen Dresden 1, S. 342 f.

[535] Vgl. Annalen Dresden 4, S. 114 f.; zum Problem der sogenannten "Kauf-Gesellschaft" näher unten S. 127 ff.

[536] Vgl. zu diesem Begriff mit Beispielen Eisenhardt, Gesellschaftsrecht, Rdnr. 13; eingehend mit zahlreichen Nachweisen zum Begriff und Gegenstand des bankmäßigen Konsortialgeschäfts *Scholze*, 1. Halb., S. 1-4

[537] Vgl. Art. 266-270 ADHGB; zum Regelungsgehalt dieser Vorschriften im einzelnen vgl. die Kommentare *Puchelt*, Art. 266-270 ADHGB (S. 541-552); *von Hahn*, Bd. 1, Art. 266-270 ADHGB (S. 800-807); *Anschütz/Völdendorff* II, Art. 266-270 ADHGB (S. 905-916) sowie *Behrend*, S. 982-986; *Andreopoulos*, S. 14 f.

[538] Vgl. zu der Begründung näher die "Begründung zu dem Entwurf eines Handelsgesetzbuchs für das Deutsche Reich von 1895", in: *Schubert/Schmiedel/Krampe*, Bd. 2, 1. Halb., S. 171; vgl. dazu auch *Scholze*, 1. Halb., S. 6

Gegenstand der ersten ROHG-Entscheidung, die die Unterbeteiligung an einer Gelegenheitsgesellschaft betraf, war die Frage, ob der Vertrag, durch welchen ein Teilnehmer an einer Vereinigung zu einzelnen Handelsgesellschaften[539] einen Dritten an seinem Anteil beteiligt, als eine Vereinigung zu Handelsgeschäften gemäß Art. 266 ADHGB zu qualifizieren sei[540]. Das ROHG bejahte dies mit der Folge, daß der Unterbeteiligungsvertrag nicht der Schriftform bedurfte. Bei einer Einordnung als zivile Gesellschaft wäre nach dem noch anwendbaren preußischen Recht, namentlich § 170 I 17 ALR, der Unterbeteiligungvertrag wegen Formverstoßes nichtig gewesen[541]. Mit Recht weist Blaurock auf die geringfügige Bedeutung der Entscheidung hin, da die folgenden Entscheidungen nahezu ausnahmslos Unterbeteiligungen an Emissionskonsortien[542] betrafen, die ohnehin gemäß Art. 271 Nr. 1 ADHGB oder Art. 272 Nr. 2 ADHGB nach handelsrechtlichen Normen zu beurteilen waren[543].

Das damalige Rechtsverständnis bezüglich der vorerwähnten Beteiligungen an Emissionskonsortien spiegelt sich in zahlreichen Urteilen in der Zeit von 1874 - 1911 wider. Sie zeigen, daß die Unterkonsortialbeteiligungen in dieser Zeit die wichtigsten Erscheinungsformen des Unterbeteiligungsverhältnisses waren.

Herauszuheben sind zunächst drei Entscheidungen des ROHG, in denen es um Unterbeteiligungen an Emissionskonsortien ging, namentlich um den Streit, zu welchen Bedingungen die Unterbeteiligung eingeräumt worden war[544] oder inwieweit den Unterbeteiligten die Verpflichtung zur Abnahme unbegebener Stücke traf[545]. Alle Entscheidungen befaßten sich mit der rechtlichen Natur der Unterkonsortialbeteiligung, wobei die Frage im Vordergrund stand, ob die Beteiligung an dem Konsortialanteil eines zur Begebung von Aktien gebildeten Konsortiums auf einem Kauf beruhe. Letzteres verneinte das ROHG in allen drei Prozessen, das heißt auch in dem Fall, in

539 Im Streitfall ging es um den Verkauf einer bestimmten Holzmenge

540 Vgl. ROHG 10, S. 260-263 vom 7.6.1873

541 Vgl. *Blaurock*, S. 34

542 Zum Emissionsgeschäft eingehend *Scholze*, 1. Halb., S. 131 ff.

543 Vgl. *Blaurock*, S. 34

544 Vgl. ROHG 13, S. 306-313 vom 10.3.1874

545 Vgl. ROHG 17, S. 196-210 vom 20.4.1875; ROHG 22, S. 381-388 vom 12.6.1877

dem Haupt- und Unterkonsorte ihr Rechtsgeschäft ausdrücklich als "Kauf" einer Unterkonsortialbeteiligung bezeichneten[546], denn die "den Charakter des Vertrages bestimmende Absicht" der Parteien ginge nicht dahin, einen Teil der Aktien zu erwerben, sondern sei darauf gerichtet, "daß Aktien resp. Aktienbezugsrechte auf gemeinschaftlichen Gewinn an Dritte veräußert werden"[547]. Daran ändere auch die Abrede nichts, bei Fehlschlagen der Emission sei der Unterkonsorte verpflichtet, die Aktien zu einem bestimmten Kurs abzunehmen. Die vertretene Auffassung, es liege deshalb ein (bedingter) Aktienkauf vor, scheine - so die ROHG-Richter an anderer Stelle - "auf der augenscheinlich grundlosen Annahme zu beruhen, daß überall, wo es im Endergebnis auf die Abnahme einer Sache gegen Zahlung eines im voraus bedungenen Preises herauskommen kann, ein Kaufgeschäft vorliege"[548]. Nach dem ROHG war das Rechtsverhältnis zwischen dem Haupt- und Unterkonsorten vielmehr ein Gesellschaftsverhältnis der in "D.17.2.19-21, §§ 216-218 I 17 ALR" genannten Art und in Anlehnung an die ROHG-Entscheidung vom 7.6.1873[549] als Gelegenheitsgesellschaft i.S.d. Art. 266 ff. ADHGB zu qualifizieren[550]. Das ROHG stellte sich damit ausdrücklich gegen eine Auffassung in der Literatur[551], die die Abgabe von Konsortialbeteiligungen ohne nähere Differenzierung rechtlich als Verkehrsgeschäft und nicht als ein besonderes Gesellschaftsverhältnis einordnete. Es betonte jedoch, daß dies nicht zwingend sei und der wirtschaftliche Schwerpunkt bei der Weitergabe von Konsortialanteilen im Einzelfall durchaus auf der Veräußerung liegen könnte. So heißt es in ROHG 22, S. 384 repräsentativ: "Die beiden Fälle des Art. 98 al. 2 HGB, nämlich der, daß ein Gesellschafter einen Dritten an seinem Antheil beteiligt, und der, daß er ihm einseitig sei-

---

[546] Vgl. die Tatbestandsbeschreibung in ROHG 22, S. 381

[547] So ROHG 13, S. 310

[548] Vgl. ROHG 13, S. 201; vgl. auch *Blaurock*, S. 35

[549] Vgl. ROHG 10, S. 260-263; s.o. S. 127 Fn. 540

[550] Vgl. ROHG 13, S. 313; ROHG 17, S. 203; davon ging ebenso - wenn auch nicht ausdrücklich - ROHG 15, S. 249-257 vom 3.11.1874 aus, was sich aus der Bezugnahme auf ROHG 13, S. 306 ff. (vgl. S. 252) und dem Hinweis in ROHG 22, S. 383 unten, S. 384 oben ergibt. In der Entscheidung v. 3.11.1874 war übrigens auch vom "Kauf einer Konsortialbeteiligung" die Rede.

[551] Vgl. die Herausgebernote in ROHGE 17, S. 201; aber auch Instanzgerichte vertraten diese Meinung, vgl. ROHG 17, S. 200 f.; vgl. auch ROHG 13, S. 309: "Die Nichtigkeitsbeschwerde bestreitet, daß die Consortialbetheiligung als Societät aufzufassen sei, ..."; sowie die veröffentlichte Entscheidung vom 27.5.1908 in *Adler/Clemens*, Bd. XIV Nr. 2766; die gleiche Tendenz weist auch das oben vorgestellte Urteil Annalen Dresden 4, S. 114 f. auf, s.o. S. 125 f.

nen ganzen Antheil an der Gesellschaft abtritt[552], können bei jeder Zuwendung eines Gesellschaftsantheils an einen Dritten vorkommen und keiner von ihnen erscheint durch den Ausdruck: "Verkauf einer Consortialbeteiligung" ausgeschlossen. Allerdings kann nur im ersten Falle von einem "Unterkonsortium" gesprochen werden, während als "Unterbeteiligten" man auch denjenigen, dem der ganze Antheil abgetreten worden, bezeichnen kann." Der letzte Halbsatz verdeutlicht allerdings, daß das damalige Verständnis vom Begriff der Unterbeteiligung noch nicht dem heutigen Rechtsverständnis entsprach, denn er umfaßte sowohl die Anteilsabtretung als auch die Anteilsbeteiligung. Man prägte gewissermaßen den schon angesprochenen Begriff der "Unterbeteiligung im weiteren Sinne"[553]. Nur dies macht aus heutiger Sicht die im Rahmen der Rechtsnaturbestimmung der Unterkonsortialbeteiligung erfolgte Bezugnahme auf die §§ 216-218 I ALR verständlich. Jedenfalls stellte das ROHG für die künftige Judikatur die Weichen[554], indem es die umstrittene Frage der Rechtsnatur der Unterkonsortialbeteiligungen grundlegend entschied[555].

Kritik müssen an dieser Stelle die Ausführungen Andreopoulos erfahren, der m.E. sowohl Art. 98 ADHGB als auch die Art. 266-270 ADHGB als frühere Vorschriften zur Unterbeteiligung vorstellt[556]. Die letztere Normgruppe regelte jedoch nicht die Unterbeteiligung, sondern die Gelegenheitsgesellschaft, zu der nach der Rechtsprechung des ROHG u.a. die Konsortial- und Unterkonsortialbeteiligung zum bestmöglichen Verkauf bereits emittierter oder künftig zu emittierender Aktien gehörte[557].

Die folgenden Entscheidungen - nunmehr vorwiegend aus der Praxis des Reichsgerichts - geben Auskunft darüber, wie die Rechtsprechung zu Einzelfragen stand, die sich bei der Einräumung einer Unterkonsortialbeteili-

---

552 Der Abtretung liegt in der Regel ein Kaufgeschäft zugrunde, s.o. S. 12 f.

553 S.o. S. 68

554 Vgl. *Blaurock*, S. 35

555 Die Einordnung der Unterkonsortialbeteiligung als Gelegenheitsgesellschaft bestätigten später RG vom 6./13. Juli 1888, in *Bolze* 6 Nr. 628; RG vom 6.4.1894, in *Bolze* 18 Nr. 179; RG vom 9.5.1894, in *Bolze* 19 Nr. 611; RG vom 13.5.1911, Warn.Rspr. 1911 Nr. 371, wobei letztere Entscheidung deutlich zeigt, daß sich die Diskussion "Kaufgeschäft oder Gesellschaft" noch bis in die Zeit vor dem ersten Weltkrieg fortsetzte; vgl. dazu auch *Blaurock*, S. 35 f.

556 Vgl. *Andreopoulos*, S. 10 f. und 15

557 So allerdings zutreffend die Schlußfolgerung bei *Andreopoulos*, S. 13

gung aus dem besonderen "Dreiecksverhältnis" (Hauptkonsorte, Unterkonsorte, übrige Konsortiummitglieder) ergaben.

So hatte sich das Reichsgericht u.a. mit der bereits im römischen Recht aufgeworfenen Frage zu beschäftigen[558], ob der Hauptkonsorte Vertragsverletzungen seiner Mitgesellschafter dem Unterkonsorten gegenüber zu vertreten hat. Das Reichsgericht differenzierte wie folgt.

Nur wenn es der Hauptbeteiligte schuldhaft unterlassen hat, die sich aus der Vertragsverletzung seiner Mitgesellschafter ergebenden Rechte auch im Interesse des Unterbeteiligten geltend zu machen, vermag der Unterbeteiligte daraus gegen den Hauptbeteiligten einen Anspruch auf Schadenersatz und unter Umständen auch auf Rücktritt bzw. Kündigung herzuleiten. War aber dem Hauptbeteiligten die Vertragsverletzung eines Mitgesellschafters ohne sein Verschulden unbekannt geblieben und hat er deshalb die sich daraus ergebenden Rechte nicht geltend gemacht, oder war er infolge der Vertragsbestimmungen des Hauptgesellschaftsvertrages nicht in der Lage, sie geltend zu machen, so kann sich der Unterbeteiligte auf die Vertragsverletzung gegenüber dem Hauptbeteiligten nicht berufen. Er kann allenfalls bei späterer Entdeckung des Vertragsverstoßes von dem Hauptbeteiligten die Abtretung der diesem gegen die Hauptgesellschaft oder die Mitglieder zustehenden Rechte aus der Vertragsverletzung verlangen[559]. In dieser Entscheidung ließ das Reichsgericht es im übrigen ausdrücklich offen, ob der Erwerb der Konsortialbeteiligung ein Auftragsverhältnis oder eine Unterbeteiligungsgesellschaft begründe[560], was zeigt, daß die Diskussion "Verkehrsgeschäft oder Gesellschaftsverhältnis"[561] überwiegend dogmatischer als streitentscheidender Natur war, denn das aus D.17.2.19-21 abgeleitete Fehlen einer unmittelbaren Beziehung zwischen Hauptgesellschaft und Unterbeteiligten hätte sich - wie Blaurock zutreffend ausführt - auch aus dem allgemei-

[558] S.o. S. 35 f.

[559] So RGZ 1, S. 79 f. vom 15.12.1879; für die Literatur vgl. *Düringer-Hachenburg*, Anhang Anm. 367; zur heutigen Rechtslage m.w.N. vgl. *Paulick/Blaurock*, S. 573 (Stichwort: "Drittschadensliquidation" oder ggfls. "Vertrag zugunsten Dritter); s. auch oben S. 36 Fn. 101

[560] Vgl. RGZ 1, S. 79

[561] S.o. S. 127 ff.

nen Vertragsrecht ergeben, da die genannten Parteien eben nicht vertraglich verbunden waren[562].

Die Qualifizierung des Unterkonsortialvertrages als Gesellschaftsverhältnis wirkte sich jedoch auf die Haftung zwischen Haupt- und Unterbeteiligtem insofern aus, als daß ersterer gegenüber letzterem gemäß § 708 BGB für die Sorgfalt haftete, die er - der Hauptbeteiligte - in eigenen Angelegenheiten anzuwenden pflegte (diligentia quam in suis), wenn es darum ging, die aus dem Anteil an der Hauptgesellschaft sich ergebenden Rechte im Interesse des Unterbeteiligten wahrzunehmen[563]. Die Verletzung dieser Verpflichtung - so bereits eine noch nicht zitierte ROHG-Entscheidung vom 11.5.1875 - konnte dazu führen, daß der Unterbeteiligte von seiner Verpflichtung aus der Unterbeteiligung frei wurde[564].

In einer weiteren Entscheidung vom 7.6.1882 ging es um den Fortfall der Begebungsmöglichkeit der Aktien eines Eisenbahnunternehmens infolge Konkurs eines Mitglieds des Übernahmekonsortiums. Das Reichsgericht entschied, daß der durch einen solchen Ausfall eines Hauptkonsorten entstandene Schaden nicht auf den Unterbeteiligten abgewälzt werden könne, da dieser nur das Plazierungsrisiko mittrage, hingegen nicht das Solvenzrisiko eines der Hauptkonsortiumsmitglieder, die erforderlichen Zahlungen zwecks Übernahme der Aktien überhaupt aufbringen zu können[565].

Schließlich beschäftigte die Rechtsprechung das Problem des Umfangs des Informations- und Rechnungslegungsrechts. Während diese Frage in den noch vorzustellenden Entscheidungen zur Unterbeteiligung an einem Handelsgesellschaftsanteil breitere Berücksichtigung fand, ließ die Judikatur zu den Unterkonsortialbeteiligungen keinen Zweifel daran, daß der Hauptkonsorte dem Unterkonsorten gegenüber zur Rechnungslegung über den "bei

---

562 Vgl. *Blaurock*, S. 35; z.T. wurde die interne Wirkung der Unterbeteiligung vertraglich fixiert, vgl. OLG Königsberg, GmbH Rundschau 1918, S. 18

563 Vgl. RGZ 67, S. 395 f. vom 12.2.1908, wo es um die Haftung eines Bankiers für empfehlende Äußerungen bei Abschluß eines Unterkonsortialvertrages ging, vgl. dazu näher Blaurock, S. 37 f.; diese Rechtsprechung bestätigte später RG Warn. Rspr. 1911 Nr. 371; zur gleichen Rechtslage heute vgl. *Paulick/Blaurock*, S. 573 m.w.N.

564 Vgl. ROHG 17, S. 393 f., in der natürlich noch nicht auf § 708 BGB zurückgegriffen werden konnte; vgl. auch *Düringer-Hachenburg*, Anhang Anm. 367

565 Vgl. RGZ 7, S. 101 ff.; vgl. dazu auch *Blaurock*, S. 36

dem Geschäft" gemachten Gewinn verpflichtet war[566], wobei der Verzicht auf Rechnungslegung von der Darlegung eines bestimmten Geschäftsergebnisses nicht befreite[567] und bei offensichtlicher Unrichtigkeit der erteilten Abrechnung nicht band[568].

Die Unterkonsortialbeteiligung umfaßte nicht nur die Beteiligung an der Emission selbst, sondern anteilig auch alle sonstigen vermögensrechtlichen Vorteile der Beteiligung, sofern vertraglich nichts Gegenteiliges vereinbart war. So bejahte das Reichsgericht in einer Entscheidung vom 9.5.1894 die Beteiligung eines Unterkonsorten an den Vorteilen aus der Verwertung eines Bezugsrechts[569].

Festzuhalten ist nach Untersuchung dieser Entscheidungen, daß die Unterkonsortialverträge, vorzugsweise mit Mitgliedern eines Emissionskonsortiums, in der Judikatur des Reichsoberhandels- und Reichsgerichts eine nicht unerhebliche Bedeutung gewannen und seinerzeit das größte Anwendungsgebiet der Unterbeteiligung bildeten[570].

Obgleich Unterbeteiligungen an Konsortialanteilen unter Banken nach wie vor zu den gängigen Geschäften gehören[571], gelangte nach der diesbezüglich letzten Reichsgerichtsentscheidung vom 13.5.1911[572] - soweit ersichtlich - nur noch eine Entscheidung zur Veröffentlichung, die die Unterbeteiligung an einem Konsortialanteil betraf. Es handelt sich um das Urteil des Bundesgerichtshofes vom 22.3.1965, welches sich mit der Rechtsnatur der Unterbeteiligung an einem Kreditkonsortium befaßte und zu der Frage

---

[566] Vgl. RG vom 13.1.1894, in *Bolze* 18 Nr. 172 (bezüglich eines Konsortiums zum gemeinsamen An- und Verkauf von Vieh); RG vom 6.4.1894, in *Bolze* 18 Nr. 179; sehr eng bezüglich der Mitteilungspflicht gegenüber Unterkonsorten RG vom 6./13. Juli 1888, in *Bolze* 6 Nr. 628 (in dieser Entscheidung wurde im übrigen der Abschluß eines Unterkonsortialvertrages über die Begebung von Aktien einer noch nicht gegründeten AG für bedenkenlos erklärt)

[567] Vgl. ROHG 22, S. 385

[568] ROHG 17, 209 f.; vgl. dazu auch *Herzfeld*, AcP 137 [1933], S. 307

[569] Vgl. RG, in *Bolze* 19 Nr. 611; näher zum Sachverhalt *Blaurock*, S. 37; vgl. dazu auch *Herzfeld*, AcP 137 [1933] mit kritischer Anmerkung zur anderslautenden Entscheidung RG vom 12.11.1889, in *Bolze* 8 Nr. 540 in Fn. 137

[570] Weitere grundlegende Entscheidungen zu Emissionskonsortion sind RGZ 43, S. 283-289; RGZ 46, S. 27-34, die jedoch nicht Fragen zur Unterbeteiligung zum Gegenstand hatten

[571] Vgl. *Blaurock*, S. 32

[572] Vgl. Warn. Rspr. 1911, Nr. 371, s.o. S. 129 Fn. 555

Stellung nahm, inwieweit der Unterbeteiligte Maßnahmen anerkennen muß, die der Hauptbeteiligte ohne vorherige Rücksprache mit ihm getroffen hat. Der BGH bezeichnete es als "Handelsbrauch" oder als "stillschweigend vereinbart", daß bei den üblichen Unterbeteiligungen an Kreditkonsortien der Hauptkonsorte "selbständig alle Maßnahmen hinsichtlich der Beteiligung verbindlich für den Unterbeteiligten treffen" könne. Jedenfalls sei eine ausschließliche Anwendung des Auftragsrechts (§§ 675, 665 BGB) abzulehnen. Vielmehr sei das Rechtsverhältnis der Unterbeteiligung an einem Kreditkonsortium als Innengesellschaft zu kennzeichnen[573].

Blaurock belegt, daß der Mangel an Urteilen seit der Zeit um den ersten Weltkrieg nicht nur auf die Tatsache zurückzuführen ist, daß bereits das Reichsoberhandelsgericht und Reichsgericht eine Vielzahl von Zweifelsfragen im Zusammenhang mit Unterbeteiligungen an Emissionen grundlegend geklärt hatte, sondern die Beteiligten vielmehr "geräuschlosere Wege gefunden haben, ihre Streitigkeiten zu regeln"[574]. So berichtet Blaurock von einer seinerseits durchgeführen Fragebogenaktion zur Unterbeteiligung an Emissionskonsortien, in der ihm nahezu sämtliche angeschriebene Banken mitteilten, ernsthafte Auseinandersetzungen kämen auf diesem Gebiet nicht mehr vor. Falls es doch einmal Differenzen gäbe, so würde von künftigen Geschäften mit dem entsprechenden Partner Abstand genommen[575].

3. Unterbeteiligungen an Handelsgesellschaftsanteilen

Neben den Unterbeteiligungen an Gelegenheitsgesellschaften finden sich in der Rechtsprechung ca. 20 Jahre vor und nach der letzten Jahrhundertwende zahlreiche Beispiele für Unterbeteiligungen an Anteilen sämtlicher Handelsgesellschaften wie der OHG, KG, stillen Gesellschaft und auch der GmbH. Lediglich für die Unterbeteiligung an einer Aktie oder einem Aktienpaket liefert die Praxis kein Beispiel, was mit den geringen Nominalbeträgen der Aktien zusammenhängen dürfte[576].

---

[573] Vgl. BGH WM 1965, S. 458 f. = BGH LM Nr. 14 zu § 705 BGB; vgl. dazu auch *Blaurock*, S. 38; eingehend zur Unterbeteiligung im Kreditgeschäft *Scholze*, S. 111-118

[574] So *Blaurock*, S. 32

[575] So *Blaurock*, S. 32 Fn. 3

[576] Vgl. *Blaurock*, S. 32 f.

Die erste Entscheidung des ROHG, die sich mit der Unterbeteiligung an einem Handelsgesellschaftsanteil zu befassen hatte, datiert vom 18.1. 1878[577]. Zur Entscheidung stand die schon mehrfach angesprochene Frage, ob und inwieweit der Unterbeteiligte von dem Hauptbeteiligten Rechnungslegung verlangen konnte. Das ROHG stellte in Übereinstimmung mit der herrschenden Kommentarliteratur fest, daß das Informationsrecht des Unterbeteiligten seine Grenze in der Verschwiegenheitspflicht finden müsse, die dem Hauptgesellschafter gegenüber seinen übrigen Mitgesellschaftern obliegt[578].

Der Hauptbeteiligte sei daher dem Unterbeteiligten gegenüber lediglich zur Vorlage des Jahresbilanzergebnisses verpflichtet, nicht jedoch dazu, weitergehende Informationen, insbesondere den Inhalt der Bücher der Hauptgesellschaft, mitzuteilen[579].

Das ROHG stützte seine Entscheidung auf die Regelungen der §§ 218 I 17 ALR und 638 II 8 ALR, obgleich diese bereits durch Art. 98 ADHGB ersetzt worden waren. Gleichwohl hielten die ROHG-Richter den Rückgriff auf die preußischen Vorschriften für zulässig, da Art. 98 ADHGB nur zum Verhältnis zwischen Hauptgesellschaft und Unterbeteiligtem Aussagen treffe, hingegen nicht zur Rechtsbeziehung zwischen Haupt- und Unterbeteiligtem[580].

Auch Blaurock bespricht in seiner Rechtsprechungsübersicht diese Entscheidung und führt u.a. aus, es sei bemerkenswert, daß "hinsichtlich beider ALR-Vorschriften im Urteil ausdrücklich von der Zession des Gesellschafts-

---

[577] Vgl. ROHG 23, S. 120-123, in der es um die Beteiligung an einem OHG-Anteil ging; eine frühere Entscheidung zur Unterbeteiligung an einem Kommanditanteil scheint *Herzfeld* gefunden zu haben, wenn er diesbezüglich in AcP 137 [1933] auf S. 279 Fn. 44 zitiert "Pr. OBG.St. 16, 83". Diese Entscheidung war jedoch im Striethorst Archiv nicht auffindbar.

[578] Vgl. ROHG 23, S. 121 sowie die Literaturnachweise auf S. 101 Fn. 425

[579] Vgl. ROHG, a.a.O.; vgl. auch RG vom 12.11.1889, in: Bolze 8, Nr. 540, es ging dort um die Unterbeteiligung am Anteil eines stillen Gesellschafters; RG vom 7.11.1885, in: Bolze 23, Nr. 568, in der bekräftigt wurde, daß der Unterbeteiligte weder unmittelbar gegen den Geschäftsinhaber noch aus dem (hier: stillen) Gesellschaftsvertrag Rechte herleiten könne; vgl. auch *Blaurock*, S. 39 Fn. 29

[580] Vgl. ROHG 23, S. 122

anteils die Rede ist" und auch zu Art. 98 ADHGB "das ROHG vom abtretenden Gesellschafter" spreche[581].

Aus heutiger Sicht ist dies nicht bemerkenswert, sondern selbstverständlich, da es dem Regelungsgehalt der genannten Normen entspricht, denn wie oben dargelegt[582], sind die §§ 218 I 17 ALR, 638 II 8 ALR keine die Unterbeteiligung betreffenden Vorschriften; sie regeln vielmehr verschiedene Arten der Anteilsabtretung.

Daran ließen auch die ROHG-Richter keinen Zweifel, indem sie formulierten: "Dem entsprechend bestimmte der § 638 des Preuß. ALR II, 8, daß der Cessionar eines kaufmännischen Societätsantheils..."[583] bzw. "Und ähnlich disponirt der § 218 ALR I, 17 betreffs des Cessionars eines Gewinnantheils an einer gewöhnlichen Societät"[584]. Die von Blaurock aus diesen Formulierungen gezogene Schlußfolgerung, daß der Gedanke der weiterbestehenden Vollmitgliedschaft des Hauptgesellschafters und der zusätzlichen Innengesellschaft hinsichtlich des Gesellschaftsanteils noch nicht in voller Deutlichkeit zum Tragen gekommen sei, sondern vielmehr der Schwerpunkt der Betrachtung auf die Übertragung des Anteils bzw. Teilanteils gelegen habe und damit die Verwandtschaft zu den Fällen der Unterbeteiligung an Konsortialanteilen, die wirtschaftlich dem Kauf einer Gewinnchance nahekommen, deutlich werde[585], ist m.E. nicht haltbar. Mit ihr unterstellt Blaurock dem ROHG bei der Beurteilung von Unterbeteiligungen an Handelsgesellschaftsanteilen ein Verständnis, was es nicht hatte.

Die ROHG-Richter wandten lediglich - mangels Vorliegens einer Regelung im ADHGB bezüglich des Informationsrechts des Unterbeteiligten - die preußischen Vorschriften zur Anteilsabtretung wegen der vergleichbaren Interessenlage entsprechend an, ohne jedoch dabei das Wesen der Unterbeteiligung als Innengesellschaftsverhältnis zu verkennen. Demgemäß sprach auch das ROHG zu Art. 98 ADHGB - entgegen Blaurock - nicht ausschließlich von dem "abtretenden Gesellschafter", sondern erwähnte daneben stets

---

581 Vgl. *Blaurock*, S. 39

582 S.o. S. 66 ff.

583 Vgl. ROHG 23, S. 121

584 Vgl. ROHG 23, S. 122

585 So *Blaurock*, S. 39

die Unterbeteiligung als die andere Form der mittelbaren Teilhabe an einem Gesellschaftsanteil ("Wenn der Art. 98 ADHGB dem dritten Unterbetheiligten oder Cessionar..."[586]).

Die Tatsache, daß im Einzelfall beide Rechtsinstitute unter dem Begriff "Unterbeteiligung" subsumiert wurden[587], spricht nicht gegen die hier vertretene Auffassung, denn dies ist eine Frage der Formulierung, nicht jedoch des dogmatischen Verständnisses.

Demzufolge ist auch die von Blaurock getroffene Feststellung nicht richtig, erst knapp 30 Jahre später habe das Reichsgericht in seiner Entscheidung vom 11.4.1906[588] in aller Deutlichkeit erklärt, bei der gesellschaftsrechtlichen Unterbeteiligung liege keine Anteilsübertragung vor[589]. In dem genannten Urteil ging es um die Einräumung einer Unterbeteiligung an einem GmbH-Gesellschaftsanteil zur Hälfte nebst Gewährung einer Option auf Übertragung dieses hälftigen Anteils. Nach Ansicht des Reichsgerichts bedurfte der Unterbeteiligungsvertrag - im Gegensatz zu der Option - nicht der Schriftform des § 15 Abs. 3 GmbHG, da es sich eben nicht um eine Anteilsabtretung gehandelt habe[590]. Die Feststellung, es liege keine Anteilsübertragung vor, basiert jedoch nach den Entscheidungsgründen auf der vorgenommenen Auslegung des "niedergelegten Abkommens der Parteien" und nicht auf einem geläuterten Rechtsverständnis der höchstrichterlichen Rechtsprechung. Ebenso verhielt es sich mit drei weiteren Entscheidungen, die die Unterbeteiligung an einem GmbH-Gesellschaftsanteil betrafen und im Ergebnis das vorzitierte Urteil vom 11.4.1906 bestätigten. Auch dort beruhte die Feststellung, der "Vertragswille der Parteien" sei nicht auf den Erwerb eines Geschäftsanteils, sondern auf die Bildung einer Innengesellschaft gerichtet, aus-

---

[586] Vgl. ROHG 23, S. 122

[587] Vgl. ROHG 22, S. 384, s.o. S. 68 und 129

[588] Vgl. RG JW 1906, S. 401 f.

[589] So *Blaurock*, S. 39

[590] Vgl. näher RG, a.a.O.

schließlich auf einer sorgfältigen Auslegung der vertraglichen Abreden[591].

Das zeitlich letzte Urteil der vorerwähnten drei Entscheidungen stellt eine Zusammenfassung der wichtigsten Wesenselemente des Unterbeteiligungsverhältnisses dar und folgt u.a. der ROHG-Rechtsprechung zum Informationsrecht des Unterbeteiligten, nämlich daß ihm nur "allgemeine Ergebnisse der Jahresbilanz und Jahresabrechnung offen zu legen seien"[592]. Herauszuheben ist, daß in dieser Frankfurter Entscheidung erstmalig von einem "gewissen treuhänderischen Einschlag" der Unterbeteiligung die Rede ist. Der Unterbeteiligte hatte sich auf Treuhand berufen, um einen direkten Auskunftsanspruch gegen die Hauptgesellschaft zu rechtfertigen[593].

Um das Rechtsinstitut der Treuhand ging es auch in einem Abgrenzungsfall, den das Reichsgericht im Jahre 1930 zu entscheiden hatte. In dem zu beurteilenden Sachverhalt hielt ein Hauptgesellschafter ursprünglich einen GmbH-Anteil für fünf Geldgeber. Später übernahm er die "Beteiligung" zweier Kapitalgeber. Nach der Auffassung des Reichsgerichts bestand weder zwischen dem Hauptgesellschafter und den Geldgebern noch zwischen dem Hauptgesellschafter und jedem der Geldgeber eine Gesellschaft. Die Kapitalgeber seien vielmehr Auftrag- respektive Treugeber und keine Unterbeteiligten[594].

Die zeitliche Lücke zwischen dieser letzten Reichsgerichtsentscheidung aus dem Jahre 1930 und dem nächsten veröffentlichten Urteil zum Unterbeteiligungsverhältnis ist ähnlich groß wie bei der vorgestellten Rechtsprechung zu den Unterkonsortialbeteiligungen[595]. So datiert letzteres vom

---

591 Vgl. RG vom 10.10.1906 in LZ 1907, Spalte 224 (nach dieser Entscheidung scheint allerdings auch "die Abtretung einzelner Ansprüche des Gesellschafters auf den Gewinn" begrifflich unter die Unterbeteiligung zu fassen, was jedoch lediglich die Frage des Unterbeteiligungsbegriffs berührt, s.o.; RG vom 5.3.1915 in LZ 1915, Spalte 1011 f.; OLG Frankfurt vom 14.12.1928 in LZ 1929, Spalte 793 f.; bestätigt wird die hier vertretene Auffassung m.E. auch durch die Entscheidung vom 30.9.1911 RGZ 77, S. 224-229, in der einzig die Auslegung zu dem Ergebnis führte, das zwischen den Parteien durch Verhandlungen und Schriftwechsel begründete Rechtsverhältnis sei ein sogenannter "Hoffnungskauf" und kein Unterbeteiligungsverhältnis

592 Vgl. OLG Frankfurt, a.a.O. unter Bezugnahme auf ROHG 23, S. 120 ff., s.o. S. 134 f.

593 Vgl. *Blaurock*, S. 40; zu diesem treuhänderischen Element s. auch o. S. 22

594 Vgl. näher RG vom 5.12.1930 Warn.Rspr. 1931 Nr. 51; *Meyer*, S. 55 f., der diese Entscheidung auf S. 56 instruktiv kritisiert

595 S.o. S. 132

16.2.1959. In den Gründen dieses Urteils betont der BGH, daß Unterbeteiligungen als "echte Beteiligungen" zu qualifizieren und auch "vollzogen" seien. Es handele sich allerdings nur um schuldrechtliche Beteiligungen an einem Gesellschaftsanteil, nicht aber an der Gesellschaft selbst mit der Folge, daß sie sich auf das Verhältnis zwischen dem Haupt- und Unterbeteiligten beschränkten und nicht das Verhältnis zwischen dem Hauptbeteiligten und seinen Mitgesellschaftern erfaßten[596].

Eine weitere BGH-Entscheidung vom 6.3.1967 ist einem typischen - auch einleitend erwähnten - Motiv für die Begründung eines Unterbeteiligungsverhältnisses zu verdanken. Ein persönlich haftender Gesellschafter einer KG wollte, um Steuern zu sparen, seine Kinder als Kommanditisten an der Hauptgesellschaft beteiligen. Da jedoch seine Mitgesellschafter dem widersprachen, schloß er mit seinen Kindern ersatzweise jeweils einen Unterbeteiligungsvertrag. Der BGH bestimmte zunächst, daß der Vertrag, durch den jemand in Form einer Innengesellschaft an dem Gesellschaftsanteil eines anderen unentgeltlich beteiligt wird, grundsätzlich der Form des § 518 BGB bedürfe, es sei denn, daß die Zuwendungen - wie im Streitfalle - zum Zwecke der Ausstattung erfolge und nicht das den Umständen entsprechende Maß übersteige (§ 1624 Abs. 1 BGB)[597].

Zur weiteren Frage, wie nach einem solchen Vertrag das Abfindungsguthaben des Berechtigten bei einem Ausscheiden aus der Innengesellschaft infolge Kündigung zu berechnen sei, vertrat der BGH die Auffassung, daß mangels besonderer Regelungen im Unterbeteiligungsvertrag auf die Vorschriften des Hauptgesellschaftsvertrages über die Abfindung von Kommanditisten zurückgegriffen werden könne[598].

Die Thematik "die Unterbeteiligung als Mittel zur Verschaffung einer Ersatzgesellschafterstellung"[599] lag auch dem Sachverhalt der bekannten und vielzitierten BGH-Entscheidung vom 11.7.1968 zugrunde[600]. Der BGH bestätigte die vom Berufungsgericht vorgenommene Umdeutung einer testa-

---

[596] So BGH WM 1959, S. 595, 596

[597] Vgl. BGH WM 1967, S. 685

[598] Vgl. BGH a.a.O., S. 686

[599] Vgl. *Blaurock*, S. 41

[600] Vgl. BGHZ 50, S. 316-325

mentarischen, jedoch aus gesellschaftsrechtlichen Gründen unwirksamen Einsetzung mehrerer Personen als Kommanditisten in Unterbeteiligungen am Anteil des in die KG durch erbrechtliche Nachfolgeklausel allein eingetretenen Gesellschaftererben. Gegenstand der weiteren Erörterungen war die Ansicht der Vorinstanz, die in Rede stehende Testamentsbestimmung sei ferner dahin umzudeuten, daß die der klagenden Miterbin einzuräumende Unterbeteiligung zeitlebens unkündbar sein solle und die Vorschriften der §§ 724, 723 Abs. 1, 3 BGB, die die Unkündbarkeit für vertraglich auf Lebenszeit begründete Unterbeteiligungen ausschlössen, keine Anwendung fänden, da die Klägerin "kraft Erbrechts unterbeteiligt sei".

Dieser vorinstanzlichen Auffassung trat der BGH jedoch entgegen. Eine Unterbeteiligung gesellschaftsrechtlichen Inhalts - so die BGH-Richter - könne im Gegensatz zu einer Kommanditistenstellung unmittelbar mit dem Erbfall "kraft Erbrechts" nicht entstehen, sondern müsse durch Vermächtnis angeordnet werden. In diesem Sinne müsse die streitgegenständliche Testamentsbestimmung ausgelegt werden mit der Folge, daß der Begünstigte mit dem Erbfall nur einen schuldrechtlichen Anspruch gemäß § 2174 BGB gegen den Gesellschaftererben erwerbe, mit ihm eine bürgerrechtliche (Innen-) Gesellschaft in der Form der Unterbeteiligung zu begründen. Unter diesen Umständen könne die Anwendbarkeit der §§ 723, 724 BGB auf das Rechtsverhältnis der Parteien nicht bezweifelt werden[601].

Darüber hinaus befaßte sich der BGH in dieser Entscheidung grundlegend mit dem Informationsrecht des Unterbeteiligten und führte dazu aus, daß die Unterbeteiligung in mehrfacher Hinsicht "als eine Art von mittelbarer Beteiligung an einem Handelsgeschäft" der stillen Gesellschaft nahe stehe und daher die Informationspflichten des Hauptbeteiligten aus einer entsprechenden Anwendung des § 338 Abs. 1 HGB a.F. herzuleiten seien. Danach sei der Unterbeteiligte als berechtigt anzusehen, von dem Hauptbeteiligten eine jährliche Bilanz über dessen Gesellschaftsanteil zu verlangen, aus der er insbesondere auch die auf diesen Anteil entfallenden Erträge und deren Zusammensetzung wie Gewinnanteil, Kapitalzinsen, Geschäftsführergehalt etc. sowie die Entwicklung des Kapitalkontos und seines Anteils ersehen kann[602]. Ein weitergehender Rechnungslegungsanspruch stünde dem Unterbeteiligten nicht zu. Er könne insbesondere nicht die Steuer- und Han-

[601] Dazu ausführlich BGH a.a.O., S. 319-323

[602] So BGH a.a.O., S. 323

delsbilanzen sowie die Gewinn- und Verlustrechnungen der Hauptgesellschaft verlangen[603], da jene Unterlagen zu den inneren Angelegenheiten der Hauptgesellschaft gehörten, die diese vor den Unterbeteiligten wie vor jedem anderen Dritten geheimzuhalten ein berechtigtes Interesse habe. Der BGH präzisierte damit die diesbezüglich bereits vom Reichsoberhandelsgericht in der Entscheidung vom 18.1.1878 aufgestellten Grundsätze[604].

Die Unterbeteiligung infolge Erbganges war auch Gegenstand der BGH-Entscheidung vom 20.9.1973. Hier stellte der BGH fest, daß der Miterbe des Gesellschafters einer OHG, der zwar nicht Gesellschafter geworden, aber am früheren Gesellschaftsanteil des Erblassers unterbeteiligt ist und die Geschäftsführung der OHG mit ausübt, eine Vergütung für die gegenüber einer Bank übernommene Haftung, für die Schulden der Hauptgesellschaft gesamtschuldnerisch einzustehen, nur dann verlangen könne, wenn dies besonders vereinbart worden sei[605].

Hinzuweisen ist in diesem Zusammenhang auf die Tatsache, daß die Möglichkeit, bei Vorliegen einer sogenannten qualifizierten Nachfolgeklausel[606] die nicht zur Nachfolge berufenen Erben durch die Gewährung einer Unterbeteiligung an dem Anteil des Gesellschafter-Erben abzufinden, nicht erst eine Erscheinung der neueren Rechtsprechung ist. Auf diese Möglichkeit verwiesen vielmehr bereits Urteile aus der Zeit vor 1914[607].

Zwei Gerichtsentscheidungen aus der Zeit nach 1970 beschäftigen sich mit der Unterbeteiligung von Minderjährigen.

In dem vom LG Düsseldorf am 8.11.1973[608] zu entscheidenden Sachverhalt hatte der Vater seinen Kindern jeweils eine Unterbeteiligung schenkweise an seinem Gesellschaftsanteil als persönlich haftender Gesellschafter

---

[603] Vgl. BGH a.a.O., S. 324; vgl. auch *Blaurock*, S. 41

[604] S.o. S. 134 Fn. 577

[605] Dazu näher BGH NJW 1973, S. 2101 f. = BGH LM, § 675 BGB, Nr. 47

[606] Vgl. dazu *Eisenhardt*, Gesellschaftsrecht, Rdnr. 118 mit weiteren Rechtsprechungs- und Literaturnachweisen

[607] Vgl. z.B. RGZ 2, S. 30, 33 vom 26.5.1880 bezugnehmend auf Art. 98 Abs. 2 ADHGB; OLG Braunschweig vom 14.1.1908 LZ 1908, Spalte 553 f., zu dieser Entscheidung vgl. auch *Herzfeld*, AcP 137 [1933], S. 286 Fn. 78

[608] Vgl. LG Düsseldorf, GmbH-Rdsch. 1974, S. 40 f.

einer KG zugewandt. Im Schenkungsvertrag war u.a. vereinbart, daß die Beteiligung im Verhältnis zu den Vertragsschließenden so anzusehen sei, als ob die Kinder die Rechte und Pflichten von Kommanditisten hätten. Die vom Schenker beantragte Anordnung einer Ergänzungspflegschaft gemäß § 1909 Abs. 1 BGB für die Ausübung der Rechte der Kinder aus der Beteiligung wurde vom AG abgelehnt. Nach Auffassung des LG Düsseldorf kann die Anordnung von Ergänzungspflegschaften zur Geltendmachung der Rechte der Kinder aus dem Schenkungs- und Beteiligungsvertrag nicht - wie von der Vorinstanz geschehen - mit der Begründung abgelehnt werden, für die Anordnung von Pflegschaften sei kein Raum, weil den Kindern keine Rechte zustünden, die ein Pfleger wahrnehmen könnte. Richtig sei zwar, daß in diesem Zusammenhang keine Gesellschaftsrechte an der Hauptgesellschaft in Betracht kämen, da die Kinder als Unterbeteiligte nur an der Beteiligung ihres Vaters, nicht jedoch am Unternehmen selbst beteiligt sind. Die Kinder hätten jedoch Beteiligungsrechte gegen ihren Vater, an deren Wahrnehmung die Eltern rechtlich verhindert seien. So stünde den Kindern zumindest ein Kontroll- und Prüfungsrecht analog § 166 HGB zu, welches die Eltern nicht ausüben können, ohne gegen § 181 BGB zu verstoßen[609]. Das vielfach vorhandene Bedürfnis, bestimmten Personen die rechtlich nicht zu erlangende Kommanditistenstellung wenigstens wirtschaftlich zukommen zu lassen und die damit einhergehende Ausdehnung des Wirkungskreises der Rechtsbeziehungen innerhalb der Hauptgesellschaft auf die Unterbeteiligten, wird in dieser Entscheidung besonders transparent[610].

Das OLG Hamm kam 1974[611] zu dem Ergebnis, daß der Gesellschaftsvertrag, durch den eine Gesellschafterin einer OHG ihren durch eine Pflegerin vertretenen Kindern Unterbeteiligungen am Kapital und Ertrag ihrer Beteiligungen einräumt, der vormundschaftsgerichtlichen Genehmigung bedürfe, wenn auch die Verlustbeteiligung der Kinder vereinbart sei. Darüber hinaus sei die schenkweise Einbuchung einer Unterbeteiligung bei der Teilnahme am Verlust genehmigungsbedürftig, weil nicht die Erwerbsart des zur Verfügung gestellten Vermögens entscheide, sondern dessen Gefährdung

---

609 Vgl. LG Düsseldorf, a.a.O., S. 41

610 Vgl. dazu auch *Blaurock*, S. 41

611 Vgl. OLG Hamm, BB 1974, S. 294 = DB 1974, S. 424

durch die Unterwerfung unter die langfristigen Bindungen eines Gesellschaftsvertrages[612].

Ein ganz anderes Rechtsgebiet berührt das Urteil des LG Mannheims vom 30.11.1981[613].

Ein Apotheker übernahm neben anderen Kollegen eine Unterbeteiligung in Höhe von DM 100.000,-- am Anteil eines persönlich haftenden Gesellschafters einer KG, die ihrerseits Gesellschafterin einer mit pharmazeutischen Artikeln handelnden GmbH war. In dem entsprechenden Gesellschaftsvertrag ermächtigte der Apotheker den Hauptbeteiligten, der Klägerin in seinem Namen einen Kreditauftrag des Inhalts zu erteilen, daß diese dem Hauptbeteiligten einen Kredit bis zu einem Betrag von DM 100.000,-- zu banküblichen Zinsen gewährt. Da es sich um einen formularmäßigen Vertrag einer Publikumsgesellschaft handelte, auf dessen Ausgestaltung die Apotheker keinen Einfluß hatten, prüfte das Gericht, ob die dem Hauptbeteiligten erteilte Vollmacht wegen Verstoßes gegen §§ 3, 9 AGB-Gesetz unwirksam sei. Da das LG Mannheim den Vertrag zwischen den Parteien als Gesellschaftsvertrag und nicht als "untypische Darlehnsvereinbarung" einordnete, hielt es die genannten AGB-Vorschriften über § 23 Abs. 1 AGBG-Gesetz, der das Gesellschaftsrecht aus dem Anwendungsbereich des AGBG nimmt, für nicht anwendbar. § 23 Abs. 1 AGBG-Gesetz - so weiter das LG Mannheim - gelte nach herrschender und zu billigender Meinung für alle Gesellschaften, also auch für die stille Gesellschaft und die Innengesellschaft des Bürgerlichen Rechts[614].

Eine weitere Entscheidung aus jüngster Zeit nahm zur Bewertung einer Unterbeteiligung an einem Kommanditanteil gemäß §§ 39, 44 Kostenordnung eingehend Stellung. Das Bayerische Oberste Landesgericht entschied am 12.8.1982[615], daß bei der Bestimmung des Geschäftswerts der notariellen Beurkundung eines Vertrages, durch den eine Unterbeteiligung an einem Kommanditanteil eingeräumt wird, vom Aktivvermögen der Kommanditge-

---

612 Vgl. so OLG Hamm, a.a.O., Leitsatz 1 und 2 (Entscheidungsgründe sind nicht veröffentlicht)

613 Vgl. LG Mannheim, ZIP 1982, S. 558-560

614 Vgl. LG Mannheim, a.a.O., S. 559 unter Bezugnahme weiterer Belegstellen der h.M. und Mindermeinung

615 Dazu näher BayObLG, in: MittBayNot 1983, S. 31-35

sellschaft auszugehen sei. Für die Unterbeteiligung sei auf den prozentualen Anteil des Unterbeteiligten am Kommanditanteil abzustellen. Werde im Unterbeteiligungsvertrag als Rechtsgrund "Schenkung" angegeben, so betreffen Einräumung und Schenkung denselben Gegenstand.

Die - soweit ersichtlich - jüngste Entscheidung zur Unterbeteiligung stammt vom 8.8.1985 und betrifft erneut die Unterbeteiligung an einem GmbH-Geschäftsanteil[616]. In dem mittlerweile rechtskräftigen Urteil bestätigt das OLG Frankfurt allerdings lediglich vorherige Rechtsprechung, nämlich daß eine Unterbeteiligung an einem GmbH-Geschäftsanteil weder der Form des § 15 Abs. 3 GmbHG noch der nach der Satzung erforderlichen Genehmigung bedürfe[617] und daß die Informationsrechte des Unterbeteiligten aus § 233 Abs. 1 HGB abzuleiten seien[618].

Der Umfang der Rechtsprechung zur Unterbeteiligungsgesellschaft ist aus den genannten Gründen mengenmäßig nicht groß, gleichwohl dürften die zitierten Urteile repräsentativ dafür stehen, daß die Unterbeteiligung in der Praxis Problembereiche der verschiedensten Rechtssparten berührt. So hatte sich sogar das Bundesverwaltungsgericht mit der Unterbeteiligung zu befassen. In BVerwGE 14, S. 347-351[619] ging es um die Frage, unter welchen Voraussetzungen eine Unterbeteiligung an einem Schuldscheindarlehn eine Altsparanlage ist.

---

[616] Vgl. OLG Frankfurt, GmbH-Rdsch. 1987, S. 57-59

[617] Vgl. OLG Frankfurt, a.a.O., S. 57; so auch schon RG vom 11.4.1906 JW 1906, S. 401, s.o. S. 136 Fn. 588

[618] Vgl. OLG Frankfurt, a.a.O., S. 59 unter fast wörtlicher Bezugnahme auf BGHZ 50, 317, 324, s.o. S. 125; zur Unterbeteiligung an einem GmbH-Anteil in zivilrechtlicher und steuerrechtlicher Sicht jüngst *Blaurock/Berninger*, GmbH-Rdsch. 1990, S. 11 ff. u. 87 ff.

[619] Ebenso veröffentlicht in ZLA 1963, S. 47; WM 1963, S. 294; *Buchholz* 427.5, § 2 Altsparergesetz Nr. 24

XV. Zusammenfassung

1. Bereits die Digesten (D 17, 2. 19-23) enthielten Regelungen betreffend die Beteiligung an einem Anteil der römischen "societas". Allerdings war diese Art der Unterbeteiligung des römischen Rechts nicht als eigenständiges Rechtsinstitut normiert. Sie sollte lediglich der Gegenüberstellung und Abgrenzung der Beziehungen eines Hauptgesellschafters zu den übrigen Hauptgesellschaftern einerseits und Dritten andererseits dienen. So sah das römische Recht u.a. vor, daß die Beziehungen zwischen dem "Hauptsocius" und seinem Unterbeteiligten den Zusammenschluß der Hauptgesellschafter nicht tangierten ("nam socii mei socius meus socius non est"), der Unterbeteiligte gegenüber seinem Vertragspartner einen Anspruch auf Gewinnverteilung hatte und der Hauptbeteiligte seinen Mitgesellschaftern gegenüber für das Verhalten seines Unterbeteiligten haftete. Diese römisch-rechtlichen Grundsätze, die den Wesensmerkmalen der heutigen Unterbeteiligungsgesellschaft ähneln, gelten als die älteste ausdrückliche Behandlung der Unterbeteiligung.

2. Auch in den Rechtsquellen in der Zeit bis zum 17. Jahrhundert finden sich Formen der Beteiligung an einem Gesellschaftsanteil. Insbesondere enthalten die Gesellschaftsvertragsurkunden der süddeutschen Fernhandelsgesellschaften und der sogenannten Saigerhandelsgesellschaften des 15. und 16. Jahrhunderts einschlägige Regelungen. Während letztere Unterbeteiligungen zuließen, untersagten die Gesellschaftsverträge der süddeutschen Fernhandelsgesellschaften den Hauptgesellschaftern jegliche Aufnahme von Fremdkapital, mithin auch die Einräumung von Unterbeteiligungen. Die Gründe für diese unterschiedliche Behandlung der Unterbeteiligung dürften in den unterschiedlichen Strukturelementen beider Gesellschaftstypen zu suchen sein. Während die aktiengesellschaftsähnlichen Saigerhandelsgesellschaften Interessenkollisionen, bedingt durch die Existenz von Unterbeteiligungen, nicht so sehr fürchten mußten, verlangte die enge persönliche Beziehung der Gesellschafter untereinander in der süddeutschen Fernhandelsgesellschaft das Verbot der Unterbeteiligung.

3. §§ 216-218 I 17 ALR und § 638 II 8 ALR sind - soweit ersichtlich -

die ersten Normen nach den Regelungen des römischen Rechts, die die Beteiligung an den Früchten eines Gesellschaftsanteils gesetzlich regeln. Allerdings betreffen diese Bestimmungen - entgegen einer Literaturansicht - nicht die Unterbeteiligungsgesellschaft im Sinne des heutigen Rechtsverständnisses, sondern normierten die Abtretung des gesellschaftsrechtlichen Gewinnanspruchs (§§ 216-218 I 17 ALR) bzw. die Gesamtübertragung eines Gesellschaftsanteils (§ 618 II 8 ALR). Kern der ALR-Vorschriften ist der Umfang des Informationsrechts des Zessionars. Dieser konnte sowohl nach § 218 I 17 ALR als auch nach § 638 II 8 ALR von den Hauptgesellschaftern lediglich die Mitteilung des jährlichen Abschlusses ("Balance") verlangen. Nach den gemeinrechtlichen Grundsätzen der deutschen Pandektenwissenschaft hatte der Zessionar selbst diesen Rechnungslegungsanspruch nicht. Vielmehr galten sowohl für die Anteilsabtretung als auch für die Unterbeteiligung im wesentlichen die in D 17, 2. 19-23 fixierten Grundsätze.

4. Nahezu sämtliche einzelstaatlichen Handelsrechtsentwürfe (in der Zeit von 1810-1857) vor der Verabschiedung des ADHGB sahen Bestimmungen betreffend die mittelbare Teilhabe an einem Gesellschaftsanteil vor. Allerdings fällt bei allen diesen Entwürfen die fehlende Differenzierung zwischen der Anteilsabtretung und der Unterbeteiligung auf, so daß der genaue Regelungsgehalt jeweils schwer zu bestimmen ist. Auch die entsprechenden Motive leiden häufig an Klarheit. Auffallend ist in den Motiven die häufige Bezugnahme auf die Digestenstelle D 17, 2. 19-23.

5. Soweit es um die Unterbeteiligungsgesellschaft ging, war die vorerwähnte Digestenstelle auch Gegenstand der Beratungen der Nürnberger Kommission zur Ausarbeitung eines Allgemeinen Handelsgesetzbuchs für die Deutschen Bundesstaaten. Das Ergebnis dieser Erörterungen hat ihren Niederschlag in Art. 98 ADHGB gefunden, der im Gebiet des deutschen Rechts als die erste kodifizierte Regelung zur Unterbeteiligung gilt. Mit Art. 98 ADHGB wurde im Bereich des Handelsrechts zum ersten Mal in einer die Teilhabe an einem Gesellschaftsanteil betreffenden Bestimmung zwischen der Anteilsabtretung einerseits und der Unterbeteiligung andererseits differenziert. Die von der Kommentarliteratur unter Geltung des Art. 98 ADHGB herausgearbeiteten Grundsätze zur Unterbeteiligung entsprachen z.T. den Regelungen des römischen Rechts. Entsprechend häufig war auch hier die Bezugnahme auf D 17, 2. 19-23.

6. Mit Art. 382 hessischer BGB-Entwurf und Art. 558 bayerischer

BGB-Entwurf lieferten die BGB-Entwürfe Hessens (1853) und Bayerns (1861-1864) Bestimmungen, die sorgfältiger als die Regelungen in den Handelsrechtsentwürfen differenzierten. Insbesondere die Interessenkollisionsprobleme bei einer Unterbeteiligungsgesellschaft sind in ihnen deutlicher herausgearbeitet. Die Dresdener Obligationenrechts-Kommission legte jedoch - entgegen einer Ankündigung zu Beginn ihrer Arbeit - den Beratungen die differenzierteren Bestimmungen des hessischen und bayerischen Entwurfs nicht zugrunde. Vielmehr stützten sie sich bei der Ausarbeitung einer Regelung zur Unterbeteiligung unter Mitberücksichtigung der Digestenstelle D 17, 2. 19-20 auf Art. 98 ADHGB. Art. 791 des Dresdener Entwurfs von 1866 entsprach daher im wesentlichen dem Art. 98 ADHGB.

7. Das Fehlen einer die Unterbeteiligung betreffenden Regelung in der heutigen Gesetzgebung ist letztlich darauf zurückzuführen, daß man eine solche Regelung angesichts der neugeschaffenen Bestimmungen des BGB für überflüssig hielt.

8. Auch die Judikatur befaßte sich früh mit Formen mittelbarer Teilhabe an Gesellschaftsanteilen. Das Königliche Obertribunal zu Berlin hatte sich vor Gründung des Reichsoberhandelsgerichts mehrmals mit Fragestellungen beschäftigen müssen, die die Teilhabe an einem Gesellschaftsanteil i.S.d. §§ 216-218 I 17 ALR betrafen. Diese Entscheidungen bestätigen die Auffassung, die genannten ALR-Vorschriften regeln lediglich die Zession des gesellschaftsrechtlichen Gewinnanteils und nicht die Unterbeteiligung i.S. heutigen Rechtsverständnisses.

In der höchstrichterlichen Zivilrechtsprechung zur Unterbeteiligung seit der Gründung des Reichsoberhandelsgerichts sind im wesentlichen zwei Fallgruppen zu unterscheiden. Einen Schwerpunkt bilden die Entscheidungen zu den sogenannten Unterkonsortialbeteiligungen. Vor allem in der Zeit von 1874-1911 waren sie die wichtigsten Erscheinungsformen des Unterbeteiligungsverhältnisses. Aber auch für Unterbeteiligungen an Handelsgesellschaften gab es in der Rechtsprechung ca. 20 Jahre vor und nach der Jahrhundertwende zahlreiche Beispiele. Nicht selten griff das ROHG in seinen Entscheidungsgründen auf die römischen Quellen zur Unterbeteiligung zurück.

Die steigende Anzahl von Unterbeteiligungsverhältnissen seit dem 2. Weltkrieg steht eine relativ geringfügige Anzahl von zivilgerichtlichen Entscheidungen über die Unterbeteiligung gegenüber. Eine Ausnahme bildet die Steuerrechtsprechung. Die geringe Zahl von zivilgerichtlichen Urteilen ist im wesentlichen aus dem Drang der Mitglieder einer Unterbeteiligungsgesellschaft zur Anonymität zu erklären, deren Aufrechterhaltung bei ernsthaften Streitigkeiten durch die Vereinbarung von Schiedsgerichtsklauseln gewährleistet wird.

Quellen- und Literaturverzeichnis

A. Quellenverzeichnis

I. Materialien, Entwürfe und Gesetze

Allgemeines Bürgerliches Gesetzbuch für die gesamten Deutschen Erbländer der österreichischen Monarchie, Wien 1811

Allgemeines Deutsches Handelsgesetzbuch, Berlin 1861

Allgemeines Gesetzbuch für die Preussischen Staaten, Berlin 1791

Allgemeines Landrecht für die Preußischen Staaten von 1794

Begründung zu dem Entwurf eines Handelsgesetzbuchs für das Deutsche Reich von 1895

Beratungsprotokolle der K.K. Hofkommission in Gesetzsachen (s. auch Literaturverzeichnis unter "Ofner")

BGB-Entwurf in der Paragraphenzählung des ersten Entwurfs nach der "Zusammenstellung der Beschlüsse der Redaktions-Kommission" der 2. Kommission (1891-1895)

BGB-Entwurf in der Paragraphenzählung des ersten Entwurfs nach der "Vorläufigen Zusammenstellung der Beschlüsse der Kommission für die zweite Lesung des Entwurfs eines Bürgerlichen Gesetzbuchs" von Planck (1891-1895), sog. Redaktionsvorlage von Planck

Bürgerliches Gesetzbuch für das Königreich Sachsen (1863/65)

Code Civil, 1804, Code Napoleón, 1807, Code de Commerce, 1806

Code Napoleón mit Zusätzen und Handelsgesetzen als Landrecht für das Großherzogtum Baden, Karlsruhe 1809

Corpus iuris civilis

Das Gutachten der Vorkommission von 1874

Denkschrift zum Entwurf eines Bürgerlichen Gesetzbuchs, Berlin 1896

Denkschrift zum Entwurf eines Handelsgesetzbuchs und eines Einführungsgesetzes

Die Vorlagen der Redaktoren für die erste Kommission zur Ausarbeitung des Entwurfs eines Bürgerlichen Gesetzbuchs (s. auch Literaturverzeichnis unter "Schubert")

Dresdener Entwurf eines Allgemeinen Deutschen Gesetzes über Schuldverhältnisse von 1866

Entwurf einer Handels- und Wechselordnung für das Herzogthum Nassau, Wiesbaden 1842

Entwurf eines Allgemeinen Bürgerlichen Gesetzbuches für die Preußischen Staaten, Berlin und Leipzig 1784-1787

Entwurf eines allgemeinen Handelsgesetzbuches für Deutschland, von der durch das Reichsministerium der Justiz niedergesetzten Kommission, nebst Motiven, Frankfurt a.M. 1849

Entwurf eines allgemeinen Handelsgesetzbuches nach den Beschlüßen erster Lesung

Entwurf eines allgemeinen Handelsgesetzbuches nach den Beschlüßen zweiter Lesung

Entwurf eines Bürgerlichen Gesetzbuches für das Deutsche Reich. Erste Lesung (sog. 1. Entwurf). Entwurf, 1887; Motive, 1888

Entwurf eines Bürgerlichen Gesetzbuchs (1896) Reichstagsvorlage oder 3. Entwurf; Reichstagsdrucksache Nr. 87 der Session 1895/1897

Entwurf eines Bürgerlichen Gesetzbuchs für das Deutsche Reich - Zweite Lesung (1895) sog. Bundesratsvorlage

Entwurf eines Bürgerlichen Gesetzbuchs für das Deutsche Reich. Nach den Beschlüssen der Redaktionskommission, Zweite Lesung (1894, 1895) sog. 2. Entwurf.

Entwurf eines bürgerlichen Gesetzbuchs für das Großherzogtum Hessen nebst Motiven, Darmstadt 1853

Entwurf eines Bürgerlichen Gesetzbuchs in der Fassung der ersten Beratung der 1. Kommission (sog. Kommissionsentwurf), 1884-1887

Entwurf eines Bürgerliches Gesetzbuchs für das Königreich Bayern 1861-1864 mit Motiven

Entwurf eines Handelsgesetzbuches für das Königreich Württemberg und Motiven.
Teil 1: Entwurf, Stuttgart 1839;
Teil 2: Motive, Stuttgart 1840

Entwurf eines Handelsgesetzbuchs für die Preußischen Staaten von 1857, nebst Motiven, Berlin 1857

Entwurf eines Handelsgesetzbuchs für die Preußischen Staaten, Berlin 1856

Entwurf eines österreichischen Handelsrechts nach den Anträgen des K.K. Justizministeriums mit Rücksicht auf die in der Minister-Conferenz gepflogenen Berathungen. Ministerieller Entwurf

Entwurf eines österreichischen Handelsrechts nach den Beschlüssen der im Jahre 1842 dießfalls niedergesetzten Hof-Commission, Wien, 1849

Entwurf eines österreichischen Handelsrechts. Revidierter Entwurf

Entwurf eines österreichischen Handelsrechts. Verfaßt vom Handelsministerium, 1852

Entwurf eines österreichischen Handelsrechts. Verfaßt vom Justizministerium, 1853

Entwurf zu Th. I. Tit. 17. Abschn. 1.3.5. Tit. 19. Tit. 21. Abschn. 1.3. Tit. 22 des ALR, Preußische Gesetzrevision Pensum XIII. und XIV.

Landrecht für die Großherzogtum Baden nebst Handelsgesetzen, 1814

Materialien zu einem Handelsgesetzbuch für die Stadt Frankfurt a.M., nach dem Plane des kaiserlich französischen Handelsgesetzbuches und mit Zugrundelegung desselben entworfen, Frankfurt a.M. 1811

Motive zu dem von der Deputation vorgelegten Entwurf der Tit. 17 Abschn. 1.3.5. Tit. 19. Tit. 21 Abschn. 1.3. Tit. 22 des Ersten Theils des Allgemeinen Landrechts

Nürnberger Stadtrechtsreformation von 1479

Protokolle der 2. Kommission für die zweite Lesung des Entwurfs eines Bürgerlichen Gesetzbuchs für das Deutsche Reich (1890-1896)

Protokolle der Commission zur Ausarbeitung eines allgemeinen deutschen Obligationsrechtes

Protokolle der Commission zur Berathung eines allgemeinen deutschen Handelsgesetz-Buches, I. und II. Lesung

Protokolle der Deutschen Bundesversammlung vom Jahr 1856

Protokolle der Vorkommission des Reichsjustizamtes für die zweite Lesung des Entwurfs eines Bürgerlichen Gesetzbuches

Protokolle über die Berathungen der Kommission zur Begutachtung des Entwurfs eines Handelsgesetzbuchs

Protokolle über die Berathungen mit kaufmännischen Sachverständigen und praktischen Juristen betreffend den Entwurf eines Handelsgesetzbuchs für die Preußischen Staaten, Berlin 1856

Protokolle über die Beratungen der Bestimmungen der Teilentwürfe (im Schuldrecht zum Teil des Dresdener Entwurfs)

Redaktionsvorlage für den Redaktionsausschuß des 1. Kommission von Pape, 1881 ff.

Spanisches Handelsgesetzbuch nach der amtlichen Madrider Ausgabe, übersetzt von F.C.Schumacher, Hamburg 1832

Zusammenstellung der gutachtlichen Äußerungen zu dem Entwurf eines Bürgerlichen Gesetzbuchs gefertigt im Reichs-Justizamt, Berlin 1890-1891

Zusammenstellung der sachlich beschlossenen Bestimmungen des Obligationsrechts nach den Beschlüssen des Redaktionsausschußes der 1. Kommission (1882-1884)

II. Gesellschaftsverträge und Beschlüsse

27.5.1502	Gesellschaftsvertrag der Saigerhütte Arnstadt, in: Möllenberg, Urkundenbuch, Nr. 11, S. 9 ff.
1.1.1524	Augsburg, Gesellschaftsvertrag zwischen Ambrosius und Hans Höchstetter Gebrüder, Hans Ungelter, Franz Baumgartner, Ambrosius jr., Joseph und Johann Höchstetter auf 8 Jahre, in: Lutz, Urkundenband. S. 39-48 und Mayer, Fürlegung, S. 113-119 (zit.: Höchstetter-Ungelter-Baumgartnervertrag)
30.12.1525	Antwerpen, Gesellschaftsvertrag zwischen Kilian Rietwieser aus Leipzig und Joachim Pruner aus Antwerpen auf 12 Jahre, in: Lutz, Urkundenband, S. 49-59 (zit.: Rietwieser-Prunervertrag)
14.4.1526	Ergänzungsvertrag des Gesellschaftsvertrages der Saigerhütte Leutenberg (18.3.1524), in: Möllenberg, Urkundenbuch Nr. 54, S. 90 ff.
26.7.1527	Nürnberg, Gesellschaftsvertrag zwischen den Brüdern Peter, Ludwig, Jeronimus und Simon Imhoff, sowie Peter des gleichnamigen Imhoff Sohn und den Brüdern Endres und Gabriel Imhoff und Linhart Imhoff des Jeronimus Sohn auf 4 Jahre, in: Lutz, Urkundenband, S. 60-69 (zit.: Imhofvertrag)
16.2.1529	Beschluß der Nürnberger Welsergesellschaft vom 16.2.1529, in: Welser, Urkunde, S. 22-27
1.4.1532	Gesellschaftsvertrag zwischen Sigmund und Christof Fürer, Albrecht Letscher, Wilhelm Schlüsselfelder und Veit Wolkenstein (Saigerhütte Arnstadt), in: Möllenberg, Urkundenbuch, Nr. 102, S. 167 ff. und Kammerer, Urkundenanhang, S. 1-5
1.9.1532	Augsburg, Abschrift des Gesellschaftsvertrages zwischen Anton Haug d.Ä., Hans Langenauer und Ulrich Linck auf 6 Jahre, in: Lutz, Urkundenband, S. 76-83 mit weiteren Hinweisen auf Drucke von Auszügen (zit.: Haug-Langenauer-Linckvertrag)
14.9.1532	Augsburg, Gesellschaftsvertrag zwischen Raymund, Anthon, und Hieronimus Fugger auf 6 Jahre, in: Lutz, Urkundenband, S. 84-103 (zit.: Fuggervertrag v. 14.9.1532)
17.8.1533	Beschluß der Nürnberger Welsergesellschaft vom 17.8.1533, in: Welser, Urkunde, S. 32 f.
25.9.1533	Beschluß der Nürnberger Welsergesellschaft vom 25.9.1533, in: Welser, Urkunde, S. 35 f.

5.2.1538	Augsburg, Erklärung Anton Fuggers über die Aufnahme seiner vier Neffen Hans Jakob, Georg, Christoff, Raymund Fugger in den gemeinen Handel etc. für 6 Jahre, in: Lutz, Urkundenband, S. 104-115 (zit.: Erklärung Anton Fuggers v. 5.2.1538)
1538	Augsburg, Gesellschaftsvertrag zwischen Franz Leiber und Andreas Oettinger, in: Mayer, Fürlegung, S. 131 f. (zit.: Leiber-Oettingervertrag)
1.9.1540	Nürnberg, Gesellschaftsvertrag zwischen Michael Behaim, Bernhard Geisler und Jörg und Christoph Scheurl, die letzteren beiden vertreten durch ihren Vater Dr. Christoph Scheurl auf 6 ½ Jahre, in: Lutz, Urkundenband, S. 116-122 (zit.: Behaim-Geisler-Scheurlvertrag)
Okt. 1543	Beschluß der Nürnberger Welsergesellschaft vom Oktober 1543, in: Welser, Urkunde, S. 46-50
10.10.1547	Augsburg, Gesellschaftsvertrag zwischen Anthon Haug und Ulrich Linck auf 4 Jahre, in: Lutz, Urkundenband, S. 123-130 (zit.: Haug-Linckvertrag)
1.8.1548	Augsburg, Gesellschaftsvertrag der Gebrüder Christoph, Leonhart, Anthony und David Manlich auf 6 Jahre, in: Lutz, Urkundenband, S. 131-137 (zit.: Manlichvertrag)
1551	Augsburg, Vertrag zwischen Jakob Herbrot und Conrad Schleicher von 1551, in: Mayer, Fürlegung, S. 124-129 (zit.: Herbrot-Schleichervertrag)
1.12.1590	Augsburg, Gesellschaftsvertrag zwischen Hans Jörg Daniel, Hans Jakob Oesterreicher und Hans Staininger auf 10 Jahre, in: Lutz, Urkundenband, S. 140-147 (zit.: Oesterreicher-Stainingervertrag)
20.11.1591	Augsburg, Gesellschaftsvertrag zwischen Marx, Hannß und Jakob Fugger, in: Lutz, Urkundenband, S. 148-169 (zit.: Fuggervertrag v. 20.11.1591)

B. Literaturverzeichnis

Allgemeine Deutsche Biographie, hrsg. durch die Historische Kommission bei der königlichen Akademie der Wissenschaften, München 1875 ff., Neudruck Berlin 1967 ff.

Andreas, Willy: Die Einführung des Code Napoleon in Baden, in: ZRG, Germ.Abt., 31. Band [1910], S. 182-234

Andreopoulos, Konstantin Johannes: Die Unterbeteiligung an Handelsgesellschaftsanteilen im Deutschen und Griechischen Recht, Diss., Freiburg i.Br. 1970

Anschütz, Aug. / *Völdendorff*, Frhr. v.: Kommentar zum Allgemeinen Deutschen Handelsgesetzbuche mit Ausschluß des Seerechts, Erster Band, Erlangen 1868, Zweiter Band, Zweite Auflage, Erlangen 1885

Apfelbaum, J.: Baseler Handelsgesellschaften im 15. Jahrhundert mit besonderer Berücksichtigung ihrer Formen, Beiträge zur schweizerischen Wirtschaftskunde, Heft 5, Bern 1915

Barazetti, Caeser: Einführung in das Französische Civilrecht (Code Napoléon) und das Badische Landrecht (sowie in das Rheinische Recht überhaupt), Frankfurt a.M. und Lahr 1889

Bauer, Clemens: Unternehmung und Unternehmungsformen im Spätmittelalter und in der beginnenden Neuzeit, Aalen 1982 (Neudruck der Ausgabe Jena 1936)

Baums, Theodor: Entwurf eines allgemeinen Handelsgesetzbuches für Deutschland (1848 / 49) Text und Materialien. Herausgegeben und mit einer Einführung versehen von Dr. Theodor Baums, Bonn, Heidelberg 1982 (Beiheft 54 der ZHR)

Baumbach / Duden / Hopt: Handelsgesetzbuch, 28. Auflage, München 1989

Behagel, W.: Das Badische bürgerliche Recht und der Code Napoléon mit besonderer Rücksicht auf die Bedürfnisse der Praxis, Zweiter Band, 3. Auflage, Tauberbischofsheim 1892

Behrend, J.F.: Lehrbuch des Handelsrechts Erster Band, Abtheilung I, Berlin und Leipzig 1886

Bekker, Ernst Immanuel / *Fischer*, Otto (Hrsg.): Beiträge zur Erläuterung und Beurtheilung des Entwurfs eines Bürgerlichen Gesetzbuches für das Deutsche Reich, Erstes Heft: Vierhaus, Die Entstehungsgeschichte des Entwurfs, Berlin und Leipzig 1888 (Neudruck Glashütten im Taunus 1974)

Bender, Peter: Die Rezeption des römischen Rechts im Urteil der deutschen Rechtswissenschaft, Frankfurt a.M., Bern, Las Vegas 1979

Benöhr, Hans-Peter: Die Grundlage des BGB - Das Gutachten der Vorkommission von 1874, in: JuS 1977, S. 79-82

Bergfeld, Christoph: Der Entwurf eines Handelsgesetzbuchs für das Königreich Württemberg von 1839, in: Ius Commune VII [1978], S. 226-249

Beseler, Georg: System des gemeinen deutschen Privatrechts, 2. Abteilung, Berlin 1885

Bielitz, Alexander: Praktischer Kommentar zum allgemeinen Landrechte für die preußischen Staaten, Dritter Band, Erfurt 1825

Biographisches Lexikon des Kaisertums Österreich, hrsg. von Wurzbach, Constant u.a., Wien 1856 ff.

Blaurock, Uwe: Unterbeteiligung und Treuhand an Gesellschaftsanteilen, Baden-Baden 1981

Blaurock, Uwe / *Berninger*, Axel: Unterbeteiligung an einem GmbH-Anteil in zivilrechtlicher und steuerrechtlicher Sicht, in: GmbH-Rdsch. 1990, S. 11-16 und S. 87-98

Bopp, Gerhard: Die Unterbeteiligung an gewerblichen Unternehmen im Steuerrecht, Düsseldorf 1956

Bornemann, Friedrich Wilhelm Ludwig: Systematische Darstellung des Preussischen Civilrechts mit Benutzung der Materialien des Allgemeinen Landrechts, 1. Band, 2. Ausgabe, Berlin 1842

- Systematische Darstellung des Preussischen Civilrechts mit Benutzung der Materialien des Allgemeinen Landrechts, 4. Band, 2. Ausgabe, Berlin 1844

Bornhardt, W.: Geschichte des Rammelsberger Bergbaues, Berlin 1931

Bösch, Axel: Einstweiliger Rechtsschutz in der internationalen Handelsschiedsgerichtsbarbeit, Frankfurt a.M., Bern, New York, Paris 1989

Böttcher / *Zartmann* / *Faut*: Stille Gesellschaft und Unterbeteiligung, 3. Aufl., Stuttgart, Wiesbaden 1978

Brakel, S. van: Randglossen zur Geschichte der Handelsgesellschaften, in: VSWG 14 [1918], S. 343-348

Brauer, Johann N.F.: Erläuterungen über den Code Napoléon und die Großherzogliche Badische bürgerliche Gesetzgebung, Dritter Band (Von den erwerbenden Rechtsgeschäften oder über Satz 1101-2010), Karlsruhe 1810

Brinckmann, C.H.L.: Lehrbuch des Handelsrechts, Heidelberg 1853

Buchwald, F.: Abtretung von "Anteilen an einer Personengesellschaft", in: BB 1955, S. 52-54

Buchwald, Friedrich / *Tiefenbacher*, Ewald: Die zweckmäßige Gesellschaftsform, 4. Aufl., Heidelberg 1971

Bürgerliche Gesetzbuch mit besonderer Berücksichtigung der Rechtsprechung des Reichsgerichts und des Bundesgerichtshofes; Kommentar, hrsg. von Mitgliedern des Bundesgerichtshofes, Band II, 4. Teil (§§ 631-811), 12. Aufl., Berlin 1978

Coing, Helmut (Hrsg.): Handbuch der Quellen und Literatur der Neueren und Europäischen Privatrechtsgeschichte. Dritter Band, Das 19. Jahrhundert, Zweiter Teilband (Gesetzgebung zum Allgemeinen Privatrecht und zum Verfahrensrecht), München 1982, Dritter Teilband (Gesetzgebung zu den Privatrechtlichen Sondergebieten), München 1986

Conrad, Hermann: Die geistigen Grundlagen des Allgemeinen Landrechts für die Preußischen Staaten von 1794, Köln, Opladen 1958

- Das Allgemeine Landrecht von 1794 als Grundgesetz des friderizianischen Staates, Berlin 1965

- Deutsche Rechtsgeschichte, Band I: Frühzeit und Mittelalter, 2. Aufl., Karlsruhe 1962; Band II: Neuzeit bis 1806, Karlsruhe 1966

Cretschmar: Das Rheinische Civilrecht in seiner heutigen Geltung, 4. Aufl., Düsseldorf 1896

Dahn, Felix: Deutsches Rechtsbuch. Ein Spiegel des heutigen bürgerlichen Rechts in Deutschland, Nördlingen 1877

Denkschrift zum Entwurf eines Bürgerlichen Gesetzbuchs nebst drei Anlagen. Dem Reichstage vorgelegt in der vierten Session der neunten Legislaturperiode, Berlin 1896

Dernburg, Heinrich: Pandekten, 2. Band, Obligationenrecht, 5. Aufl., Berlin 1897

- Lehrbuch des Preußischen Privatrechts und der Privatrechtsnormen des Reichs. 2. Band, 3. Aufl., Halle 1882

Droysen, Gustav: Beiträge zur Beurteilung des Handelsrechtes im Allgemeinen Preußischen Landrecht, Diss., Halle a.S. 1896

Dulckeit-Schwarz-Waldstein: Römische Rechtsgeschichte, 7. Aufl., München 1981

Düringer-Hachenburg: Das Handelsgesetzbuch vom 10. Mai 1897 (unter Ausschluß des Seerechts) auf der Grundlage des Bürgerlichen Gesetzbuchs, II. Band / 1. Hälfte, Allgemeine Einleitung: Das Gesellschaftsrecht des bürgerlichen Rechts, 3. Aufl., Mannheim / Berlin / Leipzig 1932

Ebel, Wilhelm: Geschichte der Gesetzgebung in Deutschland, (Göttinger Rechtswissenschaftliche Studien, Bd. 24), 2. Aufl., Göttingen 1958

Eden, Siegfried: Treuhandschaft an Unternehmen und Unternehmensanteilen, Recht, Steuer, Betriebswirtschaft, (Moderne Rechtsformen der Wirtschaft, Bd. 7), Bielefeld 1981

Ehrenberg, Richard: Das Zeitalter der Fugger. Geldkapital und Kreditverkehr im 16. Jahrhundert, Band I, Jena 1896 (Anastatischer Neudruck Jena 1912)

Eisele: Beiträge zur Erkenntnis der Digesteninterpolationen, in: ZRG, Rom.Abt. 11 [1890], S. 1-30

Eisenhardt, Ulrich: Gesellschaftsrecht, 4. Aufl., München 1989

- Deutsche Rechtsgeschichte, München 1984

Endemann, Wilhelm: Das Deutsche Handelsrecht, 3. Aufl., Heidelberg 1876

- Das Deutsche Handelsrecht, 4. Aufl., Leipzig 1887

Endemann, Wilhelm (Hrsg.): Handbuch des Deutschen Handels-, See- und Wechselrechts, Erster Band Leipzig 1881

Engelmann, Arthur: Das Preußische Privatrecht in Anknüpfung an das gemeine Recht systematisch dargestellt, 2. Aufl., Breslau 1885

Erman: Handkommentar zum Bürgerlichen Gesetzbuch, 1. Band (§§ 1-853), 7. Aufl., Münster/ Westf. 1981

Faber, Karl G.: Die Rheinlande zwischen Restauration und Revolution, Wiesbaden 1966

Ferid, Murad: Das Französische Zivilrecht. Erster Band, Allgemeine Lehren. Recht der Schuldverhältnisse, Frankfurt a.M. / Berlin 1971

Ferid / Sonnenberger: Das Französische Zivilrecht. Band 2, Schuldrecht. Die einzelnen Schuldverhältnisse, Sachenrecht, 2. Aufl., Heidelberg 1986

Fischer, Gerd: Preußens kaufmännisches Recht, Breslau 1856

Förster, Franz / *Eccius*, Max Ernst: Theorie und Praxis des heutigen gemeinen preussischen Privatrechts auf der Grundlage des gemeinen deutschen Rechts (Preussisches Privatrecht), II. Band, 6. Aufl., Berlin 1892

Förtsch, R.: Vergleichende Darstellung des Code Civil und des Bürgerlichen Gesetzbuches für das Deutsche Reich, 2. Aufl., Berlin 1899

Friehe, Christian-Friedrich: Die Unterbeteiligung bei Personengesellschaften, Köln 1974

Fürstenthal, Johann August Ludwig: Das Preussische Civil-Recht nach Anleitung und der Titelfolge des Allgemeinen Landrechts, mit Berücksichtigung der neueren Gesetze, der Doktrin, der Praxis und des Römischen Rechts, Königsberg 1842

Gareis, Karl: Das Deutsche Handelsrecht. Ein kurzgefaßtes Lehrbuch des im Deutschen Reiche geltenden Handels-, Wechsel- und Seerechts, 8. Aufl., Berlin 1909

Gierke, Otto: Deutsches Privatrecht, Erster Band (Allgemeiner Teil und Personenrecht), im Systematischen Handbuch der deutschen Rechtswissenschaft. Hrsg. Karl Binding, Zweite Abteilung, dritter Teil, erster Band, Leipzig 1895

Goldschmidt, Levin: Handbuch des Handelsrechts. Erster Band enthaltend: die geschichtlich-literarische Einleitung und die Grundlehren, 2. Aufl., Stuttgart 1875

Göschen, Johann Friedrich Ludwig: Vorlesungen über das gemeine Civilrecht, 2. Band, 2. Abteilung, Obligationsrecht, 2. Aufl., Göttingen 1843

Greif, B.: Tagebuch des Lucas Rem aus den Jahren 1494 bis 1541, in: 26. Jahresbericht des historischen Kreisvereins im Regierungsbezirk von Schwaben und Neuburg für das Jahr 1860, Augsburg 1861

Greifeld, Helmut Rudolf: Die Unterbeteiligung an der offenen Handelsgesellschaft und der Kommanditgesellschaft, Diss., Leipzig 1938

Hadding, Walter: Die Mitgliedschaft in handelsrechtlichen Personengesellschaften - Ein subjektives Recht?, in: Festschrift für Rudolf Reinhardt, S. 249-262

Hahn, Friedrich von: Commentar zum Allgemeinen Deutschen Handelsgesetzbuch. Erster Band (Das erste, zweite und dritte Buch des Handelsgesetzbuchs), 3. Aufl., Braunschweig 1877

Hahn, Otto: Das Handelsrecht nach dem allgemeinen deutschen Handelsgesetzbuch nebst Anhang über das französische Recht und das Seerecht, Stuttgart (ohne Erscheinungsjahrangabe)

Hämmerle, Hermann / *Wünsch*, Horst: Handelsrecht, Band 1, 3. Aufl. Graz, Wien, Köln 1976

Handbuch der Personengesellschaften, Band 1, I. Teil, Gesellschaftsrecht, bearbeitet von H.Westermann, Köln 1967/68, 15. Lieferung Juni 1982

Handwörterbuch zur Deutschen Rechtsgeschichte, hrsg. von Adalbert Erler und Ekkehard Kaufmann unter philologischer Mitarbeit von Ruth Schmidt-Wiegand, mitbegründet von Wolfgang Stammler, III. Band (List bis Pronotar), Berlin 1984

Hartung, J.: Aus dem Geheimbuch eines deutschen Handelshauses im 16. Jahrhundert, in: Festschrift für Sozial- und Wirtschaftsgeschichte, Bd. VI 1898

Hattenhauer, Hans: Allgemeines Landrecht für die Preußischen Staaten von 1794 (Textausgabe), mit einer Einführung von Dr. Hans Hattenhauer und einer Bibliographie von Dr. Günter Bernet, Frankfurt a.M., Berlin 1970

Hecht, Günter: Die Unterbeteiligung, Diss., Gießen 1933

Heise, Arnold: Grundriss eines Systems des gemeinen Civilrechts zum Behuf von Pandecten-Vorlesungen, 3. Ausgabe, Heidelberg 1819

Herzfeld, Edgar: Die Unterbeteiligung, in: AcP 137 [1933], S. 270-326

Hesselmann: Die Unterbeteiligung an GmbH-Anteilen, in: GmbH-Rdsch. 1964, S. 26

Heyd, W.: Die große Ravensburger Gesellschaft, Stuttgart 1890

Heymann, Ernst: Das Friderizianische Handelsrecht, Berlin 1929

Holzschuher, Rudolph Freiherr von: Theorie und Casuistik des gemeinen Civilrechts, 3. Band, Obligationenrecht, 2. Aufl., Leipzig 1858

Hoppe, O.: Der Silberbergbau zu Schneeberg bis zum Jahre 1500, Diss., Heidelberg 1908

Huber, Ulrich: Vermögensanteil, Kapitalanteil und Gesellschaftsanteil an Personengesellschaften des Handelsrechts, Heidelberg 1970

Hueck, Alfred: Gesellschaftsrecht, 17. Aufl., München 1975

- Das Recht der offenen Handelsgesellschaft, 4. Aufl., Berlin, New York 1971

Jäger, Carl: Ulms Verfassung, bürgerliches und commercielles Leben im Mittelalter. Meist nach hanschriftlichen Quellen samt Urkundenbuch, Stuttgart, Heilbronn 1834

Jakobs, Horst-Heinrich / *Schubert*, Werner (Hrsg.): Die Beratung des Bürgerlichen Gesetzbuchs in systematischer Zusammenstellung der unveröffentlichten Quellen. Materialien zur Entstehungsgeschichte des BGB - Einführung, Biographien, Materialien - Berlin, New York 1978

- Die Beratung des Bürgerlichen Gesetzbuchs in systematischer Zusammenstellung der unveröffentlichten Quellen. Recht der Schuldverhältnisse I, §§ 241 bis 432, Berlin, New York 1978

- Die Beratung des Bürgerlichen Gesetzbuchs in systematischer Zusammenstellung der unveröffentlichten Quellen. Recht der Schuldverhältnisse III, §§ 652 bis 853, Berlin, New York 1983

Janberg, Hans: Die Unterbeteiligung im Gesellschaftsrecht, in: DB 1953, S. 77-80

Jansen, Max: Jakob Fugger der Reiche. Studien und Quellen I, Leipzig 1910

Kammerer, Klaus: Das Unternehmensrecht süddeutscher Handelsgesellschaften in der Montanindustrie des 15. und 16. Jahrhunderts. Eine Untersuchung zum Gewerkschafts- und Gesellschaftsrecht, Diss., Stuttgart 1977

Kaser, Max: Römisches Privatrecht, 13. Aufl., München 1983

- Römische Rechtsgeschichte, 2. Aufl., Göttingen 1978

Keutgen, Fritz: Hansische Handelsgesellschaft vornehmlich des 14. Jahrhunderts, in: VSWG 4 [1906], S. 278-324, 461-514, 567-632

Klang, Heinrich / *Gschnitzer*, Franz (Hrsg.): Kommentar zum Allgemeinen bürgerlichen Gesetzbuch, 5. Band (§§ 1090-1292), Wien 1954

Koch, C.F.: Allgemeines Landrecht für die Preußischen Staaten, 2. Band, 8. Aufl., Berlin, Leipzig 1886

Koch, C.F. (Hrsg.): Allgemeines deutsches Handelsgesetzbuch, mit Kommentar in Anmerkungen, 2. Ausgabe, Berlin 1868

Kreller, Hans: Kritische Digestenexegesen zur Frage des Drittschadensersatzes, in: ZRG, Rom.Abt. 66 [1948], S. 45-90

Kroeschell, Karl: Deutsche Rechtsgeschichte, Band 2 (1250-1650), 4. Aufl., Opladen 1981

Kuhlenbeck, Ludwig: Von den Pandekten zum Bürgerlichen Gesetzbuch, 2. Teil, Berlin 1899

Kunkel, Wolfgang: Römische Rechtsgeschichte, 9. Aufl., Köln, Wien 1980

Kunkel, Wolfgang / *Thieme*, Hans / *Beyerle*, Franz (Hrsg.): Quellen zur neueren Privatrechtsgeschichte Deutschlands, Bd. 1, 1. Halbband (Stadtrechtsreformationen), Weimar 1936

- Quellen zur neueren Privatrechtsgeschichte Deutschlands, Bd. 1, 2. Halbband (Landrechte), Weimar 1938

Laufke, Franz: Der Deutsche Bund und die Zivilgesetzgebung, in: Festschrift für Hermann Nottarp (Hrsg. Paul Mikat), S. 1-57, Karlsruhe 1961

Laufs, Adolf: Die Begründung der Reichskompetenz für das gesamte bürgerliche Recht. Ein Beitrag zur Geschichte der deutschen Rechtseinheit, in: JuS 1973, S. 740-744

- Rechtsentwicklungen in Deutschland, 3. Aufl., Berlin, New York 1984

Lehmann / *Dietz*: Gesellschaftsrecht, 3. Aufl., Frankfurt 1970

Leist, B.W.: Zur Geschichte der Römischen Societas, Jena 1881

Levy, Ernst: Neue Bruchstücke aus den Institutionen des Gaius, in: ZRG, Rom.Abt. 54 [1934], S. 258-311

Lütge, Friedrich: Deutsche Sozial- und Wirtschaftsgeschichte. Ein Überblick. 3. Aufl., Berlin, Heidelberg, New York 1979

Lutter, Marcus: Theorie der Mitgliedschaft - Prolegomena zu einem Allgemeinen Teil des Korporationsrechts -, in: AcP 180 [1980], S. 84-159

Lutz, Elmar: Die rechtliche Struktur süddeutscher Handelsgesellschaften in der Zeit der Fugger, Band I, Darstellung, Tübingen 1976

- Die rechtliche Struktur süddeutscher Handelsgesellschaften in der Zeit der Fugger, Band II, Urkunden, Tübingen 1976

Lutz, J.v.: Protokolle der Kommission zur Berathung eines allgemeinen deutschen Handelsgesetzbuches, hrsg. von J.v.Lutz, Bd. 1-9, 3 Bände Beilagen, Würzburg 1858-1867

Makower, H.: Das allgemeine Deutsche Handelsgesetzbuch, 11. Aufl., Berlin 1893

Mayer, Gabriele: Würtembergs Beitrag zu den rechtsvereinheitlichenden Bemühungen des Deutschen Bundes auf dem Gebiete des Privatrechts (1815-1847), Diss., Heidelberg 1974

Mayer, Valentin: Die "Fürlegung" in den Handelsgesellschaften des Mittelalters und des Frühkapitalismus, Diss., München 1925

Medicus, Dieter: Id quod interest, Köln-Graz 1962

Meyer, Arnold Oskar: Bismarcks Kampf mit Österreich am Bundestag zu Frankfurt (1851 bis 1859), Berlin, Leipzig 1927

Meyer, Gerd: Die Unterbeteiligung an Handelsgesellschaftsnteilen, Diss., Münster 1971

Mittermaier, C.J.A.: Grundsätze des gemeinen deutschen Privatrechts mit Einschluß des Handels-, Wechsel- und Seerechts, 2. Band, 7. Aufl., Regensburg 1847

Model-Haegele: Testament und Güterstand des Unternehmens, 5. Aufl., Köln 1966

Möllenberg, Walter: Geschichtsquellen der Provinz Sachsen und angrenzender Gebiete. Herausgegeben von der Historischen Kommission für die Provinz Sachsen und das Herzogtum Anhalt. 47. Band, Urkundenbuch zur Geschichte des Mansfeldischen Saigerhandels im 16. Jahrhundert, bearbeitet von Dr. Walter Möllenberg, Halle a.d.S. 1915

- Die Eroberung des Weltmarktes durch das mansfeldische Kupfer. Studien zur Geschichte des Thüringer Saigerhüttenhandels im sechzehnten Jahrhundert, Gotha 1911

Mühlenbruch, C.F.: Lehrbuch des Pandekten-Rechts. Nach der Doctrina Pandectarum, 2. Teil, 2. Aufl., Halle 1838

Müller-Erbach, Rudolf: Das private Recht der Mitgliedschaft als Prüfstein eines kausalen Rechtsdenkens, Weimar 1948

Münchener Kommentar zum Bürgerlichen Gesetzbuch, Band 3, Schuldrecht, Besonderer Teil, 2. Halbband (§§ 652-853), 2. Aufl., München 1986

Nippel, Franz Xav.: Erläuterung des allgemeinen bürgerlichen Gesetzbuchs für die gesammten deutschen Länder der österreichischen Monarchie mit besonderer Berücksichtigung des practischen Bedürfnisses, 7. Band, Gratz 1834

Ofner, Julius (Hrsg.): Der Ur-Entwurf und die Berathungs-Protokolle des österreichischen Allgemeinen Bürgerlichen Gesetzbuchs, Band 2, Wien 1889, Neudruck Glashütten 1976

Otto, Karl Eduard / *Schilling*, Bruno / *Sintenis*, Karl Friedrich Ferdinand (Hrsg.).: Das Corpus Juris Civilis (Romani). Ins Deutsche übersetzt von einem Verein Rechtsgelehrter, Band 1, Institutionen, Pandekten, Buch 1-11 2. Aufl., Neudruck der Ausgabe Leipzig 1839, Aalen 1984 Band 2, Pandekten, Buch 12-27, Neudruck der Ausgabe Leipzig 1831, Aalen 1984 Band

4, Pandekten, Buch 39-50, Neudruck der Ausgabe Leipzig 1832, Aalen 1984

Palandt: Bürgerliches Gesetzbuch, 49. Aufl., München 1990

Pappenheim, Max: Altnordische Handelsgesellschaften, in: ZHR 36 [1889], S. 85-123

Pardessus, Jean M.: Lehrbuch des Handelsrechts mit Ausnahme des Seerechts. Frei bearbeitet nach Pardessus, Cours de Droit Commercial und mit Noten begleitet von August Schiebe, mit einer Vorrede von Dr. C.J.A. Mittermaier, Leipzig 1838

Pauli, Carl Wilhem: Lübeckische Zustände im Mittelalter, Band I, Lübeck 1847

Paulick, Heinz: Die Unterbeteiligung in gesellschaftsrechtlicher und steuerrechtlicher Sicht, in: ZGR 1974, S. 253-295

Paulick, Heinz / *Blaurock*, Uwe: Handbuch der stillen Gesellschaft. Systematische Darstellung in gesellschaftsrechtlicher und steuerrechtlicher Sicht, 4. Aufl., Köln 1988

Planitz, Hans: Quellenbuch, Graz 1948

Planitz, Hans / *Eckhardt*, Karl August: Deutsche Rechtsgeschichte, 3. Aufl., Graz-Köln 1971

Pöllinger, Michael: Die Unterbeteiligung, Diss., Nürnberg 1932

Poppe, Robert: Die Augsburger Handelsgesellschaft Oesterreicher, in: Abhandlungen zur Geschichte der Stadt Augsburg, Heft 2, Augsburg 1928

Praktisches Handbuch des Rheinischen Civilrechts: enthaltend zugleich eine übersichtliche Darstellung der Gerichtsverfassung und der allgemeinen Grundsätze des gerichtlichen Verfahrens in Civil- und Strafsachen, insbesondere der das Amt der Schiedsmänner, Schöffen und Geschworenen betreffenden Vorschriften, Mühlheim a.d. Ruhr 1887

Puchelt, Ernst Sigismund: Kommentar zum Allgemeinen Deutschen Handelsgesetzbuch. Erster Band, 3. Aufl., Leipzig 1882

Rachel, Hugo: Die Handelsverfassung der norddeutschen Städte im 15. bis 16. Jahrhundert, in: Schmollers Jahrbuch, 34 Band [1910], S. 1032

Raisch, Peter: Geschichtliche Voraussetzungen, dogmatische Grundlagen und Sinnwandlung des Handelsrechts, Karlsruhe 1965

- Die Abgrenzung des Handelsrechts vom Bürgerlichen Recht als Kodifikationsproblem im 19. Jahrhundert, Stuttgart 1962

Rehbein, Hugo / *Reincke*, Otto: Allgemeines Landrecht für die Preussischen Staaten nebst den ergänzenden und abändernden Bestimmungen der Reichs- und Landesgesetzgebung, 2. Band (Theil I Titel 12-13), 5. Aufl., Berlin 1894

Rehme, Paul: Das rechtliche Wesen der großen Ravensburger Handelsgesellschaft. Zugleich ein Beitrag zur rechtsgeschichtlichen Methodik, in: ZRG Germ.Abt 47, [1927], S. 491 ff.

- Geschichte des Handelsrechtes, (Handbuch des gesamten Handelsrechts, Band 1, S. 28-259) Leipzig 1914

- Besprechung von W.Koppe, in: ZRG Germ.Abt. 54 [1934], S. 383

Reis, Ernst: Die Unterbeteiligung unter besonderer Berücksichtigung des Unterkonsortialvertrages, Diss., Frankfurt a.M. 1920

Rintelen, Max: Untersuchungen über die Entwicklung des Handelsregisters, Stuttgart 1914

Rönne, Ludwig von: Ergänzungen und Erläuterungen des Allgemeinen Landrechts für die Preußischen Staaten durch Gesetzgebung und Wissenschaft, 2. Band (Theil I Titel 12-23), 7. Ausgabe, Berlin 1886

Ruef, Max (Hrsg.): Code Napoléon. Badisches Landrecht mit Anmerkungen, Freiburg 1867

Rummel, Peter (Hrsg.): Kommentar zum Allgemeinen bürgerlichen Gesetzbuch, 2. Band (§§ 1090 bis 1502 ABGB; Nebengesetze), Wien 1984

Scherner, Otto: Anfänge einer deutschen Handelsrechtswissenschaft im 18. Jahrhundert, in: ZHR 136 [1972], S. 465-489

Schiebe, August: Die Lehre von den Handelsgesellschaften. Nach französischen Quellen, mit Berücksichtigung der gesetzlichen Verfügungen in einigen anderen Ländern, namentlich des gemeinen und österreichischen Rechts, Zweite Ausgabe, Leipzig 1845

Schlegelberger: Handelsgesetzbuch, Kommentar, Band III / 2. Halbband, §§ 161-177 a, §§ 335-342 (§§ 230-237 n.F.), 5. Aufl., München 1986

Schlosser, Hans: Grundzüge der neueren Privatrechtsgeschichte, 6. Aufl., Heidelberg 1988

Schmidt, Friederich, Gustav, Adolf: Handelsgesellschaften in den deutschen Stadtrechtsquellen des Mittelalters (Untersuchungen zur deutschen Staats- und Rechtsgeschichte Nr. 15), Breslau 1883

Schmidt, Karsten: Gesellschaftsrecht, Köln, Berlin, Bonn, München 1986

Schmied, Robert: Die Formen der Kapitalbeschaffung und der Vergrößerung des Eigenkapitals der frühkapitalistischen Kaufleute und Handelsgesellschaften des 15. und 16. Jahrhunderts, Diss., Berlin 1936

Schmoller, Gustav: Die geschichtliche Entwicklung der Unternehmung, in: Schmollers Jahrbuch 15 [1891], S. 635 ff., 660 ff., 963 ff.; 17 [1893], S. 356 ff.

Scholze, Herbert: Das Konsortialgeschäft der deutschen Banken, Erster Halbband, Berlin 1973

Schubert, Werner: Bayern und das Bürgerliche Gesetzbuch. Die Protokolle der bayerischen BGB-Kommission (1881-1884), Ebelsbach 1980

- Französisches Recht in Deutschland zu Beginn des 19. Jahrhunderts: Zivilrecht, Gerichtsverfassungsrecht und Zivilprozessrecht, Köln, Wien 1977

Schubert, Werner (Hrsg.): Protocolle der Commission zur Ausarbeitung eines allgemeinen deutschen Obligationenrechts, Band 1, 4 und 5 Frankfurt/M. 1984

- Protokolle der Commission zur Berathung eines allgemeinen deutschen Handelsgesetz-Buches. Eingeleitet und neu herausgegeben von Werner Schubert, Band 1 und 3, Frankfurt/Main 1984

- Die Vorlagen der Redaktoren für die erste Kommission zur Ausarbeitung des Entwurfs eines Bürgerlichen Gesetzbuchs, Recht der Schuldverhältnisse, Teil 3, Besonderer Teil II, Berlin, New York 1980

Schubert, Werner / *Regge*, Jürgen (Hrsg.): Quellen zur preußischen Gesetzgebung des 19. Jahrhunderts, Gesetzrevision (1825-1818), Vaduz 1981 ff.

Schubert, Werner / *Schmiedel*, Burkhard / *Krampe*, Christoph: Quellen zum Handelsgesetzbuch von 1897 Band I, Gesetze und Entwürfe, Frankfurt a.M. 1986 Band II, Denkschriften, Beratungen, Berichte, Erster Halbband, Frankfurt a.M. 1987 Band II, Denkschriften, Beratungen, Berichte, Zweiter Halbband, Frankfurt a.M. 1988

Schulte, Aloys: Geschichte der großen Ravensburger Handelsgesellschaft 1380-1530, Band 1 (Deutsche Handelsakten des Mittelalters und der Neuzeit 1-3), Stuttgart, Berlin 1923

Schulz, Fritz: Geschichte der Römischen Rechtswissenschaft, Weimar 1961

- Prinzipien des Römischen Rechts, Berlin 1954

Schumacher, Detlef: Das Rheinische Recht in der Gerichtspraxis des 19. Jahrhunderts. Ein Beitrag zur Auslegung rezipierter Rechtsnormen, Stuttgart 1969

Schuncken, F.W.: Das preußische Handels- und Wechselrecht, I. Band, Elberfeld 1821

Servos, Rüdiger: Die Personenhandelsgesellschaften und die stille Gesellschaft in den Kodifikationen und Kodifikationsentwürfen vom ALR bis zum ADHGB, Diss., Köln 1984

Silberschmidt, Wilhelm: Beteiligung und Teilhaberschaft. Ein Beitrag zum Rechte der Gesellschaft, Halle a.d.S. 1915

- Die Entstehung des deutschen Handelsgerichtes, Leipzig 1894

Sintenis, Carl Friedrich Ferdinand: Das practische gemeine Civilrecht, 2. Band, Das Obiligationenrecht, 2. Aufl., Leipzig 1861

Soergel / *Siebert*: Bürgerliches Gesetzbuch, Band 4, Schuldrecht III (§§ 705-853), 11. Aufl., Stuttgart, Berlin, Köln, Mainz 1985

Sontheimer, Jürgen: Der verwaltungsrechtliche Vertrag im Steuerrecht, Köln 1987

Spangenberg, Ernst Peter Johann: Einleitung in das Römisch-Justinianeische Rechtsbuch oder Corpus Juris Civilis Romani, Neudruck der Ausgabe Hannover 1817, Aalen 1970

Sprandel, R.: Das Eisengewerbe im Mittelalter, Stuttgart 1968

Staub, Hermann: Kommentar zum Allgemeinen Deutschen Handelsgesetzbuch (ohne Seerecht), 5. Aufl., Berlin 1897

Staudinger, J. von: Kommentar zum Bürgerlichen Gesetzbuch mit Einführungsgesetz und Nebengesetzen Einleitung u. Erstes Buch, Allgemeiner Teil (§§ 1-89; Verschollenheitsgesetz), 12. Aufl., Berlin 1980 Zweites Buch, Recht der Schuldverhältnisse (§§ 657-740) 12. Aufl., Berlin 1980

Stobbe, Otto: Geschichte der deutschen Rechtsquellen, Band 1, Aalen 1965 (Neudruck der Ausgabe Leipzig 1860)

- Geschichte der deutschen Rechtsquellen, Band 2, Aalen 1965 (Neudruck der Ausgabe Braunschweig 1864)

- Miscellen zur Geschichte des deutschen Handelsrechts, in: ZHR 8 [1865], S. 28-55

Strieder, Jakob: Entstehen und Vergehen großer Vermögen im älteren Europa, in: Sonderdruck aus dem historischen Jahrbuch der Görresgesellschaft, Bd. 55, Heft 2 / 3

- Die Inventur der Firma Fugger aus dem Jahre 1527, Tübingen 1905

- Staatliche Finanznot als Nährboden des Kapitalismus, in: Forschungen und Fortschritte, Nachrichtenblatt der deutschen Wissenschaft und Technik, 9. Jahrgang, Nr. 30, Berlin, 20. Oktober 1933

- Jakob Fugger der Reiche, Leipzig 1926

- Zur Genesis des modernen Kapitalismus. Forschungen zur Entstehung der großen bürgerlichen Kapitalvermögen am Ausgange des Mittelalters und zu Beginn der Neuzeit, zunächst in Augsburg, 2. Aufl., München, Leipzig 1935

- Studien zur Geschichte kapitalistischer Organisationsformen. Monopole, Kartelle und Aktiengesellschaften im Mittelalter und zu Beginn der Neuzeit, 2. Aufl., München, Leipzig 1925

- Die sogenannte Fürlegung, eine Institution des deutschen Gesellschaftsrechts im Zeitalter des Frühkapitalismus, in: VSWG 10 [1912], S. 521-527

Strombeck, Friedrich Heinrich von (Hrsg.): Ergänzung des Allgemeinen Landrechts für die Preußischen Staaten, Erster Band, 2. Ausgabe, Leipzig 1824

Stubenrauch, Moritz von: Commentar zum österreichischen allgemeinen bürgerlichen Gesetzbuche, 2. Band, 8. Aufl., Wien 1903

Thöl, Heinrich: Zur Geschichte des Entwurfs eines allgemeinen deutschen Handelsgesetzbuchs. Das von der österreichischen und preußischen und bayerischen Regierung vor und bei der dritten Lesung des Entwurfs eingeschlagene Verfahren, Göttingen 1861

- Das Handelsrecht, Erster Band, 6. Aufl., Leipzig 1879 Das Handelsrecht I, Band 3, 3. Aufl., Göttingen 1854

Thomsen, Joachim: Die Unterbeteiligung an einem Personengesellschaftsanteil, Recht, Steuer, Betriebswirtschaft, Bielefeld 1978

Treitschke, Karl Georg: Die Lehre von der unbeschränkt obligatorischen Gewerbegesellschaft und von Commanditen, Leipzig 1844

Ulbrich, Clemens: Die Unterbeteiligungsgesellschaft an Personengesellschaftsanteilen, Göttingen 1982

Wächter, Oscar: Das Handelsrecht nach dem Allgemeinen Deutschen Handelsgesetzbuch und den Einführungsgesetzen für den Gebrauch des Handelsstandes, Leipzig 1866

Wagner, Udo: Die Unterbeteiligung an einem OHG-Anteil, Berlin 1975

Wallis, Hugo von: Einkunftsermittlung bei Unterbeteiligung an einer Personengesellschaft, in: NWB Fach 2, S. 2619 ff. (6.74)

Weber, Max: Zur Geschichte der Handelsgesellschaften im Mittelalter. Nach südeuropäischen Quellen, Stuttgart 1889 (Nachdruck, Amsterdam 1964)

Weiss, Karl-Heinz: Die Unterbeteiligung als Innengesellschaft mit Gesamthandvermögen, Diss., München 1956

Welser, Ludwig, Freiherr von: Eine Urkunde zur Geschichte des Nürnberger Handels, Würzburg 1912

Wenger, Leopold: Die Quellen des Römischen Rechts, Wien 1953

Wieacker, Franz: Textstufen klassischer Juristen, Göttingen 1975

- Privatrechtsgeschichte der Neuzeit unter besonderer Berücksichtigung der deutschen Entwicklung, 2. Aufl., Göttingen 1967

- Societas. Hausgemeinschaft und Erwerbsgesellschaft. Untersuchungen zur Geschichte des römischen Gesellschaftsrechts, 1. Teil, Weimer 1936

Wiedemann, Herbert: Gesellschaftsrecht, Band I, Grundlagen, München 1980

- Die Übertragung und Vererbung von Mitgliedschaftsrechten bei Handelsgesellschaften, München, Berlin 1965

Windscheid, Bernhard: Lehrbuch des Pandektenrechts unter vergleichender Darstellung des deutschen bürgerlichen Rechts, Band 2, 9. Aufl., Neudruck der Ausgabe Frankfurt am Main 1906, Aalen 1963

Winiwarter, D.Joseph: Das Oesterreichische bürgerliche Recht, Vierter Theil, Wien 1837

Winterstein, Manfred: Die Unterbeteiligung an OHG- und KG-Anteilen als Stille Gesellschaft, Diss., Hamburg 1969

Worms, Stephen: Schwarzer Bergbau im 15. Jahrhundert, Wien 1904

Zachariä von Lingenthal, Carl Sal.: Handbuch des Französischen Civilrechts, herausgegeben von Sigismund Puchelt, Zweiter Band, 6. Aufl., Heidelberg 1875

Zeiller, Franz Edlen von: Commentar über das allgemeine bürgerliche Gesetzbuch für die gesammten Deutschen Erbländer der Oesterreichischen Monarchie, 3. Band, Wien und Triest 1812

Ziegler: Die Unterbeteiligung - ihr Wesen und ihre Bedeutung im Steuerrecht unter Berücksichtigung der wirtschaftlichen Grundlagen, Diss., Mannheim 1959

Zycha, Adolf: Das Recht des ältesten deutschen Bergbaus bis ins 13. Jahrundert, Berlin 1899

- Zur neuesten Literatur über die Wirtschafts- und Rechtsgeschichte des deutschen Bergbaus, in: VSWG 5 [1907], S. 238 ff.; 6 [1908], S. 85 ff.

FSC
www.fsc.org
MIX
Papier | Fördert
gute Waldnutzung
FSC® C083411

Kolibri 360 GmbH
Ferdinand-Jühlke-Straße 7
99095 Erfurt, Deutschland
produktsicherheit@kolibri360.de

Druck:
CPI Druckdienstleistungen GmbH
im Auftrag der
Kolibri 360 GmbH
Ferdinand-Jühlke-Str. 7
99095 Erfurt